城市寄宿制
中小学生活涵养课程研究

主编　戴向平

重庆大学出版社

图书在版编目(CIP)数据

城市寄宿制中小学生活涵养课程研究／戴向平主编
.-- 重庆:重庆大学出版社,2020.12
(精致教育系列读本)
ISBN 978-7-5689-2489-4

Ⅰ.①城… Ⅱ.①戴… Ⅲ.①生活教育—教育研究—
中小学 Ⅳ.①G631

中国版本图书馆 CIP 数据核字(2020)第238546号

城市寄宿制中小学生活涵养课程研究
CHENGSHI JISUZHI ZHONGXIAOXUE SHENGHUO HANYANG KECHENG YANJIU

主编 戴向平
策划编辑:唐启秀

责任编辑:李桂英 何俊峰 版式设计:唐启秀
责任校对:王 倩 责任印制:张 策

*

重庆大学出版社出版发行
出版人:饶帮华
社址:重庆市沙坪坝区大学城西路 21 号
邮编:401331
电话:(023) 88617190 88617185(中小学)
传真:(023) 88617186 88617166
网址:http://www.cqup.com.cn
邮箱:fxk@ cqup.com.cn(营销中心)
全国新华书店经销
重庆长虹印务有限公司印刷

*

开本:787mm×1092mm 1/16 印张:12 字数:285千
2020 年 12 月第 1 版 2020 年 12 月第 1 次印刷
ISBN 978-7-5689-2489-4 定价:48.00 元

本书编委会

主　编　戴向平

副主编　夏荣春　　刘　春

参　编　杜文峰　　黄世亮　　代　伟
　　　　　龙春莉　　陈芳芳　　杜　艺

根植于著名教育家杜威"教育即生活"思想以及人民教育家陶行知"生活教育"理论，重庆市教科院巴蜀实验学校秉承并践行先贤的教育理念，从"生活涵养课程"建设入手，经过多年如一日的积极探索，逐步形成了具有一定特色的校本课程体系。

在理论指导实践、实践上升为理论的不断探索中，以打造办学品牌为追求凝练形成的《城市寄宿制中小学生活涵养课程研究》具有三个方面的显著特征：一是协同性。此特征充分发挥家庭的基础作用、学校的主导作用、社会的支持作用，强化生活涵养意识教育，强化精准履职与协同配合，促使家庭养育日常化、学校养育规范化、社会养育多样化，形成协同育人的格局，充分发挥生活教育独特的育人价值。重庆市教科院巴蜀实验学校通过加强学校教育与家庭教育、社会教育的有机联系与相互配合，推动学校与家庭、社会三方联手构建立体的劳动教育环境，从而形成劳动育人的合力机制。二是融合性。此特征一方面强调学习生活与学科育人的融合，在课堂教学、师生互动中淬炼学科核心素养；另一方面强调校园生活与文化育人的融合，在校园环境、宿舍生活、学校制度中贯通价值观教育与生活习惯培育。三是发展性。此特征以提升生活素养为抓手促进学生全面发展，包括树立正确的劳动观点和积极的劳动态度，热爱劳动和劳动人民，形成劳动习惯，有一定劳动知识与技能、有能力开展创造性劳动等。生活素养集价值观、劳动习惯与技能于一体，可以通过课程实现创造性的引领，从个体情况出发，贯穿到跨界学习中去，从而让学生在积极参与中实现身体锻炼与潜能提升的融合发展。

经过系统化课程实施贯穿学生成长全过程，协同化资源整合促进家庭、学校、社会形成育人合力，多元化课程评价助力学生劳动素养全面诊断等统筹推进，建构"一核心四模块"的生活涵养课程体系，探索学生生活习惯及素养的评价指标体系，重庆市教科院巴蜀实验学校打造了一支专兼职结合的生活老师队伍，取得了系列的生活教育理论研究成果，建成了重庆市首批立德树人特色项目实践研究基地。多年实践证明，生活涵养课程建设不仅有力促进了学生的发展，还以助推学校办学特色凝练的方式进一步扩大了社会影响力。

十年树木，百年树人。培养德智体美劳全面发展的社会主义建设者和接班人、服务中华民族伟大复兴是教育的重要使命。"生活涵养课程"的理论深入研究和实践深入探索依然任重道远。期待重庆市教科院巴蜀实验学校一如既往、坚定不移全面贯彻党的教育方针，落实立德树人根本任务，积极发展素质教育，在"生活涵养课程"建设中不懈努力、再创佳绩！

范卿泽

（博士，研究员，重庆市教育科学研究院党委书记、副院长）

前 言
QIANYAN

21 世纪以来,随着城市化和经济的快速发展,外来人口、家庭模式及家长工作方式的多样化,人们的生活质量不断提高,教育观念发生了改变,城市寄宿学校正逐渐进入社会大众的视野,被社会公众(特别是家长)所接受。在城市寄宿制学校中,尤以民办寄宿制学校备受关注。城市民办寄宿制学校在办学条件、办学成绩、个性化办学手段等方面的优势使之保持着向前发展的趋势。

本书根植于重庆市教科院巴蜀实验学校的实践土壤,通过行动研究构建了城市寄宿制学校小学生"一核心四模块"的生活涵养课程体系。"一核心"是指以"涵养"为核心目标,包括"养身心、养感情、养习惯"的"三养"目标与"育品格、育能力、育情趣"的"三育"目标;"四模块"是指以"身心健康涵养、生活礼仪涵养、习惯情感涵养、生活技能涵养"为主要内容。在此基础上,本校试图从教材开发、教师培训、评价督导、家校合作等方面构建生活涵养课程有效实施的保障条件。多年课程实践证明,生活涵养课程既是落实立德树人、实施素质教育与践行社会主义核心价值观的重要内容,也是提升学生自主能力和综合素养、推动学校持续发展、形成品牌效应的重要途径。

本书分为六章。第一章导论部分主要撰写人为戴向平,对本校生活涵养课程的研究背景、价值、内容、基本概念等进行基本阐述,并梳理国内外关于寄宿制学校和生活涵养课程的相关研究,为本校的生活涵养课程实践提供经验基础。此外,对本校生活涵养课程实践研究的方法、理论基础进行了阐述。第二章:主要撰写人为夏荣春,是对城市寄宿制中小学生活涵养课程理念的研究,立足于素质教育和新课程理念的教育改革背景,从归纳生活涵养课程的上位概念综合实践活动课程的基本原理出发,分析、凝练生活涵养课程的基本理念。第三章:主要撰写人为刘春,从回顾课程目标的价值取向出发,基于发现学习理论、活动理论等理论和不同层面的现实依据,构建了生活涵养课程的目标体系。第四章:主要撰写人是杜文峰和代伟,从生活涵养课程内容选择的标准、内容选择与组织的原则、内容组织与活动的形式出发,并通过相关课例的展示来具体论述本校生活涵养课程的内容。第五章:主要撰写人为黄世亮和龙春莉,是以本校为案例,从理论和实践层面讨论城市寄宿制中小学生活涵养课程的实施。第六章:主要撰写人为杜艺和龙春莉,从课程评价的取向、主体、对象、基本过程、方法等方面探讨了本校生活涵养课程的评价问题。

　　本书是重庆规划办 2019 年重点课题"中小学劳动教育课程整合的实践模式研究"成果,基于重庆市教科院巴蜀实验学校的办学实际及生活涵养课程实践,在重庆市教育科学研究院及毗邻高校研究团队的指导下,由本校教师负责撰写,在推介本校经验、扩大本校品牌效应的同时,也可为同类城市寄宿制中小学的生活涵养课程提供一些经验和借鉴。

编　者

2020 年 9 月 10 日

目 录
MULU

主要参考文献

第一章 导 论

21世纪以来,城市涌现了许多寄宿制学校,引起了社会各界的关注,在城市寄宿制学校中,尤以民办寄宿制学校备受关注。城市民办寄宿制学校在办学条件、办学成绩、个性化办学手段等方面的优势使之保持着向前发展的趋势。作为义务教育阶段不可或缺的部分,城市寄宿制中小学是如何发展起来的?重庆市教科院巴蜀实验学校作为一所寄宿制中小学,开发生活涵养课程的依据何在?本章将对本研究的背景、价值、内容、基本概念等进行基本阐述;并梳理国内外关于寄宿制学校和生活涵养课程的相关研究,其中,尤其注重对理论基础的探寻,为本书后面的章节奠定基础。

一、研究背景

(一)时代诉求:寄宿制学校需承担学生生活涵养的责任

党的十九大报告提出:"要全面贯彻党的教育方针,落实立德树人根本任务,发展素质教育,推进教育公平,培养德智体美全面发展的社会主义建设者和接班人。努力让每个孩子都能享有公平而有质量的教育。"《中国教育现代化2035》提出:"更加注重以德为先,更加注重全面发展,更加注重面向人人,更加注重终身学习,更加注重因材施教,更加注重知行合一,更加注重融合发展,更加注重共建共享。"习近平总书记在全国教育大会上也强调"培养德智体美劳全面发展的社会主义建设者和接班人。要在学生中弘扬劳动精神,教育引导学生崇尚劳动、尊重劳动,懂得劳动最光荣、劳动最崇高、劳动最伟大、劳动最美丽的道理,长大后能够辛勤劳动、诚实劳动、创造性劳动"。而现实中,长期处于应试压力下的中小学校,要实现劳动教育等生活涵养的有效开展,不仅有很多题要破,还有不少困境待突破。目前,由于学生大多是独生子女,脱离了原有多子女社会规则存在的前提条件,缺少集体生活的现实场景。特别是城市独生子女,其生活条件优越,从小得到长辈无微不至的照顾,使得孩子的身心健康、生活礼仪、生活知识能力、生活习惯、情感等的训练方面教育在家庭教育中被忽视,在学校中被弱化,在社会中被淡化。学生的各种问题,如同伴间人际冲突、自私行为、生活依赖等在新闻媒体中屡见不鲜。因此,学生的生活涵养是学校教育和家庭教育不可或缺的部分。

对寄宿学生来讲,由于其活动主要在学校开展,家庭的教育责任更多地转移到了寄宿制学校。因此,城市寄宿制学校应在学生的生活涵养上发挥积极作用,这是时代发展的需要,也是学校、学生保持核心竞争力的重要举措。

(二)政策旨向:培养"德智体美劳"全面发展的学生

劳动教育、生活习惯教育是我国学校教育中的重要内容,这在不同层级的政策文本中都有所体现。培养"德智体美劳"全面发展的学生一直是我国教育发展的重要旨向。

我国教育方针是坚持教育为社会主义现代化建设服务、为人民服务,把立德树人作为教育的根本任务,全面实施素质教育,培养"德智体美劳"全面发展的社会主义建设者和接班人。"建设者"意味着教育所培养的学生应是热爱劳动、具有一定劳动技能、应有劳动习惯的人。当前,我国正处于全面建成小康社会的关键阶段,切实加强劳动教育,培养学生劳动兴趣、磨炼学生意志品质、激发学生的创造力、促进学生身心健康和全面发展,对于推进教育现代化,实现"两个一百年"奋斗目标和中华民族伟大复兴的中国梦具有重要的现实意义。一系列政策文件也强调了学生劳动教育的重要性。教育部、共青团中央、全国少工委于2015年发布了《关于加强中小学劳动教育的意见》,其中明确指出:"劳动教育是全面贯彻党的教育方针的基本要求,是实施素质教育的重要内容,是培育和践行社会主义核心价值观的有效途径,劳动教育的目的是通过劳动教育,提高广大中小学生的劳动素养,促进他们形成良好的劳动习惯和积极的劳动态度,使他们明白'生活靠劳动创造,人生也靠劳动创造'的道理,培养他们勤奋学习、自觉劳动、勇于创造的精神,为他们终身发展和人生幸福奠定基础。"教育部等九部门发布了《关于印发中小学生减负措施的通知》,其中提出"要指导学生实践锻炼。……加强劳动生活技能教育,指导学生参与社会实践,乐于科学探索,热心志愿公益服务"。近年来,"劳动教育""习惯养成教育"等在国家政策文件中不断被强调。

与此同时,《中小学生守则》明确规定:勤劳笃行乐奉献,自己事自己做,主动分担家务,参与劳动实践,热心志愿服务。《小学生日常规范》也规定:待人有礼貌,说话文明,讲普通话,会用礼貌用语;衣着整洁,经常洗澡,勤剪指甲,勤洗头,早晚刷牙,饭前便后要洗手;自己能做的事自己做,衣物用品摆放整齐,学会收拾房间、洗衣服、洗餐具等家务劳动;认真做值日,保持教室、校园整洁。……主动为家庭做力所能及的事。珍爱生命,注意安全,防火、防溺水、防触电、防盗、防中毒,不做有危险的游戏。

这就从宏观的教育政策到微观的学生守则层面构建了促进学生"德智体美劳"等全面发展的教育目标体系。

(三)实践要求:立足本校的办学目标、定位和宗旨

重庆市教科院巴蜀实验学校是2003年8月由重庆市教育科学研究院、重庆市巴蜀中学、重庆市巴蜀小学联手打造的一所集幼儿园、小学、初中于一体的九年一贯制园林式寄宿制学校。学校直接受重庆市教科院领导和指导,拥有专家资源、教育科研资源、师资培训资源和管理资源,是重庆市中小学、幼儿园教研教改实验基地和教师培训基地。

重庆市教科院巴蜀实验学校是全封闭、以住读为主的民办收费学校,学生从小学一年级就在学校住读。当前有90%的学生在校住读,有20%以上的学生周末长期留校。学生的家庭条件普遍较好,多为双职工家庭,家长多忙于工作。由于家长与学生相处的时间很少,更遑论有家庭教育的时机,学生独立生活能力、身心健康、生活礼仪、生活知识能力、生活习惯、情感等方面的教育就需要学校弥补家庭教育的缺失。再者,隔代教育往往耽于溺爱,隔代管理安全风险大。家长把对孩子健康快乐和成长成才的期望寄托于学校。基于此,学校不仅承担了教学任务,还承担了家庭的涵养责任。学校践行"精致教

育"文化理念,办学目标为"管理精细、育人精心、服务精诚、校园精美、师生精彩"。基于寄宿制学校特殊的办学责任,重庆市教科院巴蜀实验学校一直秉承"帮助家长养育孩子"的理念,并将服务理念定位为"帮助家长养育孩子",让孩子在校如在家,让家长感受到学校对孩子如家人一般的关爱和教养。

中小学阶段是人生成长过程中的关键时期,这一时期学生的情感、世界观和人生观等均未成熟,处于关键的发展期。在寄宿制学校这个相对封闭的环境里,学生远离了家长的监管和教育,其身心健康、生活礼仪、独立生活的能力、生活习惯、情感等方面得不到及时滋养与呵护,这就需要学校义无反顾地承担起学生生活涵养的责任与义务。生活涵养课程既是落实立德树人、实施素质教育与践行社会主义核心价值观的重要内容,也是提升学生自主能力和综合素养、推动学校持续发展、形成品牌效应的重要途径。经过十几年的探索,生活涵养课程作为重庆市教科院巴蜀实验学校特色的校本课程,已初具体系,在课程建设与实施方面积累了丰富的经验。从课程设计、建设、实施、评价等方面对多年生活涵养工作进行总

重庆市科教院巴蜀
实验学校办学理念

结有利于提升重庆市教科院巴蜀实验学校的办学影响力,形成持续的办学特色,并为学校生活涵养工作的科学性、系统性、持续性提供学理支持。

二、研究价值

本研究立足于重庆市教科院巴蜀实验学校办学实际,对重庆市教科院巴蜀实验学校生活涵养课程的建设问题进行了比较系统的研究,有一定的实践价值和理论意义。

(一)实践价值

1.继续推动重庆市教科院巴蜀实验学校生活涵养课程的开展

结合重庆市教科院巴蜀实验学校的办学实践,对近年来开展的生活涵养工作进行凝练和总结,有利于重庆市教科院巴蜀实验学校生活涵养课程建设和发展朝着科学化、精细化、系统化的方向继续发展。从学校来讲,对生活涵养课程的系统研究既是对学校特色实践的反思和总结,也是对学校未来工作的设想和规划。对教师来讲,实践层面上的理论凝练有利于对日常生活涵养工作的反思和重构,尤其是增强他的教育研究能力、反思能力和生活涵养能力,促进了教师个人的专业发展,使其真正成为集涵养和教育为一体的特色教师。对学生来讲,系统研究有助于进一步改善生活现状,提高寄宿制小学生生活质量,培养学生安全、健康、科学的生活方式,尊重生命、热爱生活的态度,初步培养

其生活能力和创新精神。

2.形成学校品牌效应，扩大社会影响

随着城市寄宿制中小学越来越受到社会的广泛关注，学校的办学质量、办学特色等是学校品质的重要体现。重庆市教科院巴蜀实验学校生活涵养课程体系的建设是本校办学宗旨、办学定位的集中体现，也是重庆市教科院巴蜀实验学校课程体系中的一个重要组成部分，不仅体现了城市寄宿制学校的教育责任和担当，也有利于重庆市教科院巴蜀实验学校品牌效应的形成。结合重庆市教科院巴蜀实验学校的生活涵养课程实践，进行理念、理论的提炼，有利于更好地推介重庆市教科院巴蜀实验学校的生活涵养工作经验，从而扩大学校的社会影响力。

3.为同类学校提供经验和借鉴

建构城市寄宿制学校的生活涵养课程体系，形成科学的课程观指导，符合本校办学宗旨和定位的课程目标、学生发展需求，且具有校本特色的课程内容、综合性和均衡性的课程结构、多元丰富的课程活动方式、学生本位的课程评价方式。这对其他同类学校的生活涵养课程建设有一定的借鉴意义。

（二）理论价值

1.丰富寄宿制学校生活涵养课程理论

本书内容有利于理解寄宿制学校和学生生活涵养的逻辑联系，尤其是认识到寄宿制学校加强对学生生活涵养的重要性和必要性。将学生的生活涵养工作建设成为学校课程，并对之进行学理化的研究，填补了当前我国寄宿制学校生活涵养课程理论的空白。

2.丰富城市寄宿制学校课程研究理论

本书内容立足于民办城市寄宿制学校，探讨学校生活涵养课程的建设问题，以辩证、全面、发展的态度去思考城市寄宿制学校开展生活涵养课程以适应学生和社会发展需求的问题。重庆市教科院巴蜀实验学校的生活涵养课程实践虽不完美，但经过多年的努力，已形成了一套独特的模式，而当前关于城市寄宿制学校课程的研究在理论上没有大的突破。本书内容旨在通过对相关课程理论和学生发展理论的借鉴，推动重庆市教科院巴蜀实验学校乃至同类学校的生活涵养课程向理论化、精致化方向发展。

三、研究内容

当前重庆市教科院巴蜀实验学校开展生活涵养课程的情况以及国内外同类学校的生活涵养实践，有以下问题需要认真思考。

(一)城市寄宿制中小学生活涵养课程的理念关照

生活涵养课程并非一种完全崭新的课程,它在我国课程体系中已有体现,其价值追求和意义实现已有漫长的历史。生活涵养课程是在原有劳动与技术课程、健康课程、活动课程等基础上发展起来的。只有理性、发展地看待生活涵养课程的理念、存在的价值和意义,才能从顶层设计上把控生活涵养课程的设计与开发。

(二)城市寄宿制中小学生活涵养课程的目标确立

在宏观的国家层面上,综合实践活动课程、校本课程的课程目标都有明确规定,与此同时,给地方、学校都留下了一定整合空间。因此,开发和设计城市寄宿制中小学生活涵养课程的首要问题即是明确适宜的课程目标,要在正确、合适的教育、教学、课程理念指导下,并结合重庆市教科院巴蜀实验学校"精致教育"的办学理念,确定重庆市教科院巴蜀实验学校生活涵养课程的目标。

(三)城市寄宿制中小学生活涵养课程的内容建构

生活涵养课程是一门校本课程,兼具实践性和活动性,是从学生的真实生活和发展需要出发,旨在提升学生的综合素质,由学校自行统筹管理和指导,具体内容以学校开发为主的课程。在课程内容的建构上,行动支持和反思是必不可少的。在活动领域、活动主题、衔接等问题上是学校根据实际情况随时调整的,因此,对课程内容的反思和构建是本书的重要内容。

(四)城市寄宿制中小学生活涵养课程的实施路径

开发出来的课程如何实施?包括对课程时间、教学方式和手段、教学场所等具体问题的思考,以及需要何种保障条件以保证生活涵养课程落到实处?明确课程的实施路径是保证课程效果的前提。

(五)城市寄宿制中小学生活涵养课程的评价机制

基于重庆市教科院巴蜀实验学校开展生活涵养课程的现状,包括从课程开发与设计、课程资源开发、课程实施等全过程,明确对每一环节的评价机制是保证课程有效性和发展性的重要条件。

基于重庆市教科院巴蜀实验学校生活涵养课程开发和实施过程中出现的需要关注的问题,本书以几个相互联系又具有一定独立性的专题展开讨论,以期为同类型学校开发与设计生活涵养课程提供一些思考和经验。

一是城市寄宿制中小学生活涵养课程的理念。立足于我国校本课程、综合实践活动课程等相关课程开发的历史和经验,考查我国新课程改革的背景和国外关于生活/涵养课程的理论,结合重庆市教科院巴蜀实验学校的办学实践,探析城市寄宿制中小学生活涵养课程的内涵、性质、特点等基本原理问题。

二是城市寄宿制中小学生活涵养课程的目标。该专题结合当前国内城市寄宿制中小学开展生活课程、涵养课程等实践性校本课程的经验以及相关研究成果,概括生活涵养课程的目标。

三是城市寄宿制中小学生活涵养课程的内容。该专题分析当前国内外寄宿制学校关于生活涵养课程的内容构成,并结合重庆市教科院巴蜀实验学校的办学目标和实践,明确重庆市教科院巴蜀实验学校生活涵养课程的内容体系。

四是城市寄宿制中小学生活涵养课程的实施。该专题横向比较国内寄宿制中小学关于生活涵养课程的实施经验,尤其是关于主题设计、活动课程、教学方式的经验,在总结重庆市教科院巴蜀实验学校课程实施过程的基础上,明确未来生活涵养课程的更加优化、科学的实施路径。

五是城市寄宿制中小学生活涵养课程的评价。基于课程评价的实质、特点,明确生活涵养课程评价需要探讨的主要内容,即谁来评价、评价什么、评价标准的构建、如何组织评价以及评价有何意义等问题。

四、基本概念

(一)城市寄宿制中小学

1.城市

城市是"城"与"市"的组合词。"城"主要是为了防卫,城是用城墙等围起来的地域。《管子·度地》说"内为之城,内为之阔"。"市"则是指进行交易的场所,"日中为市"。(《易经·系辞》)这两者是对城市较为原始的定义,与现代定义有所区别。现代城市的定义十分丰富,不同学科对城市的定义有不同的侧重点。从经济学视角来看,城市是具有相当面积、经济活动和住户集中,以致在私人企业和公共部门产生规模经济的连片地理区域,强调有限空间的各种经济活动联系起来的网络系统。从社会学视角来看,城市体现了有界范围内的人与人之间的权力互动关系,强调法律和规章的作用。从地理学视角来看,城市是指地处交通方便环境的,且覆盖有一定面积的人群和房屋的密集结合体。

可以看出,一个城市必须有质的规范性。城市主要是以非农业产业和非农业人口集聚形成的较大居民点,一般包括住宅区、工业区、商业区,并且具备行政管辖功能,以及街道、医院、学校、公共绿地、广场、公园等公共设施。截至 2018 年,我国城市数量为 672 个。[1]

---

[1] 澎湃新闻.中国城镇常住人口增至 8.3 亿,户籍制度改革全面落地[EB/OL].2019-07-09.

2.寄宿制学校

寄宿制起源于英国的公学,是一种将学生的生活与学习结合在一起的办学形式。2001年,《国务院关于基础教育改革与发展的决定》中最早提倡兴办寄宿制学校。寄宿制学校是指,为学生提供食宿的学校,它不仅有满足教学的设施,还有满足学生基本生活需要的宿舍、食堂以及其他相关生活设施。根据不同的标准,寄宿制学校有不同的分类。例如,按照寄宿学生的多少划分,寄宿制学校分为完全寄宿制学校和半寄宿制学校;按照区域划分,寄宿制学校可以分为城市寄宿制学校和农村寄宿制学校;按照举办主体划分,可以分为公立寄宿制学校与私立寄宿制学校。[1]

结合以上定义,本书的城市寄宿制中小学是指,按照中国行政规划下的具有各种社会功能、以非农业产业和非农业人口集聚形成的较大居民点中的为学生提供食宿和教育的中小学(通常指初中和小学),同时具有教学设施和满足学生基本生活需要的宿舍、食堂等生活设施。

(二)生活涵养课程

生活涵养课程就其实质来讲,是一种校本课程、活动课程、综合实践活动课程。在此对这三个概念进行辨析,有利于对生活涵养课程概念的澄清。

校本课程这一概念在我国学术研究和实践话语体系中十分普遍,对它的定义也众说纷纭。"校本",即"学校本位"之义,有三层含义:一是为了学校,二是在学校中,三是基于学校。为了学校,意指要以改进学校实践、解决学校所面临的问题为指向;在学校中,意指学校自身的问题,要由学校中人来解决,经由校长、教师甚至学生共同研制解决方案;基于学校,意指要从学校的实际出发,充分利用学校资源,挖掘学校潜力,让学校的生命活力释放得更彻底。[2] 教育校本化是当前教育改革的热潮之一。课程和教师作为学校的基本单元,成为教育校本化改革的重点。校本课程是这一热潮的产物。当前国内学者认同度较高的定义有:学校根据自己的教育理念,在对学校学生的需求进行系统评估的基础上,充分利用当地社区和学校的课程资源,通过自行研讨、设计,与专业研究人员或其他力量合作等方式编制出的多样性的、可供学生选择的课程(王纬,2008);学校在保证国家和地方课程的基本质量的前提下,通过对本校学生的需求进行科学评估,充分利用当地社区和学校的课程资源而开发的多样性的、可供学生选择的课程(崔允漷,2000)。简而言之,校本课程既是国家课程和地方课程的重要补充,也是充分考虑本校学生发展需要和学校实际的一种特殊课程。

活动课程是活动教育思想的产物。国外活动教育思想最早可追溯至古希腊时期雅典和斯巴达的教育,近代以卢梭为代表的自然主义教育思潮和以杜威为代表的进步主义教育理论家推动了活动教育的理论化发展。而国内活动教育思想在《学记》[3]中最早提

---

[1] 董世华.我国农村寄宿制学校问题研究[D].武汉:华中师范大学,2012.

[2] 郑金洲.走向"校本"[J].教育理论与实践,2000(6):11-14.

[3] 《学记》记载:大学之教也,时教必有正业,退息必有居学。在此,"正业"指教师指导下的六艺,"居学"指正规教学之外的"操缦""博依""杂服"等。后者就相当于"活动课程"。

及,随后陶行知于20世纪30年代系统地论述了生活教育理论。活动课程作为一种课程形态,活动始于1896年杜威在芝加哥创建的实验学校,这所实验学校是美国第一所采用活动课程的学校。我国的活动课程实践始于1927年陶行知与赵叔愚在南京晓庄学校中的实践。国家《九年义务教育活动课程指导纲要(试行)》规定:活动课程是指在学科课程以外,学校有目的、有计划、有组织地通过多种活动项目和活动方式,综合运用所学的知识,开展以学生为主体,以实践性、自主性、创造性、趣味性以及非学科性为主要特征的多种活动内容的课程。[1] 简而言之,活动课程是一种以活动为中心、以学生的兴趣、需要、经验为中心的,作为学科课程重要补充的课程。

综合实践活动课程是对活动课程的发展,也是我国基础教育新一轮课程改革中涌现出的一种新的课程形态。国家《综合实践活动指导纲要》规定:综合实践活动课程是基于学生的直接经验,密切联系学生自身生活和社会生活,注重对知识技能的综合运用,体现经验和生活对学生发展价值的实践性课程。国内学者对综合实践活动课程的定义多是以此为基点进行发散和理解的。从上述定义来看,作为一种课程形态,综合实践活动课程有别于活动,是以学生的直接经验、兴趣、需要等实际为基础,以各种与学生的自身生活和社会生活密切相关的知识、技能为内容,旨在培养学生的实践能力、自主能力、综合运用知识和技能的能力的课程,具有综合性、实践性、自主性和生成性等特点。

"生活涵养课程"是重庆市教科院巴蜀实验学校基于"精致教育"办学理念,从学生的真实生活和发展需要出发,从生活情境中发现问题,转化为课程资源,通过探究、服务、制作、体验等方式,培养并提升学生综合素质的实践性课程;是在国家义务教育课程标准三级课程运作的框架下,依据学校自身的性质、特点、条件以及可以利用和开发的资源,由学校教育人员与校外团体或个人合作开发的课程;是由学校自行统筹管理和指导,具体内容以学校开发为主,自小学一年级至初中三年级全面实施的课程。生活涵养课程是一门活动性课程,是一种通过教育者设计,以学习者为主体,以问题、主题等方式开展的具有教育性影响的活动,目的是在参与和体验活动中获得直接经验和感性认识,并促进其情意、认知和能力的发展。结合以上讨论,生活涵养课程是指学校通过学生集体生活这个小社会,开设身心健康、情感习惯、生活礼仪、生活技能等课程,采用认知、体验、活动、实践、评价等多种形式,再现学生家庭生活、学校生活、社会生活情境,对学生进行身心、情感、习惯、品格、能力、情趣等方面的培养,是为其今后进入社会打下坚实的基础的课程。这是一种兼具实践性、活动性、校本性和综合性的课程,其实质是一种校本化的综合实践活动课程。

具体来讲,它有如下特点。

(1)课程目标以培养学生综合素质为导向。生活涵养课程强调学生综合运用各学科知识,认识、分析和解决现实问题,提升综合素质,着力发展核心素养,特别是安全、健康、文明的生活方式以及尊重生命、热爱生活的态度,自立、自强、乐观的精神,并适当注重社会责任感、创新精神和实践能力,以适应快速变化的社会生活、个人自主发展的需要。

---

[1] 李臣之.活动课程的再认识:问题、实质与目标[J].课程·教材·教法,1999(11):1-5.

（2）课程内容面向学生的生活世界。生活涵养课程面向学生完整的生活世界，引导学生从日常的学校生活、家庭生活和社会生活中寻找活动主题或课程资源，使学生获得关于自我、他人与社会的真实体验，建立学习与生活的有机联系，避免从学科知识体系出发开发课程资源或进行活动设计。

（3）课程实施注重学生主动实践和开放生成。生活涵养课程鼓励学生从自身成长需要、生活需要出发，选择活动主题，主动参与并亲身经历实践过程，体验并践行价值信念。在教师指导下，学生在课程实施过程中可根据实际需要，对活动的目标与内容、组织与方法、过程与步骤等做出动态调整，使活动不断深化。

（4）课程评价主张多元评价和综合考查。生活涵养课程要求突出评价对学生的发展价值，充分肯定学生活动方式和情感体验的多样性，鼓励学生自我评价以及与同伴间的合作交流和经验分享。课程评价提倡多采用质性评价方式，避免将评价简化为分数或等级，将学生在学校生活实践中的各种表现和活动成果作为分析考查课程实施状况与学生发展状况的重要依据，对学生的活动过程和结果进行综合评价。

五、文献综述

本书综述采用文献计量学方法，在文献计量的基础上对该领域的研究主题进行归纳和分析。

（一）关于寄宿制学校教育的相关研究

寄宿制学校作为一种办学形式在世界范围内广泛存在，且涵盖从幼儿园到大学的各个学段。国外最早的寄宿制学校可追溯到英国在文艺复兴时期就建立的公学，而国内最早的寄宿制学校雏形为汉代太学。随着社会的发展和教育规模的扩大，人们对寄宿制学校的关注逐渐增多。国内外学者对寄宿制学校的研究十分丰富，几乎涵盖了方方面面。

1.国内相关研究

在中国知网中以"寄宿制学校"为检索主题，选择"中文文献"，共检索出 1 773 篇期刊论文和 336 篇硕博论文；对期刊论文进行整理，剔除无关或低质量的文献，如缺少作者姓名的文献和征稿通知等，最后得到 1 468 篇期刊论文。可以看出，相较于硕博论文，期刊论文始终保持数量优势；两种文献的数量均在 2001 年开始上升，且两者均在 2005—2008 年之前保持着最快的增长速度，并均于 2013—2016 年达到最大发文量，分别为 488 篇和 134 篇。从整体上看，学者对这一领域的关注呈持续上升态势（图 1.1）。

通过对检索所得的文献的研究内容的梳理，发现国内关于寄宿制学校教育的研究主要以对农村寄宿制学校教育的研究为主，研究内容主要包括：寄宿制学校出现的原因和作用研究、寄宿制学校教育的现状和问题研究、寄宿生的心理健康研究、寄宿制学校的外部保障研究。

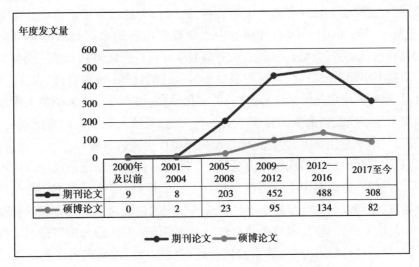

年度发文量

	2000年及以前	2001—2004	2005—2008	2009—2012	2012—2016	2017至今
期刊论文	9	8	203	452	488	308
硕博论文	0	2	23	95	134	82

期刊论文　硕博论文

图1.1　国内关于"寄宿制学校"研究文献的年度分布

第一,寄宿制学校出现的原因和作用研究。我国城乡二元制的特点在寄宿制学校教育的发展上也有体现,即农村寄宿制学校和城市寄宿制学校出现的原因有所不同。国内学者对农村寄宿制学校教育产生的原因多从农村教育及农村社会发展的战略位置进行论述。国内关于寄宿制学校最早的研究始于1982年,《记民族教育的一次盛会》一文提到在牧区山区开办寄宿制中小学的必要性:牧区地域辽阔,地处高寒,交通不便,尤其是流动放牧,居住相当分散。在这种条件下,办走读学校有困难,办巡回学校效果又不太好,只有办寄宿制学校才比较切合实际。寄宿制中小学的优点在于:提高了学龄儿童的入学率和巩固率;学生人数较多,便于分科、分班教学,有利于提高教学质量;便于集中师资加强教学,开展教学研究活动;教学有时间保证,课程能够开设齐全,有利于学生德、智、体、美、劳全面发展;学生从小过集体生活,有利于培养集体主义观念,增强组织性和纪律性。[1] 这篇文章较为全面地总结了中华人民共和国成立以来的寄宿制中小学办学经验,并为当时民族地区寄宿制学校的发展指明了思路。农村寄宿制中小学在推进农村教育及社会发展方面发挥了重要作用。从国家层面来看,在民族地区和农村地区发展寄宿制中小学教育,对于繁荣和发展各民族的经济文化、增强民族团结、巩固边疆有着重要的战略意义(夏铸,2004);也有利于推进民族地区和农村地区"两基"任务的实现(姚万禄,2008);寄宿制中小学教育有利于我国农村地区义务教育的布局调整,从而促进优秀教育资源的整合,为农村学生提供优质教育(范先佐,2009;王哲先,2009)。从学生个人层面及家庭来讲,可以解决布局调整后农村中小学上学路程远、学习和安全得不到保障的问题,还可以增强师生、同学之间的交往,满足了与同辈群体交往的需要,提高农村中小学学生的生活自理能力和与人合作的能力(范先佐,2009);具有为农村留守儿童提供更好的学习环境、人身安全保障的优势,同时在留守儿童良好行为习惯的养成和人际交

---

[1]　连健生.记民族教育的一次盛会[J].人民教育,1982(12):22-24.

往、心理健康发展方面也具有明显优势(李炳呈 等,2009);为儿童提供吃饭、住宿等基本生活条件,在一定程度上减轻了监护人的负担,同时也更好地满足了留守儿童学习辅导的需要(张克云 等,2010)。城市寄宿制中小学教育出现的原因与农村不同。董树梅(2005)对城市兴起的寄宿热这一现象,从寄宿制学校自身的优势和其他社会因素探讨了在城市寄宿制中小学出现的原因:寄宿制中小学独特的优势(培养自理、自立、自律学生的办学目标,教师的作用延续到课外;完备的文化设施;将不良社会影响最大限度地挡在校外);可以有效解决我国面临的独生子女教育问题;流动人口子女教育的需要;追求优质教育的需要;家庭变化产生的需要;学校布局调整产生寄宿需要。[1]

第二,寄宿制学校教育的现状和问题研究。随着寄宿制学校逐渐成为农村中小学办学的主体,以及城市寄宿制中小学逐渐出现在人们的视野,寄宿制中小学的现状和问题研究逐渐增多,但仍以农村寄宿制中小学的现状和问题研究为主。此方面的研究成果多以硕博士学位论文形式呈现,研究者通常采用实地调研的方法来分析寄宿制学校教育中存在的问题,然后进行归因分析,最后提出改进建议。当前的研究者主要论述了学校内部管理、学生课余生活管理、学校卫生、学校安全、食宿安全以及学校成本等问题。雷学荣(2010)在其硕士论文中通过对农村寄宿制小学的现状调查,总结了我国农村寄宿制小学内部管理上取得了基础设施集中化、教师管理规范化、课堂教学纪律化、课外活动丰富化、学生素质文明化等成绩,但与此同时,也存在一些问题:如基础设施不足,医疗卫生条件匮乏;后勤保障不利,安全隐患较大;师资结构不合理,教师负担较重;课堂教学形式单一,现代化程度低;课外活动形式老套。[2] 在此基础上,作者还提出了相应的对策建议。一些研究者将学校的内部管理问题细化,更具针对性地探讨当前农村寄宿制中小学教育存在的问题。在学生课余生活的管理上,袁振国等(2008)、林晓薇(2012)、张兆敏(2014)等在实地调研的基础上对农村寄宿制学校学生课余生活管理进行了研究,归纳起来有以下几点:学校对课外教育建设缺乏总体规划;由于客观条件不足,学校不能开展学生所期望的课余活动;师资建设问题,教师工作量大,待遇低,开展课余活动的积极性不高,且缺乏生活教师建设学后课余时间;寄宿学生课余活动形式和内容都较为单调;对放学后课余活动缺乏组织;课余活动缺乏质性评价等。在学校卫生问题的研究上,主要包括对学校饮食饮水卫生、个人卫生问题、传染病的关注。唐振柱等(2008)对广西农村寄宿制学校饮用水卫生现状进行实际考察,发现广西农村寄宿制学校饮水卫生安全形势严峻,对师生健康构成严重的现实和潜在危害,如肠道传染病疫情频发。[3] 李林徽(2013)认为农村地区寄宿制学校食堂管理存在硬件设施差、专业人员缺乏、饮食质量不高、饮食安全存在隐患的问题。[4] 赵宏等(2015)调查了青海省藏区寄宿制中小学生个人卫生习惯状况,发现中小学生不良卫生习惯比例较高,需采取综合性健康教育和健康促进措施

[1] 董树梅.城市寄宿制小学"热"的原因探析[J].西北成人教育学报,2005(2):63-65.
[2] 雷学荣.农村寄宿制小学内部管理问题研究[D].桂林:广西师范大学,2010.
[3] 唐振柱,钟格梅,刘展华,等.广西农村寄宿制学校饮用水卫生安全状况分析[J].中国学校卫生,2008(7):628-630.
[4] 李林徽.农村寄宿学校食堂管理存在的问题与对策分析[D].石河子:石河子大学,2013.

提高学生良好卫生行为习惯水平。[1] 可以看出，当前对农村寄宿制中小学的问题研究已成体系，对城市寄宿制中小学问题的研究集中在师资队伍建设和学生心理健康方面。但已有研究对城市寄宿制学校的师资队伍建设存在的问题论述较少且浅，是未来研究需加强的；对学生心理健康的研究较为丰富，下文着重论述。

第三，寄宿生心理健康的研究。这在农村寄宿制学校和城市寄宿制学校的研究中都有所论述。寄宿制学校的学生由于长时间离开父母独立生活，可能会出现一系列心理问题，尤其是低龄学生。相关研究对寄宿生心理健康问题的现状、原因和解决策略都有所探索。对寄宿生心理健康的研究有整体研究，也有对学生某一心理问题的研究。罗省荣（2013）采用问卷调查法、案例研究法及经验总结等方法对上海市某寄宿制小学学生的心理状况进行了调查，发现小学生的心理健康状况存在年级差异；随着年级的增长对学习分量、自我分量和人际分量有显著影响；家庭环境及父母的教养方式和文化程度是影响孩子心理健康的一个主要因素。[2] 陈彦芳（2010）通过对农村小学寄宿生的心理健康状况的调查，并对处于较低心理健康水平的学生进行团体干预，发现这一干预方案有效地提高了农村小学高年级寄宿生的心理健康水平，缓解了高年级寄宿生社会适应不良的现状。[3] 已有研究还对寄宿生的人际关系问题，如同伴侵害（黄晓婷 等，2017），过敏/冲突问题（孙远丽，2014），孤独感（张涵，2010）等问题进行了论述。

第四，寄宿制学校的外部保障研究，包括对寄宿制学校建设的办学条件、财政保障、师资建设、相关制度保障的研究。在学校的硬件设施上，阎金童等（2002）认为寄宿制小学的建设应考虑学校布局和学校规模设计；要注意校舍规划要求，学校建筑规划的设计应满足教育学、社会学和卫生学的需求，满足学生和家庭的需要；寄宿制学校的硬件设施除了设计合理的教学楼和活动场地外，其他卫生设施和生活设施也要满足寄宿制学生的要求和起传达社区教育的作用。[4] 吴峥云（2007）以乡镇中心小学的寄宿空间为出发点，探讨了江西省寄宿制乡镇中心小学的空间环境设计。在财政保障上，已有研究多是探讨寄宿生的生活补助问题。孙百才等（2008）通过对西部六省的实证调查，分析了农村义务教育"两免一补"的政策效应，发现政策实施指向了家庭经济困难、残疾和少数民族儿童，但各省的覆盖范围不同，且各地享受寄宿生生活补助的学生数量较少，标准较低。[5] 张克海等（2007）分析了当前农村义务教育经费保障机制改革中存在的问题：享受"两免一补"的对象不合理、教师津补贴缺乏财力支撑等。[6] 在师资建设上，主要是探讨生活指导教师问题。刘欣（2007）提出，农村寄宿制学校应该尽快解决保育员的定编配置，并尽量配齐其他相关人员，减轻任课教师和班主任的负担。[7] 杨兆山等（2007）指

———————

[1] 赵宏,刘燕,李斌,等.青海藏区寄宿制学校中小学生卫生习惯状况[J].中国学校卫生,2015,36(3):340-342.

[2] 罗省荣.城市寄宿制小学生心理健康研究[D].上海:上海师范大学,2013.

[3] 陈彦芳.农村小学寄宿生心理健康状况调查及干预研究[D].太原:山西大学,2010.

[4] 阎金童,闻待.贫困地区村级寄宿制小学的建设与管理[J].教学与管理,2002(35):8-10.

[5] 孙百才,常宝宁.西部农村义务教育实施"两免一补"的政策效应分析[J].教育与经济,2008(3):14-18.

[6] 张克海,黄凤金,李郑.当前农村义务教育经费保障机制改革中存在的问题及对策建议[J].财政与发展,2007(11):27-29.

[7] 刘欣.农村中小学布局调整与寄宿制学校建设[J].教育与经济,2006(1):30-32.

出,目前农村寄宿制学校存在人员绝对性超编和结构性缺编并存的局面。[1] 在相关制度保障上,我国目前已出台了相关政策,包括在少数民族地区开展寄宿教育的相关制度保障,如西部地区"农村寄宿制学校建设工程";在农村地区开展寄宿教育的相关制度保障,如《国务院关于基础教育改革与发展的决定》(2001);农村寄宿制学校建设与留守儿童问题的相关制度以及农村寄宿制学校建设标准等政策文件。但当前对政策的研究较为不足,多从政策落实的情况进行研究。

2.国外相关研究

国外,尤其是西方国家很早就开始了对寄宿制学校的研究,这与欧美国家悠久的寄宿制学校教育发展历史传统有关。与国内研究不同的是,国外研究主要集中在私立的寄宿制教育,这是由于寄宿制教育模式在发展之初就作为精英教育和贵族教育举办的。但随着移民问题、土著教育问题的凸显,也出现了公立的面向边远地区和弱势群体的寄宿制学校。国外研究内容主要包括:关于寄宿制学校的功能研究、关于寄宿制学校内部管理的研究、关于寄宿生心理健康的研究。这与国内的研究内容相似,只是在研究视角、方法上有所区别。例如,国外在关于寄宿制学校的功能研究中有一个基本的出发点:寄宿制学校弱化了家庭对学生的影响,而强化了学校的社会功能。美国学者对印第安人寄宿制学校的相关研究,认为这种寄宿制学校起到了同化作用,即促进土著的印第安人实现美国化(Dlugokinski,et al.,1974)。寄宿制学校中的宿舍功能问题是研究的重点内容。归纳来讲,宿舍有凝聚学生的功能(Walford,1986);有利于学生间多元文化的融合(White,2004)。在其他方面,国外研究的内容和范式都与国内相似,因此不再赘述。

国外的寄宿制教育,一方面是因为经营教育传统(欧美国家),另一方面也是由于义务教育阶段城乡非均衡问题(如韩国的新村运动、美国针对印第安人等弱势群体的寄宿教育),这对国内研究寄宿制教育也有借鉴之处。

(二)关于生活涵养的相关研究

1.国内相关研究

国内外研究者尚未明确提出"生活涵养"这一核心概念,但根据本研究对生活涵养的界定,相关研究见诸学校劳动与技术教育、礼仪规范教育、心理健康教育、情感教育、习惯教育、生活知识教育等相关主题。具体而言,这些研究主题大都涉及内涵与特征、价值与功能、问题与对策、政策变迁与国际经验等。本综述以国内关于学校生活涵养的研究内容分别进行梳理。

关于学校劳动与技术教育(劳技教育)的研究集中于内涵、特点及作用、影响因素、存在问题及对策。劳动与技术教育是新一轮课程改革的内容之一,被纳入国家规定的综合实践活动课程,是使学生初步掌握基本的劳动技术知识和技能,培养学生正确的劳动观点,形成良好的劳动习惯的教育;培养学生的劳动观点,形成劳动习惯,并使学生初步掌

---

[1] 杨兆山,杨清溪.农村义务教育阶段标准化寄宿制学校建设的思考[J].教育科学,2007,23(6):61-64.

握一定劳动技术知识和技能的教育。从劳动教育与其他教育内容存在的关系来看,劳动教育与之具有独立性和联系性的关系(张莉莉,2012;郭丽,2014)。首先是关于劳动和技术教育的思想和内涵研究。李惠红(2012)在其硕士论文中从历史梳理的角度对不同历史时期的劳动内涵及其社会背景进行了探讨,分析了新中国劳动教育思想的演变——共产主义劳动观、无产阶级劳动观和劳动技术观。[1]《中国大百科全书·教育》(1995)中对劳动技术教育的定义为:培养学生的劳动观点,形成劳动习惯,并使学生初步掌握一定劳动技术知识和技能的教育;是把劳动教育与工农业生产、社会服务性劳动的技术教育结合起来,既有利于促进学生德智体等方面的发展,也为他们将来的就业准备一定的条件。[2] 刘世峰(1993)在《中小学劳动技术教育》对劳动技术教育的定义为:对中小学生实施的、既参加一定的劳动又学习了某些现代生产和技术的基础知识,通过学习和实践活动使他们树立劳动观点,养成劳动习惯,更好地理论联系实际和培养分析、解决实际问题的能力,了解并掌握现代生产和技术的基础原理以及相应的各种基本技能,并为他们以后从事各种职业打基础的教育活动。[3] 就劳动教育本身的特点而言,劳动技术教育具有本质自然性、目标改造性、概念发展性、内涵统领性、内容强联结性、执行适度性、价值召唤性和评价自发性。劳动教育不仅需要培养学生树立正确的劳动观点和劳动态度,而且要引导其积极参与劳动体验,培养其实践能力、创新能力、动手能力等(刘惠,2007;王毓珣,2015;王连照,2016)。在学校劳动技术教育的影响因素方面,朱乃涛等(1989)分析了家庭、社会、学校三元因素对劳动技术教育的影响:家庭的支持与配合有利于巩固学校劳动基础教育成果;良好的社会风尚有利于发挥对学生劳动技术教育的社会的综合功能;学校内部因素及对外部资源的利用影响其劳动技术教育的成果。[4] 此外,教材教育的完善、专业的师资队伍、创新的教学方法、学校教学环境与校外场所的联系等是促成劳动技术教育的积极因素(王黎宏,2017)。对中小学劳动技术教育的现状、问题和对策研究十分丰富,也是该领域研究最多的内容。其研究路径主要有两条:从历史梳理的角度出发,探讨当前劳动技术教育的发展策略;以现状调查中存在的问题出发,思考解决之策。陈彤彤(2015)基于对中华人民共和国成立以来我国劳动教育的课程目的、课程内容、课程实施和课程考核四个方面的历史考察,提出了对当前我国学校开展劳动教育的启示:尊重教育自身规律,避免政治和经济因素对学校劳动教育的过度干预;劳动教育课程内容、实施途径等方面要与时俱进,应随着时代的发展而不断进行自我改革和完善;必须把握新机遇,以一种科学的思路实施劳动教育。[5] 从当前劳动技术教育存在的问题来看,主要有学校教育存在劳动课被其他课程占用的情况,而且缺乏专门负责劳动教育的教师队伍,对劳动教育缺乏详细的规划(冀晓萍,2015);家长过分溺爱和宠爱自己的孩子,不允许其参加家里的劳动,或者不同意其参加学校安排的社会实践活动,只要求孩子

[1] 李惠红.新中国劳动教育思想探析[D].福州:福建师范大学,2012.

[2] 董纯才.中国大百科全书.教育[M].北京:中国大百科全书出版社,1985:217.

[3] 刘世峰.中小学的劳动技术教育[M].北京:人民教育出版社,1987:71.

[4] 朱乃涛,王景秋.家庭、社会、学校三元因素对劳动技术教育的影响[J].盐城师专学报:社会科学版,1989(3):95-97+88.

[5] 陈彤彤.建国以来劳动教育的历史演变与反思[D].海口:海南师范大学,2015.

好好学习,这导致学生劳动意识淡薄、自理能力差(赵方,2010);劳动教育的功能出现了异化,内容不全面,方式较单一,机制不够健全(徐谡玮,2018)。

关于学校礼仪规范教育的研究主要包括相关理论、实施现状、问题和对策研究。学者易冰(2005)所撰写的论著《幼儿习惯养成研究》,学者叶建朋(2004)的论著《小学生礼仪教育浅析》,学者王瑞平(2008)所撰写的论著《大学生文明礼仪研究》,学者王宗源(2008)所撰写的《大学生礼仪和中华礼文化研究》,学者刘敬(2007)所撰写的论著《中学生礼仪教育浅析探》,学者周轶佳(2006)所撰写的《加提高中职生的道德素质教育》等专著对我国不同学段(幼儿园到大学)的礼仪规范教育进行了探究,为该领域研究提供了知识基础。学术论文的研究范围更为细致,问题也更为具体。在关于礼仪规范教育的理论研究方面,冉晋(2013)在其硕士论文中对《弟子规》中的礼仪教育思想进行了现代性的反思与建构,提取了其中的精华,旨在对现代礼仪教育提供一些思考。[1] 范晓艳(2014)则分析了《弟子规》中的礼仪教育思想,总结了孝亲教育、品德教育、为人教育、处世教育四个方面的内容,认为其思想对当代礼仪教育有一定的借鉴意义。[2] 王贺兰(2015)采用调查研究、经验总结等方法分析了当代中国青少年礼仪教育的目标、内容、实施渠道与策略,构建了以礼仪理论、礼仪规范、民族礼俗为维度的礼仪教育内容体系,以及学校、家庭、社会和网络“四位一体”的实施体系。[3] 现状、问题和对策研究是学者们关注的重点。蒋春梅(2013)通过对某小学的实地调查发现了小学生的整体礼仪素养水平偏低,学生对礼仪教育缺乏正确认识,学生的礼仪知行脱节,学生的礼仪教育评价不到位等问题[4];马贺(2015)认为当前我国学校礼仪教育存在失落、失效和异化的问题,从国家制度、学校自身、个体德性三个方面探求了问题存在的原因,并提出了我国礼仪教育的出路。[5]

我国关于心理健康教育的研究成果十分丰富,相较生活涵养其他方面的研究,在研究内容上,可大致分为内涵、功能、教师、历史与现状、问题与对策、国别对比研究。在内涵研究方面,主要有三种典型观点:(1)教育目的论。这强调心理健康教育的最终目的性,即以良好心理品质、健全人格、预防和解决心理问题等为目的,例如《关于改革和加强中小学德育工作的通知》(1988)提出心理健康教育是“对学生德育情操、心理品质要进行综合培养与训练”。(2)教育活动论。心理健康教育是教育者运用心理学理论知识与技术提高学生心理素质,旨在促进学生身心健康发展的教育活动(叶一舵,2001;陈家麟,2003)。(3)教育系统论。心理健康教育是教育工作者通过多种途径并运用多种手段,从学生的心理实际出发,有目的、有计划地对学生心理的各个方面进行积极的教育和辅导,调节学生的心理功能,开发学生的心理潜能,促进学生个性全面而和谐的发展,提高学生学习效果和生活质量,维护和促进学生心理健康的系统工程(孙小峰,2008)。在功能研

[1] 冉晋.《弟子规》礼仪教育思想的现代诠释:反思与建构[D].长沙:湖南大学,2013.
[2] 范晓艳.《弟子规》中的礼仪教育思想及当代价值研究[D].郑州:河南工业大学,2014.
[3] 王贺兰.当代中国青少年礼仪教育的反思与建构[D].石家庄:河北师范大学,2010.
[4] 蒋春梅.当代小学生礼仪教育的困境及对策研究[D].重庆:西南大学,2013.
[5] 马贺.学校礼仪教育的失落及其可能出路[D].南京:南京师范大学,2015.

究上,张忠等(2007)提出心理健康教育具有价值导向、构建道德环境等教育功能[1];姚本先(2003)提出学校心理健康教育可以促进学生身心健康和全面发展、推进学校素质教育全面实施、推动社会文明与进步[2];但整体来看,国内学者主要关注心理健康教育的德育功能。陈玲玲(2010)在其硕士论文中提出心理健康教育具有完善、引导、调整、发展的德育功能[3];麻超等(2016)通过对新疆教师的实证调查探究了心理健康教育对德育教育的促进功能,提出要将心理健康教育"阶段发展目标"纳入德育理论框架、将趣味性强的心理健康教育渗透进德育教育日常活动等相关建议。[4] 也正是对心理健康教育的德育功能的关注,一些学者建议将心理健康教育融入中小学德育(于文静,2019;郭俐,2019;温俊城,2018)。对教师的研究主要分为对心理健康教师的研究和教师心理健康教育能力的研究两个方面。对中小学心理健康教师的研究主要集中在教师的专业化发展、专业胜任力上。胡淑娟(2015)提出中小学心理健康教育教师应具备一般能力、教学能力、咨询能力和科研能力[5];陈虹(2007)通过因素分析法提出心理健康教育教师的胜任力模型:有效的教学与咨询能力、职业人格魅力、研究与指导能力、工作品质、对学生真诚关怀、寻求个人发展的能力[6];石亚萍(2013)调查了湖北民族地区中小学心理健康教育教师的专业化发展情况,发现当地中小学心理健康教育教师专业化水平虽不断提高,但总体专业化水平仍然较低,并提出了促进心理健康教育教师专业化发展的对策。[7] 在对教师的心理健康教育能力的研究上,主要以学科教师和班主任为研究对象。岳丽莹(2015)采用问卷法对南昌市中学学科教师的心理健康教育能力进行了调查,针对调查发现的问题提出学科教师增强责任意识,关注学生心理健康等对策建议[8];马雅菊(2018)认为当前中小学班主任心理健康教育能力总体有所提高,但仍有很大的提升空间。[9] 在中小学心理健康教育的历史与现状的研究上,主要用了文献法(黎龙辉 等,2006)、历史分析法(漆明龙,2002)和调查研究法(沈之菲,2014)。在历史分期上一般分为准备期、发展期和繁荣期。在关于问题与对策的研究上,以区域性的调研研究为主。例如,李云珍(2013)在其硕士论文中调查了晋江市中小学心理健康教育发展的问题,发现存在重视程度仍显不足、师资队伍建设依然薄弱、教育资源的整合度不高等问题,并据此提出了提高认识、增强观念、加强规范化管理等对策。[10] 在国别对比研究上,国内研究者通常将我国的心理健康教育与美国对比,旨在借鉴美国经验,加强我国中小学心理健康教育。

[1] 张忠,陈家麟.论道德健康与心理健康——兼议心理健康教育功能、价值、目标的拓展[J].教育理论与实践,2007(11):53-56.
[2] 姚本先.论学校心理健康教育的功能[J].中小学心理健康教育,2003(5):4-5.
[3] 陈玲玲.心理健康教育在中学德育过程中的功能初探[D].苏州:苏州大学,2010.
[4] 麻超,潘丽君,吴雪,等.中小学心理健康教育的德育功能研究[J].兵团教育学院学报,2016,26(1):19-23+27.
[5] 胡淑娟.中小学心理健康教育教师职业能力需求与胜任的分析[D].西安:西北师范大学,2015.
[6] 陈虹.学校心理健康教育教师胜任力研究[D].福州:福建师范大学,2007.
[7] 石亚萍.民族地区中小学心理健康教育教师专业化发展研究[D].武汉:中南民族大学,2013.
[8] 岳丽莹.中学学科教师心理健康教育能力现状研究[D].南昌:南昌大学,2015.
[9] 马雅菊.中小学班主任心理健康教育能力的提升研究[J].中小学心理健康教育,2018(32):64-66.
[10] 李云珍.晋江市中小学心理健康教育发展的调查与思考[D].福州:福建师范大学,2013.

对比的内容包括概念与标准、历史及现状,课程的设置目标、任务、课程内容、课时等,实施途径,辅导方式与方法,体系和模式,教师培训,干预手段等(禹瑛,2005;肖旻婵,2005;李霞,2011;周春森,2011;丁园园等,2014)。

关于情感教育的研究主要包括对其内涵和意义、现状与问题和其他学科的融合情况的研究。朱小蔓(1993)提出情感教育是一个与认知教育相对的教育概念,指的是把情感作为人的发展的重要领域之一,对其施以教育的力量;重视情感教育,就是关注人的情感层面如何在教育的影响下不断产生新质,走向新高度;也是关注人的生命机制之一的情感机制,如何与生理机制、思维机制一道协调地发挥作用,以达到最佳功能。情感教育应是教育这一庞大体系中十分重要的一部分,是贯穿于整个教育过程中的一种教育理念。[1] 情感教育对中小学生的身心发展和全面发展有重大的意义,对中小学生今后的人生观、价值观的形成有重要意义,可以促进中小学生的学习自主性,对改善中小学的教育现状有积极作用,对当前中小学提倡的素质教育有积极影响,关系到学生对现代社会的适应,关系到社会的发展(毛信元 等,2006;徐敬 等,2018;蒋波 等,2002)。在现状、问题和对策的研究方面,王峥(2002)从学生的情感素质,教师的情感教育能力,教育的观念、内容、手段、模式和评价方面分析了当前我国中小学情感教育存在的问题,并提出以人的归属感,探求本能和需要、自我实现的需要为出发点,在五育中融入情感教育、创设环境以陶冶情感,设立专门的情感能力课等途径[2];吴冬晓(2013)从学校、家庭、社会三方面分析了我国青少年情感教育存在的问题,并提出了家庭、学校和社会情感教育三方的紧密配合的教育策略[3];陈新阳(2008)针对我国情感教育的缺位现象,提出要从转变思想观念、更新评价体系、提高教师素质、改革教育模式等方面改进学校情感教育。[4]还有学者研究了情感教育与其他学科教学的融合,包括音乐(崔美玉,2006;郭辉,2017;刘静,2011)、美术(王成,2014)、体育(孙昌群,2011;张志刚 等,2015)、语文学科(卿明慧,2007;高德明,2008)等。

国内关于中小学习惯教育、生活教育的研究较前文已述的内容少,在研究内容上主要关注内涵、机制、策略研究。值得一提的是,这一领域的研究多从对某一教育家的教育思想的探讨出发,从而引出对这一教育领域的启示。例如,项春雷(2010)结合班杜拉的社会学习理论、行为主义学习理论、人本主义学习理论、陶行知生活教育理论和叶圣陶教育思想,从学校、家庭、当代中学生自我等方面提出了促进当代中学生生活、学习、思维习惯养成的教育策略。[5] 在现状、问题与对策研究上,他遵从了与其他研究内容同样的逻辑。

2.国外相关研究

笔者对国外研究的综述主要从生活教育、生命教育、生存教育、涵养课程四个方面进行。

[1] 朱小蔓.情感教育意识及其特殊机制[J].教育研究.1993(7):41-45.
[2] 王峥.我国中小学情感教育探析[D].开封:河南大学,2002.
[3] 吴冬晓.我国青少年情感教育存在的问题及对策研究[D].石家庄:河北师范大学,2013.
[4] 陈新阳.中小学情感教育缺位现状与对策分析[D].武汉:华中师范大学,2008.
[5] 项春雷.当代中学生习惯养成的现状与教育策略研究[D].苏州:苏州大学,2010.

在生活教育研究领域,杜威的"教育即生活""学校即社会"以及在"做中学"的生活教育理论对全球生活教育研究都有一定影响。国外生活教育的使命在于为学生提供身体、情感、意志和智力的均衡教育,为利用生活中的各种挑战发现更深层次的目标和幸福做好准备。加拿大的生活教育项目(Educationfor Life)提出了生活教育的四维目标:在身体方面,养成健康的习惯,控制饮食,早起;在情感方面,与他人合作,实践和平,培养平和的心态,交朋友,扩展灵敏度,选择幸福;在意志方面,发展意志力,培养勇气,学习生活道理;在智能方面,发展集中力,探索灵活性,训练思维敏捷力。其中,生活技能教育是生活教育的重要内容。生活技能包括帮助个人更充分地生活的所有品质。作为教育的一部分,有机会发展这些品质和技能的儿童将更好地过上充实、成功的生活。澳大利亚生活教育项目(Life Education Program)的目的是确保儿童能够自信地面对生活中日益严峻的挑战,通过教育赋权儿童和年轻人做出更安全和更健康的选择。具体来讲,要帮助学生建立对生活教育所涵盖主题或问题的认识;鼓励学生思考生活教育问题;分享学生做出明智决定所需要的知识;帮助学生确定和发展应对生活问题的策略;帮助学生培养他们在日常生活中运用这些策略所需的技能和信心。国外生活教育的另一重要领域是健康教育。美国制定了全国性的健康教育标准,这也是学校健康教育计划开发健康教育课程的重要依据。该标准侧重于增加功能性健康知识和适用于健康生活各个方面的关键技能。这些技能包括确定家庭、同龄人、文化、媒体和技术对健康行为的影响;知道如何获取和使用有效的健康信息;以及使用沟通、决策、目标设定技能来促进学术健康。美国学校设置了从幼儿园到11年级的健康教育课程体系,从幼儿园开始到11年级都设有健康教育的课程。学校实施的高质量健康教育计划可以改善儿童和青年的福祉和健康;进行健康行为,如参加体育活动、健康饮食和避免吸烟,都与预防慢性病有关。[1] 日本在《教育、文化、体育、科技部创建法》第四条第十二款将学校卫生定义为"学校健康教育与健康管理"[2],并把学校健康教育融于体育学科中。澳大利亚要求学校委员会必须制定健康教育政策,以支持在教室内以及在学校社区范围内传递健康信息。健康教育内容包括毒品教育、健康饮食教育、心理健康教育、性健康教育等。[3]

在生命教育研究领域,美国人本主义教育家杰·唐纳·华特士于1968年首次提出了生命教育这一概念,是对生死教育的发展。美国生命教育的目的在于帮助学生做好迎接生活的准备,引导他们充分体验人生的意义,提升人的精神生命。死亡教育是指与死亡有关的各种教育活动和经历,包括对死亡的意义和态度、死亡和丧亲过程、对受死亡影响的人的关怀等核心话题。目前美国的生命教育大致分为品格教育、迎向生命挑战的教育、情绪教育三部分。[4] 1979年,澳大利亚成立了生命教育中心,后发展成为一个正式

[1] U.S. Department of Health and Human Services. Healthy Youth: An Investment in Our Nation's Future[R].Atlanta, GA:U.S. Department of Health and Human Services,CDC,Coordinating Center for Health Promotion,2007.

[2] Watanabe K, Mori C, Haneda N, et al. Japan: perspectives in school health[J]. Journal of School Health,2010,60(7): 330-336.

[3] Department of Education and Training. School Policy and Advisory Guide[EB/OL].2019-07-15.

[4] 王学风.国外中小学的生命教育及启示[J].外国中小学教育,2007(1):43-44+5.

的国际性机构,其目的在于通过教育和自我改善计划促进社区健康,为贫困、社会弱势群体和弱势儿童、青年和成年人等提供服务(Internal Revenue Code,1986)。日本于1989年修改了新的《教学大纲》,其中提出尊重人的精神和对生命的敬畏观念的生命教育目标。日本于2002年在公共教育中全面实施余裕教育,注重"生存能力"与"人性"道德教育,其口号是"热爱生命,选择坚强"。余裕教育是日本近年来中小学生命教育的主要内容。英国的中小学多成立了生命教育重心,引导学生热爱生命。

在生存教育研究领域,这一概念最早出现于1972年的《学会生存——教育世界的今天和明天》(*Learning to be:The world of education today and tomorrow*)报告,其中提出要终身学习如何去建立一个不断演进的知识体系——学习生存,使人日臻完善,使他的人格丰富多彩,表达方式复杂多样,使他作为一个人、作为一个家庭和社会成员,作为一个公民和生产者、技术发明者和有创造性的理想家,来承担各种不同的责任。[1] 随后,生存教育在美国、日本、德国等国家兴起。美国十分重视中小学生存教育,旨在促进学生各方面的发展,注重提高学生的生存知识、技能、意识等全方面的发展。大自然是美国中小学生存教育的主要场所,主要以体育课的形式展开。此外,理财教育也是美国生存教育的重要内容,旨在促进学生明确理财的重要性,训练学生的理财技能。日本由于其频繁的自然灾害、有限的自然资源等自然因素,十分重视对学生的生存教育以培养其生存能力。日本的生存教育十分重视家庭、社区、家庭的互动,学校负责系统化生存教育,家庭负责家庭生活机能的传授,社区为学生提供提高社会生存技能的空间。澳大利亚重视对学生的挑战教育和冒险教育,认为挑战、冒险有利于个体成长,其生存教育的目的在于培养个体获得成就感、增大知识储备量和接受新挑战的能力。[2]

学校的涵养作用是国外研究者十分关注的研究领域。在教育的背景下,"涵养"是指根据儿童的需要,提供帮助的精神土壤和获得的学习经验。情感幸福是学习的基础。涵养让孩子们在情感上茁壮成长,每个孩子都可以根据自己的需要学习、发展和成长。Lucas等(2006)提出了学校涵养的六条原则:儿童的学习是一种发展性的早期学习经历;课堂提供了一个安全空间,其中人际关系是关键;培养自尊,语言是一种重要的交际手段;所有的行为都是沟通关系。[3] 英国有专门的涵养学校教育方案,其主要目的在于使教师、管理人员等在学校教育中发展和融入涵养文化,加强教学,促进儿童和青年人的健康状况,满足学生的情感需求和发展。通过这种涵养学校教育方案,所有参与者包括学生、家长、教师、学校、社区都可从中受益。当前英国还开展了学校涵养服务(The Nurturing Approaches in Schools Service),这是新成立的一种区域性服务,旨在支持学校整体涵养方式的发展,为学校提供咨询、指导和重点支持。

[1] 联合国教科文组织国际教育发展委员会.学会生存:教育世界的今天和明天[M].北京:教育科学出版社,2005:2.
[2] 柏铁山,邱程.生存教育:国外理论与实践思考[J].连云港师范高等专科学校学报,2017,34(1):59-62.
[3] Lucas,S.,Insley,K. and Buckland,G.(2006) Nurture Group Principles and Curriculum Guidelines Helping Children to Achieve,The Nurture Group Network.

(三)研究述评

当前国内外关于寄宿制学校教育和生活涵养的研究十分丰富,研究内容几乎包含了所述问题的方方面面,且国内外研究内容有诸多重合之处。在对寄宿制学校教育的研究上,国内外研究者均关注了寄宿制学校教育的内涵、功能和意义、内部管理等内容,在研究逻辑上也基本上遵循了发现问题—分析原因—解决问题的思路。不同的是,国内的研究对象多为公办的农村寄宿制学校,只有少数针对城市寄宿制学校、私立/民办寄宿制学校的研究;国外则相反,多数是以私立的城市寄宿制学校为研究对象,少数以贫困地区的寄宿制学校为研究对象,如面向土著学生开办的寄宿制学校。但结合本研究的内容和目的,国外关于寄宿制学校教育的研究为本书提供了关于私立的城市寄宿制学校教育发展的基本图景,从而为本研究奠定了知识基础。在对学校生活涵养的研究上,国内外重点关注的研究内容有所不同,但均关注对学生的生活教育,尤其是各种生活知识技能和良好习惯的养成。国外关于生活涵养的方式、内容为本研究也提供了基本的知识框架。

虽然现有生活涵养的研究取得了一些成就,但也存在不足,尤其是关于生活涵养课程的研究。第一,研究程度方面,国内研究尚处于探索阶段,或者停留在经验之谈,又或者主要借鉴国外研究,不够深入,大部分研究为理论层面的探讨,实践研究有待发展。第二,从研究者的类型来看,理论工作者与实践工作者的比例有待平衡,尤其一线工作者需要提高研究的积极性,注重对其生活涵养经验的反思性总结。第三,研究方法方面,实证研究较少,且方法集中于问卷调查法,调查的范围多局限于某个地区,其结论缺乏普适性。另外,数据分析方法以描述性统计为主,使用相关分析、回归分析等数据处理较少。第四,从研究主题分析,对生活涵养的不同板块的基本理论研究、存在问题研究以及策略研究较为丰富,但少有将生活涵养不同方面内容整合起来的研究。

基于以上问题,生活涵养课程的后续研究应关注以下四个方面:

第一,构建并完善生活涵养课程的理论体系。应加大对生活涵养课程的理论体系构建以及生活涵养课程内容研究,在已有的文献中并没有学者探讨生活涵养课程的理论体系如何,生活涵养课程具体有哪些内容。第二,加强高等院校与一线工作岗位的实践者的合作。中小学教师或者中职院校的研究者不应该把自己排除在生活涵养教育研究领域外,生活涵养教育研究不仅有利于教师个人科研能力的提升,解决现实难题,还可以帮助学生正确认识劳动教育的重要性。第三,科学使用研究方法,剔除研究方法单一的模式,用多元化角度思考问题,采用多样性的方法研究当前生活涵养课程建设问题。第四,综合分析生活涵养课程建设的现状,深入生活涵养课程领域的研究空白点,使生活涵养课程内容研究更具全面性和系统性。

六、研究方法

(一)文献法

文献法主要指搜集、鉴别、整理文献,并通过对文献的研究形成对事实的科学认识的方法。文献法的一般过程包括五个基本环节,分别是:确定研究范围、研究设计、搜集文献、整理文献和进行文献综述。文献法由于具有超越时间、空间限制,方便、自由、安全,省时、省钱、效率高等优点而被研究者广泛应用。文献调查是在前人和他人劳动成果的基础上进行的调查,是获取知识的捷径,是一种高效率的调查方法。本研究首先收集、归纳和整理了关于学校生活涵养、中小学寄宿学校教育等的相关研究文献,并对其进行深入的再研究,明确本研究的主题,再次确定研究范围。文献分析法主要体现在文献综述中,但也贯穿全文始终。本书充分利用了维普、万方、超星图书馆、webofscience、百度学术、bing 等网络资源或检索平台,全方位查阅资料,并对文献进行了详细的归类、分析,全面把握国内外关于生活涵养和寄宿制学校教育的研究,这些为本研究奠定了坚实的基础。

(二)案例研究法

案例研究法是实地研究的一种,是以某一个或某几个场景为对象,系统收集数据和资料进行深入研究的方法,既可采用实地观察行为,也可通过各种实物收集来获取资料。案例研究的数据来源包括文件、档案记录、访谈、参与观察、实体的人造物五种。本书采用案例分析法对重庆市教科院巴蜀实验学校开展生活教育课程的情况进行全面的调查和总结,并对其他同类型学校实施生活涵养课程的经验进行横向的经验对比。尤其是基于重庆市教科院巴蜀实验学校在实施生活涵养课程的有益探索中,总结重庆市教科院巴蜀实验学校十几年来的生活涵养课程的实施经验、成果、不足,对事实经验材料进行科学深入的分析、概括。在此基础上,凝练城市寄宿制中小学实施生活涵养课程的理论和实践经验,为重庆市教科院巴蜀实验学校继续实施生活涵养课程以及同类学校开展生活涵养课程提供理论和实践借鉴与指导。

(三)行动研究法

行动研究法是指在自然、真实的教育环境中,教育实际工作者按照一定的操作程序,综合运用多种研究方法与技术,以解决教育实际问题为首要目标的一种研究模式。行动研究法是将纯粹的教育科研实验与准教育科研实验结合起来,将教育科研的人文学科的特点与自然科学的实验的特点结合起来,用教育科学的理论、方法、技术去审视、指导教育教学实践,将教育教学经验上升到理论高度,但依托的是自身的教育教学实践。本研究以问题为导向,基于学校场域,在专家引领下通过发动教师的主观能动性,在生活涵养课程实践中发现并解决学生的全面发展问题,最后经由理论提炼搭建特色明显的生活涵养课程体系。

七、理论基础

生活涵养课程是重庆市教科院巴蜀实验学校基于"精致教育"办学理念,从学生的真实生活和发展需要出发,立足生活情境,由教育者设计的,以学生为主体,以问题、主题等方式开展的具有教育性影响,旨在促进学生在参与和体验活动中获得直接经验和感性认识,并促进其情意、认知和能力的发展的课程。作为一种校本化的综合实践活动课程,它是建立在一定理论基础上的,包括哲学基础、心理学基础和教育学基础。

(一)哲学基础

综合实践活动课程是在活动课程基础上发展起来的。从综合实践活动课程的发展历史来看,它总是与哲学联系在一起。每一种课程理论和实践,都是以某种哲学为支撑和指导。现代哲学分为理论哲学和实践哲学,其根源在于亚里士多德的自然哲学和道德哲学范畴,一种是以理论为目的,另一种是以实践为目的。21世纪以来,我国学者对实践哲学多有提倡。实践哲学是哲学和哲学技巧在日常生活中的运用,包括反思性实践、个人哲学思考等。实践哲学是一种价值观,指导实践者的行为在伦理上是适当的、准确的和合法的。它定义了实践者的规则、角色、关系和职责。实践哲学是对实践的具体化,而不是对实践者的具体化。从古希腊亚里士多德提出实践概念,到近代康德、黑格尔对实践的探讨,再到马克思建构的新的实践哲学范式,历史维度上的实践哲学不断重塑,不断发展。马克思主义的实践哲学从人类的生产劳动和现实世界出发,以人的自由自觉活动为核心,以人的全面发展为目标,揭示了人与活动的关系,人的本质、人的活动与其发展之间的关系,这为以实践性、活动性为特点的生活涵养课程提供了哲学基础。

1.马克思主义实践哲学

科学的实践观贯穿马克思主义哲学的各个环节:在本体论层面,实践是人类特有的、建立在人的能动和现实的对象性基础上的实践活动;在认识论中,实践是人的认识和发展的基础,是检验真理的唯一标准;在世界观中,实践是人与世界分化与统一的基础;在历史观中,实践是人类社会得以存在的基础。马克思主义实践哲学的本体论和知识论为生活涵养课程提供了重要的理论基础。

(1)本体论。马克思哲学把实践理解为人类改造现实世界的对象性活动,是人类生存发展的本质形式。这种活动有别于动物的活动,是人类特有的能动性活动。具体来讲,人类可以发挥自己的主观能动性,去认识世界并发现事物发展的客观规律,从而利用规律来改造世界。人类活动的各个环节无不体现着目的性和计划性。它也是一种客观性活动,有一定的对象。对象性存在物即人本身及其生命活动;周围环境也是人的活动对象;与此同时,人与人之间可以互为对象,一个人可以作为另一个人的对象。即是说,这种对象性活动,不仅强调人作为实践主体的对象化和能动性,也强调客体的对象化,是一种主体和客体双向对象化的活动——主体的客观化和客体的主观化的双向互动过程。实践还是一种高于理论思考、有目的、有意识的现实性活动。马克思主义的实践概念最终指向的是一种改造现实世界的创造性活动,现实性和实在性是其本质特征。与抽象的实践概念不同,这里的实践是一种现实性存在,是一种可以通过感觉直观的客观实在。

(2)认识论。知识与实践的关系。首先,实践是过去、现在和将来一切知识的源泉。要学会游泳,就必须真正跳入水中;人们直到被火烧着才知道火是燃烧的……这些例子表明,没有实际行动,就没有知识。人的知识一部分来自直接经验,另一部分来自间接经验(别人的直接体验)。因此,从整体上看,任何形式的知识都离不开直接经验,即实践。其次,实践是知识发展的动力。唯心主义否认了社会实践在学习过程中的首要地位,认为知识独立于人的主观感受或理解而存在。唯物主义者正确认识存在与意识的关系——客观上的真实存在(物质)是独立于意识、感觉、经验的,意识只是对存在的反映,充其量只是一种近似真实的(适当的、精确的)反映。再次,实践是衡量任何知识正确性的标准。这就解释了知识是如何获得的。所有的知识都始于原始数据的收集,即人类在社会实践过程中遇到的孤立事实和事件。以此为起点,知识从感性发展到理性,从少到多,从片面发展到全面,从实践发展到理论,推动社会前进的每一步。感性知识必须上升为理性知识,理性知识之所以有用,是因为它建立在感性知识的基础上,而感性知识又是在具体的社会实践基础上收集大量原材料的结果。最后,实践也是知识的目的,这是实践本身具有固有的特性。在知识从感性到理性、从实践到理论的转变之后,知识继续发展为实践(更高的知识)。我们了解世界,不是为了思考世界,而是为了改变世界。实践不仅具有普遍性,而且具有直接现实性。

生活涵养课程作为综合实践活动课程的一种,其本质特征是实践的,符合马克思主义实践哲学观。生活涵养课程是以学生的实践为中心的。

2.马克思关于"人的全面发展"的学说

人的全面发展学说是马克思主义哲学重要的理论成果。人的能力发展是马克思始终关注的问题。人的全面发展是指,人的身心统一的、充分的、多方面的自由的发展,也就是人的体力和智力以及各方面才能的协调发展。它有四个方面的含义:人的需要的全面发展(生存、享受、发展创造的需要);人的能力的全面发展,这种能力不仅指生产性能力,还包括人的素质、潜能、消费性能力等;人的社会关系的全面发展,包括道德、法律、政治等关系;人的个性的全面发展。我国教育目标中提到的"培养德、智、体、美、劳"全面发展的人即是受到这一学说的启示。

生活涵养课程是对"促进学生全面而自由的发展"理念的贯彻,不仅强调学生参与的全员性,也强调学生的自主性。生活涵养课程是以实践活动为主要形式,强调学生间、学生和教师的社会交往,培养学生的综合能力。因此,马克思主义关于"人的全面发展"学说可以为生活涵养课程提供一定理论指导。

(二)心理学基础

心理学是以个体心理发展规律为研究对象的,而课程需要适应学生心理发展的需要。因此,遵循学生的心理发展规律及特点,以学生的兴趣和需要为参考点,是保证课程科学性、有效性的基本前提。认知心理学和苏联的活动理论为生活涵养课程奠定了心理学基础。

1.皮亚杰的认知发展理论

皮亚杰的认知发展理论是关于人类智力本质和发展的综合理论,其认知发展理论解释了儿童如何构建世界的心理模型,认为认知发展是生物成熟和与环境相互作用的过程。他的理论主要包括两方面内容:一是认知如何产生,二是认识发展的阶段。在认识发生的机制上,皮亚杰认为行为(适应环境)是通过被称为图式的心理组织来控制的,个体使用图式来表征世界和指定行动。这种适应是由生物动力驱动的,以获得图式和环境之间的平衡。皮亚杰描述了个体试图适应环境的两种方式:同化和顺应。同化是使用或转化环境的过程,使其可以置于预先存在的认知结构中;顺应是为了接受环境中的事物而改变认知结构的过程。这两个过程在整个生命周期中同时交替使用。与此同时,皮亚杰提出了认知发展的四个阶段:感觉运动阶段(0~2岁)——智力是通过不使用符号的活动表现出来的,对世界的了解是有限的(但正在发展),因为它是建立在物理交互/经验的基础上的;前运算阶段(2~7岁)——智力通过符号的使用得到证明,语言的使用成熟,记忆和想象得到发展,但思维是以一种非逻辑的、不可改变的方式进行的,以自我为中心的思维占主导地位;具体运算阶段(7~12岁)——通过对与具体物体相关的符号进行逻辑和系统的推理来显示智力,抽象逻辑思维开始发展,以自我为中心的思想逐渐消失;形式运算阶段(12~15岁)——智力是通过与抽象概念相关的符号的逻辑使用来表现的。生物发展推动了人从一个认知阶段到下一个认知阶段的发展。

皮亚杰认知发展理论对生活涵养课程提供了一定的科学依据:儿童智力发展离不开活动,认知是个体与环境发生相互作用的过程,而生活涵养课程也强调学生在各种活动中获得综合发展;儿童智力发展是一个主动建构的过程,生活涵养课程考虑了学生的需要、兴趣,这为学生主动参与提供了可能;皮亚杰的认识发展阶段理论为分阶段、分年级实施的生活涵养课程提供了依据。

2.布鲁纳的发现学习理论

发现学习本质上是一种基于探究的教学方法。它鼓励学习者在过去的经验和知识的基础上,运用他们的直觉、想象力和创造力,寻找新的信息来发现事实、关系和新的真理。学习不在于吸收书本上或口授的知识,而在于积极地寻求答案和解决办法。发现学习有五个原则:

（1）解决问题。教师应引导和激励学习者，通过结合现有的新获得的信息寻求解决方案。如此，学习者自身就是学习的动力。

（2）学习者管理。教师应允许学生单独或与他人一起工作，并根据自己的节奏学习。这种灵活性减轻了学习者不必要的压力。

（3）整合与衔接。教师应该教学习者如何将先前的知识与新知识结合起来，并鼓励他们与现实世界联系起来，鼓励学习者扩展他们所知道的并创造新的东西。

（4）信息分析和解释。发现学习是面向过程的，学习者应学会分析和解释所获得的信息，而不是记住正确的答案。

（5）失败与反馈。学习不仅发生在我们找到正确答案的时候，也因失败而发生。教师有责任提供反馈，完善学生的学习。

生活涵养课程的实施路径与发现学习机制一致，是学生在教师的指导下，从实际生活中给选择合适的学习主体进行学习，并以解决一定的实际问题为导向。

3.列昂捷夫的活动理论

列昂捷夫的活动理论是维果茨基文化历史论的有机延续，是一个完整的心理学体系。其中心理问题是内化问题，即如何借助工具的外部活动形式实现向内部的心理活动过渡。其主要内容主要有三个方面，即活动、活动的分类及活动系统的框架。首先是作为心理学研究对象的活动。心理是活动的特殊形式，是物质生活和外部物质活动发展的产物，因此研究活动及其结构和活动的内化始终是心理学研究的中心环节。活动对理解儿童意识和个性发展有重要意义，这就引申出了活动的心理学定义：活动是"主体—客体"的中介，"在心理的水平上，活动是以心理反应为中介的生活单位，是具有自己的结构、自己的内部转变和转化、自动发展的系统"[1]。活动作为一种社会历史范畴，具有三个基本特征：

（1）独立性。这是一个独立系统，具有自己的结构。

（2）社会性。活动离不开各种社会关系和社会生活，发生在人与人之间的合作与交往中、形成于社会和关系中。

（3）对象性。不存在无对象的活动，分为客观独立存在的事物及对这些事物的心理反应。

在活动的分类上，列昂捷夫把心理学意义的活动分为外部的实践活动和内部的心理活动。前者是活动的基本形式，是后者发端的基础，是产生内部心理活动的一切形式的前提。两种活动有紧密联系。一方面，外部实践活动在发展过程中可以逐渐脱离实践活动而转化为内部心理活动（内化）；另一方面，内部心理活动由于调整和改变的需要，可以向外部实践活动转化（外化）。再者是活动系统的框架，即活动的结构及其相互转化关系。如前所述，内化和外化之所以产生，是因为任何活动内部都具有相似的结构。首先，活动是指向主体的一定需要，即任何活动都有一定的意图和动机。活动指向的对象即是活动的真正的动机。其次，活动通常由一系列有目的的动作组成，而动作是基于一定目

---

[1]　阿·尼·列昂捷夫.活动意识个性[M].李沂，译.上海：上海译文出版社，1980：8.

的的自觉过程,因此动作与目的(动机)相联系。再者,动作的实现依赖操作,而操作主要关注使用怎样的工具和方法可以达到目的,即达到目的的客观条件。活动、动作、操作和与其相应的需要、动机、目的、条件构成了活动的共同结构。

列昂捷夫的活动理论为生活涵养课程的活动设计提供了理论依据。生活涵养课程是由各种主题活动构成的,各种活动均是一个独立的活动系统,是在特定目的和特定动机的基础上,由教师的教导行为和学生的学习行为构成,是采用一定工具和手段的活动。此外,列昂捷夫对人活动主体地位的强调为生活涵养课程中学生主体地位的确定奠定了基础。

(三)教育学基础

除哲学和心理学基础外,相关教育教学理论为生活涵养课程提供了坚实的教育学基础。生活教育理论和主体教育理论也为生活涵养课程提供了教育学基础。

1.生活教育理论

20世纪二三十年代,以杜威为代表的进步教育家对传统教育进行了深刻的批判,在批判传统教育的基础上,杜威提出了进步教育思想,其实质就是谋求进一步加强教育与生活的密切联系,使教育融于生活之中。陶行知在对杜威教育思想的吸收和改造的基础上,提出了"生活教育理论"。"从定义上说:生活教育是给生活以教育,用生活来教育,为生活向前向上的需要而教育。从生活与教育的关系上说:是生活决定教育。从效力上说:教育通过生活才能发生力量而成为真正的教育。'教学做合一'是生活法亦即教育法。"[1]具体来讲,其生活教育理论包括三方面的内容。其一,生活即教育。这就强调学校教育是学生生活的部分,教育与生活是互动的——教育有生活意义,生活有教育意义。陶行知认为,生活与教育是一回事,"生活即教育,是生活便是教育;不是生活便不是教育。分开来说,过什么生活便是受什么教育"[2]。生活与教育是相辅相成的关系。其二,社会即学校。这就强调打破学校和社会之间的界限,从而使教育突破学校的界限,而扩大到社会中。陶行知期望通过学校与社会的结合,促进二者的相互进步,并使被传统学校拒之门外的广大劳苦大众接受教育。[3] 其三,教学做合一,即强调经验的作用。这是教学法,也是生活法。陶行知认为,"教学做是生活现象之说明,即教育现象之说明;在生活里,对事说是做,对己之长进说是学,对人之影响说是教,教学做只是一种生活之三方面,不是三个各不相谋的过程"[4]。其中心思想即是"做中学"。

生活教育理论说明了教育和学生生活之间的密切联系,这与生活涵养课程的内核不谋而合。在各种生活教育课程活动中,应强调学生个体发展和实际生活的需要,并强调学生与现实生活的联系,充分利用校内的各种活动场所,促进学生全面发展。

---

[1] 陶行知.陶行知文集[M].南京:江苏教育出版社,2008:820.
[2] 陶行知.陶行知文集[M].南京:江苏教育出版社,2008:404-405.
[3] 曾素林.论实践教育[D].武汉:华中师范大学,2013.
[4] 王芳.陶行知"教学做合一"的教学思想及现代意义[J].学周刊,2011(6):63.

2.主体教育理论

20 世纪 80 年代起,我国教育学者开始关注学生的主体性问题,这直接导致了 80 年代末主体教育理论的构建。经过几十年的发展,主体教育理论对我国的教育理论和实践发展产生了重要影响。这一理论以"人在社会历史发展过程及自身发展过程中占主体地位"为逻辑起点,充分肯定教育的相对独立性和超越性,揭示了作为历史主体的学生在教育中的地位。主体教育理论性关注的是对人自身发展的追求,探讨的是如何使人成为一个现实的人、一个完整的人。[1] 该理论有如下基本主张。其一,在教育价值观上,以学生发展为本。学生在接受教育的过程中使自身不断完善,这一过程遵循一定发展规律。具体来讲,把学生视为教育活动的主体是"学生发展为本理念"的前提。主体是能够能动认识和改造世界的人,教育作为一种主体性活动,是以学生为主体的。在教育活动中,注重每个学生的需要、潜能、能力、关系、个性和精神世界的发展是这一理念的集中体现。主体教育理论的目的即是通过确定学生在教育中的主体地位而发挥学生的主动性和积极性,促使其通过交往、反思等活动充分发挥自身潜能。其二,学生的主体性发展是通过实践和交往实现的。主体教育理论坚持把在活动、实践基础上通过交往促进学生的主体性发展,作为基础教育实现人的发展的基本途径。也即是说,活动教学是主体教育理论的重要原则。[2] 其三,强调平等师生关系和主体间性的培养。教师和学生都是活动的主体,都是教育活动的承担者和发起者,两者是平等的关系。此外,强调主体间的培养。这是因为,主体教育理论的"主体"不是排他性的主体,是能够与其他主体交流、合作的主体。这就强调主体之间要相互理解、合作。

主体教育理论为生活涵养课程的目的、内容等都提供了思考。在生活涵养课程实践中,各种活动是以学生的主体地位(需要、兴趣)开展的,教师更多是以平等的合作者身份介入的。在各种生活涵养活动中,学生的能动性被最大限度地激发。此外,学生间的合作、相互理解和包容、共同发展等价值意蕴与生活涵养课程的目的有契合之处。因此,主体教育理论为生活教育课程的理论和实践都指明了方向。

---

[1] 裴娣娜.主体教育理论研究的范畴及基本问题[J].教育研究,2004(6):13-15.
[2] 高向斌.主体教育:我国走向新世纪的一种教育理论[J].中国教育学刊,2005(4):22-25.

第二章　城市寄宿制中小学
　　　　生活涵养课程理念

重庆市教科院巴蜀实验学校生活涵养课程的开展已有十余年,从设计之初到十几年的实践,重庆市教科院巴蜀实验学校生活涵养课程的理念体系已基本形成。本章从对素质教育和新课程理念的回溯和审思出发,探讨了生活涵养课程的上位概念——综合实践活动课程的基本原理;在此基础上,对重庆市教科院巴蜀实验学校生活涵养课程理念进行了凝练和归纳,以期为其他同类学校开展学生生活涵养课程提供一些经验。

一、素质教育和新课程的理念

(一)素质教育理念

1.素质教育的溯源

　　质量是教育的核心,影响学生学习的内容、学习的方式以及他们的教育受益(EFA,2005)。素质教育是一个受国家法律保障的动态概念。它随着时间的推移而发展,受社会、经济和环境条件的制约。《世界人权宣言》(1948)第 26 条[1]确定了教育的目的:充分发展人的个性,加强对人权和基本自由的尊重;应促进所有国家、种族或宗教团体之间的理解、容忍和友谊,并应促进联合国维持和平的活动。这一目的影响了各国的教育内容、教学过程和材料、学习环境和学习成果的教育目标。国际儿童权利委员会于 2001 年对之做出了解释:学生必须接受个性、才能和能力的素质教育,能够在社会中过上充实和满意的生活。教育的关键目标是发展儿童的个性、才能和能力,认识到每个儿童都有独特的特点、兴趣、能力和学习需要。课程必须与儿童的社会、文化、环境和经济背景直接相关,与儿童目前和未来的需要直接相关,并充分考虑到儿童不断发展的能力;教学方法应根据不同儿童的不同需要而调整。教育的目的还必须是确保每个儿童都能学到基本的生活技能,并确保任何儿童离开学校后都能应付在生活中可能遇到的挑战。教育的目的远远超出了掌握算术和识字技能,基本技能还包括生活技能,如权衡决定的能力;解决冲突的能力、批判性思维、创造性才能和其他能力,这些能力为儿童提供了在生活中寻求选择所需的工具。《公约》[2]还提出,在中小学阶段,教育必须"以儿童为中心,爱护儿童",必须以尊重儿童固有尊严的方式提供教育,使儿童能够表达自己的观点……并参与学校生活。联合国可持续发展目标的目标 4 即是素质教育——确保包容和公平的优质教育,促进人人享有终身学习的机会。素质教育理念不仅在各种国际公约中逐步得到确认,也成为当今世界教育中的价值追求。

　　改革开放以来,党和国家始终把提高全民族的素质作为关系社会主义现代化建设全

---

[1]　United Nations. Universal Declaration of Human Rights [R].Paris :UN,1948.

[2]　United Nations. Convention on the Rights of the Child.[R]. Paris :UN,2011.

局的一项根本任务。党和国家从政策层面对教育做出了质的规定,素质教育也由此进入教育研究者的视线。邓小平在第一次全国教育工作会议上发表了重要讲话:"我们国家,国力的强弱,经济发展后劲的大小,越来越取决于劳动者的素质,取决于知识分子的数量和质量。一个十亿人口的大国,教育搞上去了,人才资源的巨大优势是任何国家比不了的。有了人才优势,再加上先进的社会主义制度,我们的目标就有把握达到。"[1]同年,《中共中央关于教育体制改革的决定》中明确指出:"在整个教育体制改革过程中,必须牢牢记住改革的根本目的是提高民族素质,多出人才,出好人才。"随后,《中华人民共和国义务教育法》《中共中央关于社会主义精神文明建设指导方针的决议》(1986)等法律、政策文本中都对"提高整个中华民族的思想道德素质和科学文化素质"有所提及。这是我国素质教育的最初思想源头。在邓小平讲话及各种政策文本的促发下,我国学者开始对素质教育相关问题开始了探讨,第一个议题即是从"升学教育"到"素质教育"的转变。

我国素质教育理念从萌芽到发展一直与党和中央的指导紧密相连。1993年2月13日,中共中央、国务院制定发布《中国教育改革和发展纲要》,其中明确指出:"中小学要从'应试教育'转向全面提高国民素质的轨道,面向全体学生,全面提高学生的思想道德、文化科学、劳动技能和身体心理素质,促进学生生动活泼地发展,办出各自的特色。"为落实和贯彻这一政策精神,中共中央于1994年召开的全国教育工作会议上提出:"基础教育必须从'应试教育'转到素质教育的轨道上来,全面贯彻教育方针,全面提高教育质量。"同年发布的《中共中央关于进一步加强和改进学校德育工作的若干意见》也提出"要建立社会主义市场经济体制的新要求和迫切需要的素质教育"。这是第一次正式在中央文件中使用素质教育的概念。1994年第二次全国教育工作会议提出要在全国各地开展素质教育改革试验。在这一指示的推动下,国家教委于1997年发布了《关于当前积极推进中小学实施素质教育的若干意见》,正式将开展素质教育试验区作为新时期的任务。这掀起素质教育实践的区域性高潮,除全国首批建立的十个素质教育试验区外,一些省市也建立了试验区。《面向21世纪教育振兴行动计划》(1999)明确提出要实施"跨世纪素质教育工程",拉开了素质教育向全国推进的序幕。同年,中共中央、国务院颁布了《关于深化教育改革全面推进素质教育的决定》,进一步强调了实施素质教育的重要性和必要性,对素质教育的内涵、目标、条件以及实施素质教育的具体举措都进行了规定性的描述。自此,素质教育成为我国重要的教育战略。

2.本质内涵

自20世纪80年代起,"素质"概念开始受到理论界的关注,学者对其的定义不一,不仅有广义、狭义之分,还有不同学科视角的差异。狭义素质概念是从生理学(遗传学)和心理学意义上的素质概念。例如,《辞海》(1989)即是从"遗传素质"的角度对之进行了定义:是指人或事物在某些方面的本来特点和原有基础;在心理学上,指人的先天的解剖生理特点,主要是感觉器官和神经系统方面的特点,是人的心理发展的生理条件,但不能

---

[1] 佚名.素质教育的提出与推行.[N].光明日报,2009-12-05.

决定人的心理内容和发展水平。这是我国关于"素质"典型的狭义解释。《心理学大辞典》(1989)将"素质"定义为"有机体天生具有的某些解剖和生理的特性,主要是神经系统、脑的特性,以及感官和运动器官的特性"。张焕庭(1989)主编的《教育辞典》中认为,素质是有机体与生俱来的某些解剖生理上的特点,如身体的构造、形态、感觉器官和神经系统的特点,尤其是大脑的结构和机能的特点。广义的素质概念超出了心理学和生理学的范畴,《教育大辞典》(1990)认为,广义的素质是指公民或某种专门人才的基本品质,如国民素质、民族素质、干部素质、教师素质、作家素质等,都是个体在后天环境和教育影响下形成的。"素质教育"中的"素质"概念应属于广义,是指人通过合适的教育和影响而获得与形成的各种优良特征,包括学识特征、能力特征和品质特征。[1]

关于素质教育的本质含义,学界尚无统一的界定。这一方面是由于"素质"概念的复杂,另一方面,素质教育本身是一个随着社会改革不断发展的概念。近四十年来,素质教育理念引领着我国的教育教学改革,也是我国未来教育发展的必然趋势,并朝着常态化、模式化、理论化的方向发展。从我国素质教育理论的历史演变来看,素质教育的基本意蕴主要体现在如下几个方面。

(1)素质教育是成"人"的教育。

"成"作动词用,意谓"造就人""成就人"。素质教育关注对人的主体精神的培养以及对人的主体价值的彰显。对人之所以为人的素质的关注,也即是对人的整体意义的关注。从马克思关于人的本质的论述来看,我们区别于所有其他动物,如蜜蜂、蜘蛛或海狸,最大的依据就是人的本质,即马克思所说的我们的物种存在,就是有意识地、自由地改造世界,以满足我们的需要。而教育是为人的,其关键在于如何使人成"人"。这意味着,教育不仅在于传递知识,还在于对人的潜能、人格、主体性精神的激发和彰显。素质教育就是一种成"人"的教育,充满了人文主义精神,核心在于对人及其意义的关注,根本目的在于激发潜能、健全人格,养成具有主体性的完整而自由的人。而从国家战略高度来看,素质教育的成"人"性,还体现在对思想道德素质的培养,包括爱国主义精神、正确的人生态度、自尊、自立、自强的精神、公民意识等品质的形成。

(2)素质教育是多方位、全方面发展的教育。

在某种程度上,素质教育是以"应试教育"的对立面而提出的。它是以全面提高个人的思想品德、科学文化和身体、心理、劳动技能素质,培养各方面能力、发展个性为目的的教育,而不单以个人的知识发展为目标。这与全面发展教育的思想有共通之处。两者在方向、目的和基本内涵上有一致之处,即都是为了全面提高国民和民族素质,促进人的全面发展。两者间的区别在于,素质教育的内容较全面发展教育更为具体,例如明确了心理素质教育、道德素质教育等内容。全面发展教育通常被认为是一种教育理念和教育旨向,是一种塑造人的模式;但素质教育对人的全面发展做出了较为明确的定义,即个人、个性的全面而自由的发展,也就是恩格斯所提到的自由王国的自由发展。简单来讲,素质教育是对抽象的全面发展教育的具体化。

---

[1] 史宁中,柳海民.素质教育的根本目的与实施路径[J].教育研究,2007(8):10-14+57.

（3）素质教育是一种社会基础性教育。

李岚清副总理指出：“素质教育从本质来说，就是以提高国民素质为目标的教育。”教育要与社会政治、经济、文化相适应，不是孤立存在的。教育培养的是社会需要的人，即教育具有基本的社会功能。素质教育一方面是为了学生更好地发展，另一方面是为了社会更好地发展。再者，素质教育的社会性取向还体现在它是一种追求公平的教育。党的十九大报告提出，“全面贯彻党的教育方针，落实立德树人根本任务，发展素质教育，培养德智体美全面发展的社会主义建设者和接班人……努力让每个孩子都能享有公平而有质量的教育”。此外，素质教育的讨论范围一般认为限于“基础教育”，通常是指针对儿童的基本素质教育。它强调向青少年和儿童提供一种基本素质，而非某种特定的职业素质或专业素质，是让学生获得和拥有“一般学识”。

（4）素质教育是一种面向未来的教育。

1983 年 10 月 1 日，邓小平为北京景山学校题词：教育要面向现代化，面向世界，面向未来。“三个面向”是我国教育方针的重要体现，在新时期仍有指导意义。素质教育是与我国经济社会的现代化发展相适应的，不仅要为未来社会经济文化发展培养创新型人才，还要用国际标准来衡量我国教育教学的质量，保证未来我国国际竞争性。具体来讲，素质教育是立足于未来社会的需要，而不是着眼于当下的升学目标或就业需求。2013 年4 月，习近平总书记在致清华大学苏世民学者项目启动仪式的贺信中强调，教育决定着人类的今天，也决定着人类的未来。人类社会需要通过教育不断培养社会需要的人才，需要通过教育来传授已知、更新旧知、开掘新知、探索未知，从而使人们能够更好地认识世界和改造世界、更好地创造人类的美好未来。素质教育作为我国基础教育改革的基本理念，是以未来社会对人的素质的要求以及提高中华民族整体素质的奋斗目标为基本依据，因此是一种面向未来的教育。

3.特征

从素质教育的本质内涵以及当前我国基础教育改革的目标和方向来看，素质教育具有如下特征。

（1）全体性。

基于“教育机会人人均等”的原则，素质教育是面向全体人的教育。它是每一个社会成员都必须通过正规或非正规的途径接受一定时限、一定程度的基础教育，旨在每个人都得到发展。具体来讲，素质教育是针对所有适龄儿童的正规性基础教育，是一个人基本的受教育权利和义务的体现，也是保证整个民族基本文化素质的前提。全体性是素质教育最本质的规定和最根本的要求。

（2）基础性。

基础性是素质教育各种特征中最为重要的特征之一。基础性是相对于专业性来讲的，强调在当前飞速的知识更新和发展现实下，培养学生的基础素质，以不变应万变。基础性素质一方面是学生向更高层次的素质或专业素质人才转变的前提条件，另一方面又不至于限制人发展的可能性空间，为人的未来发展提供最大限度的自由度。以发展和完善人的基本素质为宗旨的素质教育，其本质特性即是基础性。

（3）发展性。

素质教育的发展性体现在其教育目的和人才培养目标上。素质教育不止着眼于学生当前的一般发展，还将视线放到学生未来的发展，即重视教育的发展价值和迁移价值。素质教育旨在培养学生的自我学习、自我教育和自我发展能力，旨在学生的终身学习和生存发展能力。教育的重心即是启迪心智、孕育潜力、增强后劲，让学生学会学习、学会生存，提高学生的创造性和主观能动性。素质教育旨在实现学生道德、智能、个性的全面发展，促使学生的才能、兴趣、特长的全面、和谐、自由的发展。

（4）全面性。

从个体层面来讲，素质教育追求学生的全面发展和整体发展，要求学生德、智、体、美、劳等各方面并重，全面发展学生的文化素质、生理素质、心理素质、道德素质等。也即是说，素质教育是"一般发展"和"特殊发展"的统一。从学校层面来讲，全面性在于通过促进个人的全面发展为社会提供多结构、多层次人才，实现共同发展和特殊发展的协调统一，即既要讲共同性，也要讲个别性，允许一个群体中的各个个体之间得到有差别的全面发展。要而言之，素质教育是完全意义上的教育，是指向爱国全面基本素质的教育。

（5）主体性。

素质教育理念的核心就在于弘扬人的主体性，开发人的指挥潜能，完成作为主体人的性格。素质教育充分考虑把对学生独立人格的尊重，把人当作具有主体性的个体看待。作为对"应试教育"的直接反拨，同时注重个人和社会发展的需要，将两种发展统一协调起来。关注人的主体性，唤醒人的主体意识，培养人的主动精神，形成主体发展的力量，是素质教育的活的灵魂。素质教育理念下的学生，不仅是认知体，还是一种具有独立人格和精神的生命体。

（二）新课程理念

在素质教育理念的影响下，我国于2001年开始了基础教育新课程改革。2001年，经国务院同意，教育部颁发了《基础教育课程改革纲要（试行）》，启动了新一轮基础教育课程改革。本次课程改革的目标是：基础教育课程改革要以邓小平同志关于"教育要面向现代化，面向世界，面向未来"和江泽民同志"三个代表"的重要思想为指导，全面贯彻党的教育方针，全面推进素质教育。课程改革在全面实施素质教育中发挥了核心和关键作用，带动了基础教育目标、考试评价制度、师资队伍建设、教育管理等各方面的配套改革、整体推进。深刻理解新课程的基本理念，是在保持学校课程开发和实施的前提条件。

1.新课程的根本理念

"为了学生的发展""关注学生的发展"是新课程改革的根本理念，其核心内容就是"以人为本"和"关注人"。"为了学生的发展"是本次课程改革的根本理念。"为了学生的发展"包括三方面的内容："一切为了学生"，即课程要着眼于学生的发展；"为了一切学生"，即课程要面向每一位学生；"为了学生的一切"，即关注学生全面、和谐的发展。

"一切为了学生"是教育工作的出发点，也是课程价值取向定位的问题。新课程定位在人的发展上，是为了每个学生的发展。基础教育是提高国民素质的奠基工程，不仅关系着中华民族整体素质的提高,还关系着国家经济和社会的发展。坚持以学生为本,以促进学生的发展为目的,指向学生以能力和个性为核心的发展。

"为了一切学生",这是当今教育大众化趋势的必然要求,也是对国家人才需求的回应。基础教育新课程改革应是以一切学生的发展为目的。从宏观层面讲,需要充分考虑每个地区、每所学校、每个学生的有差异的发展水平和发展特点。关注地方的发展需要和特色,考虑每所学校的办学水平和特色,认清每个学生的优势和个性特征,从而增强课程在地方、学校和个人层面的适切性,促进地方教育和学校的发展,尤其是全体学生的个性化发展。

"为了学生的一切",这是基于未来社会对人才的要求越来越高——培养全面和谐发展、适应性强的人是我国教育的整体目标。立足于"知识技能、过程方法、情感态度价值观"的三维目标,学生的发展不是某方面的发展,而是全面和谐的发展。"只有全面发展的人,才是对社会最有用的人。"[1]新课程强调在为学生打下坚实的知识基础的同时,还要促进学生有良好的情感态度、个性品格和正确的价值观。

2.新课程理念的具体内容

(1)课程价值取向:关注学生的"全人"发展。

课程实践是一种价值创造活动,因此其必定遵循着某种价值原则,即具有某种特定的价值取向。课程的价值取向反映了社会、学生(主体)和课程(客体)之间的关系。新课程理念下的课程价值取向,是促进作为"整体的人"的学生的发展。这一价值取向的根本特点即是关注课程对个人发展的价值,包括认识价值、情感价值、道德价值等,关注课程对学生个体发展的适应和促进。从"以学生为本"的根本理念出发,本轮基础教育新课程改革着眼于作为整体的人的学生的全面发展,不仅是对精英主义和权威主义的反驳,也是对人的"整体性"、自由而全面的发展的弘扬。在课程目标上,强调完整性,在关注学生全面发展的同时,还注重激发学生的个性发展。此外,这种发展不仅是现时性和本土性的,同时也是面向未来和世界的。具体来说,要承认学生是完整的人,尊重学生的完整性及其完整的生活世界,给予学生充分发展自我的时间和空间;要承认学生是具有独立意义的人,尊重学生学习的主体性,让学生学会对学习、对自己、对他人、对社会负责。

(2)课程生态观:生活世界和科学世界的融合。

关注学生的生活世界,实现生活世界和科学世界的融合是新课程理念的生态观。对生活世界的回归是为了消除学校教育中人与自然、人与人之间的隔阂,从而激发人与社会、人与自然、人与人之间生动、充满人性的交往。对学生生活世界的关注即是强调学生对现实世界的直接感知及对知识的主动建构;在获得科学知识和技能的同时,回溯学生现实的生活世界对在科学世界获得的各种知识赋予个人生活的意义。这是因为,只有感性、生动的生活世界,才能满足学生在情感、态度等方面发展的需要。具体来讲,强调生活世界和科学世界的融合的课程生态观的核心内容就是实现自然、社会和人在课程体系中的有机统一,并将自然、社会和学生自身都作为课程的基本来源。首先,课程应与自然

---

[1] 李岚清.基础教育的根本任务是提高全民族的素质[J].人民教育,1996(z1):3-4.

融为一体,学生要走进自然、感受自然、认识和探索自然;其次,课程应直接面向社会、面向学生的真实生活,使学生与真实世界保持密切联系,关切学生的生活需要。最后,学生自我也是课程的重要资源。学生不仅是知识的接受者,也是知识的创造者——学生在其生活世界中可以自由表达、自由发展,发展创新能力。

(3)课程文化观:科学与人文的整合。

强调课程中科学文化与人文文化的沟通和整合式新课程理念的另一特征。这一观念直接受20世纪起逐渐在国际社会流行的"学会生存""学会学习""学会关心"的教育思潮的影响。其中,"学会关心"教育思想的提出标志着科学主义教育和人文主义教育走向融合。这种课程文化观的核心内容是强调科学性课程和人文性课程的整合,致力于人的科学素质和人文修养的统一,强调人的科学知识、科学精神、人文精神的沟通与整合,从而实现人自身的完善和解放。科学人文主义教育融合理念下的课程文化观强调提高学生的基本素质,培养学生的综合能力、实现科学精神和人文关怀的统一培养。具体来说,一方面,这种课程文化观是以科学教育为基础和手段,为学生掌握丰富的科学知识以适应自身生活和发展的需要,并进一步满足国家科技乃至国计民生的发展需求。另一方面,人文关怀是关键内容,是教育的目标。人文主义教育的目的在于帮助学生认识和面对世界,促进学生健康、幸福的发展。它呼唤教育对学生内心的关注,促进学生自由平等的发展,尊重学生的独立思考、尊重学生学习生存知识和技能的需要,也尊重学生自我完善的需要。

二、综合实践活动课程的基本原理

(一)历史发展

杜威对经验——活动课程做出经典的理论阐释后,活动课程思想很快在世界范围内通过各种方式产生影响。各国在开展活动课程实践中,逐渐受到世界范围内课程综合化趋势的影响,从而由"活动课程"转向"综合性的活动课程"。在我国的课程实践中,汲取了活动课程与课程综合化精神,提出了"综合实践活动课程",成为我国本世纪以来基础教育课程改革的举措,也是当今国际基础教育课程改革的重要趋势。从我国综合实践活动课程的发展来看,可大致分为以下四个阶段。

1.民国初期的活动课程

课程标准这一"条例式"的政府课程指导文件,在民国初期便一直沿用到新中国成立初期,在民国成立之初,开始变革学制,1912年制定了《普通教育暂行课程标准》,"课程标准"成为政府指导课程的条例式文件。中小学开始出现课外活动,但缺乏系统理论的指导。到20世纪二三十年代,随着我国与欧美国家文化、思想交流的加强,西方教育思想在我国得到了广泛传播,尤其是以杜威为代表的进步主义教育思想。1919年以后,杜威来华讲学,直接促进了活动课程思想在我国的广泛传播。我国著名教育家陶行知师承杜威,对杜威的生活教育思想加以总结归纳,形成的生活教育理论极大地影响了我国活动课程的开展。陶行知将生活教育理论应用于教学实践中,创办学校,改革教学法,影响了我国基础教育领域的课程实践,这使我国在20世纪二三十年代达到了实施活动课程的一个高潮。

1920年,全国教育联合会颁发了《民治教育实施标准案》,其中提出要发展学生的生活知能、服务社会等。在该方案的影响下,基础教育阶段的学校开始将课外活动纳入学校课程。中小学开始出现各种学生实务组织,如新闻社、学校商店等活动组织,以及春游、秋游、运动会、夏令营等课外活动。20世纪三四十年代,国民党统治区提倡以训育为目的的课外活动,活动课程丰富的生活意义被磨灭。

总体来说,民国时期到新中国成立前夕,课程体系仍属于赫尔巴特的学科中心体系。虽然自然主义、进步主义、学生中心的教育思想传入了中国,但并未在当时的政府课程标准中体现。因此,活动课程在历次修订的课程标准中始终难以受到重视,仅仅出现了如"集体活动""团体活动"等近似"课外活动"的字眼。尽管学校的"课外活动"丰富多样,但始终是区别于学科课程且次于学科课程的活动。

2.新中国成立后到20世纪80年代末的活动课程

新中国成立后到20世纪80年代末,活动课程经历了一个较为曲折的发展过程,并主要以课外活动的形式开展。中华人民共和国成立初期,受苏联教育教学体制的影响,我国将新中国成立之前的课程标准改为教学计划,并设置了各学科的教学大纲。新中国成立后的教学计划和大纲中仍然强调学科课程,学科课程以外的各种形式的活动都属于课外活动。这即是说,从新中国成立到"文化大革命"前,学校的正规课程并不包括活动课程,活动课程主要是以课外活动的形式开展,作为正规的课堂活动的补充。1955年,为配合当时小学教学计划的执行,教育部颁布了《关于小学课外活动的规定》,[1]其中明确提出了"课外活动"的内容及实施细则。可以看出,课堂活动为主、课外活动为辅是当时我国课程实施的重要原则。"文化大革命"期间,学校课程活动受到破坏,无论是正规课程,还是作为正规课程的补充的课外活动,都名存实亡了。这一状态到改革开放后开始重建课程才有所改善。

80年代初期,随着教育教学改革的深入,课外活动问题受到政府部门和学术界的广泛关注。1981年制定的《全日制小学教学计划(修订草案)》,第一次把"课外活动"列入教学计划;1984年颁布的《全日制城市小学教学计划(草案)》,把"课外活动"改称为"活动"。1988年制订的义务教育教学计划,在中学教学计划中出现了"活动课",并对课时量和实施进行了规定。这一时期,学者们开始了对课外活动的理论探讨。为了加强课外活动实践的开展,教育界展开了对课外活动的概念、价值及课外活动课程化的大讨论。讨论主要分为两种阵营:一些学者提出将以班级为授课单位的发生在教室场所的课堂称

---

[1] 瞿葆奎.教育学文集·课外校外活动[M].北京:人民教育出版社,1991:455.

为"第一课堂",而将班级和传统教室授课之外的"课外活动"称为"第二课堂",如此才能体现"课外活动"区别于课堂教学的重要教育意义;一些学者认为"课外活动"是获得即时信息的途径,而课堂教学是获得过去的经验,即昔时信息。

总体来看,这一时期无论是课程标准中"课外活动"的规定,还是学术界对之的讨论,仍是从教学论的角度来分析"课外活动"的,将之作为"课堂教学"的相对概念来分析,还未完全揭示作为课程的"课外活动"的课程价值。但活动课程的价值得到了越来越多人的认可,这为教育行政部门制订新的课程计划、进行课程改革奠定了理论基础,尤其为"课外活动"转变为"活动课程"奠定了基础。

3.90 年代活动课程的规范化发展

上一阶段对"课外活动"的理论探讨,为"课外活动"被纳入基础教育课程体系提供了思想条件。1992 年,国家教委发布了关于印发《九年义务教育全日制小学、初级中学课程计划(试行)》和 24 个学科教学大纲(试用)的通知(以下简称《课程计划》),在课程设置部分提出:根据九年义务教育小学阶段、初中阶段的培养目标和儿童、少年身心发育的规律设置课程。课程包括学科、活动两部分,主要由国家统一安排,也有一部分由地方安排。学科活动在实施全面发展教育中同学科相辅相成。学校在教育、教学工作中,要充分发挥学科和活动的整体功能,对学生进行德育、智育、体育、美育和劳动教育,为学生的全面发展打好基础。这就将活动与学科并列纳入课程设置中,作为课程结构的重要组成部分,改变了过去活动课程一直作为学科课程的辅助位置的做法。与此同时,《课程计划》规定了活动课程的内容:晨会(夕会)、班团队活动、体育活动、科技文体活动、社会实践活动和校传统活动等,不同活动都根据其特点而具有不同的目的。例如,晨会(夕会)举行升旗仪式,进行时事政策和日常行为规范教育。教育学生热爱祖国,关心国家大事,遵守学生守则,养成良好的行为习惯。这是新中国成立以来活动课程第一次以国家课程的组成部分及与学科课程并行的地位出现在国家课程计划中,标志着我国活动课程的质的发展。

1994 年,《调整后的九年制义务教育"六·三"学制全日制小学、初级中学课程安排表》明确规定课程由"学科类课程"和"活动类课程"组成;为了加强对"活动课程"的规范和指导,国家教委于 1996 年颁布了《九年义务教育活动课程指导纲要(试行)》,系统地对"活动课程"的地位和作用、培养目标、内容和形式、实施原则、管理和评估等作了规定;并在总结之前活动课程实践经验的基础上,提出活动课程由社会教育活动、科学技术活动、文学艺术活动、体育卫生活动四大内容组成。

总体来看,这一阶段"活动课程"在国家课程计划中获得了正式地位,且学者们开始从课程论的角度思考"活动课程"的地位、价值和实施等。将"活动课程"纳入我国正式课程体系,不仅是我国基础教育课程改革的一大举措,也是活动课程质性飞跃的标志。

4.21 世纪综合实践活动课程的产生

21 世纪初,随着我国课程改革的深入,2001 年我国开始了新的国家课程改革方案——《国家基础教育课程改革纲要(试行)》(以下简称《纲要》)。《纲要》的基本目标之一即是"改变课程结构过于强调学科本位、科目过多和缺乏整合的现状,整体设置九年一贯的课程门类和课时比例,设置综合课程,以适应不同地区和学生发展的需求,体现课程结构的均衡性、综合性和选择性";在课程结构上,各学段都提出了"综合实践活动"作为课程的组成部分。自此,综合实践活动课程正式产生,取代了原有课程计划中的活动课程。

作为基础教育课程体系中的必修课程,综合实践活动课程由小学中高年级(三年级)开始设置,其内容主要包括信息技术教育、研究性学习、社区服务与社会实践以及劳动与技术教育。在目的上,强调学生通过实践,增强探究和创新意识,学习科学研究的方法,发展综合运用知识的能力;增进学校与社会的密切联系,培养学生的社会责任感。与此同时,强调要在课程的实施过程中,加强信息技术教育,培养学生利用信息技术的意识和能力。

总的来讲,新一轮课程改革充分体现了"学生中心""学生发展为本"的教育理念,不仅是对过去"活动课程"理念和实践的深化,也是对国际课程综合化、课程回归学生生活和经验潮流的回应。

(二) 本质与特征

了解综合实践活动课程的本质和特征是综合实践活动课程开发的前提和基础。

1.本质

综合实践活动课程是一种基于学生的直接经验,紧密联系学生与其生活和社会,旨在发展学生的实践能力、研究能力等综合能力的综合性课程形态。

《中小学综合实践活动课程指导纲要》(2017)明确规定:综合实践活动是从学生的真实生活和发展需要出发,从生活情境中发现问题,转化为活动主题,通过探究、服务、制作、体验等方式,培养学生综合素质的跨学科实践性课程。具体来看,它首先是国家课程计划中独立设置的、覆盖 1—12 年级的与学科课程并列的必修课程,所有学生都要学习和参加。这就是说,综合实践活动课程相较于以往的课外活动、活动类课程,具有课程的规定性,需要学校从课程的高度去看待,从教育学、心理学等角度认真思考其与学生发展之间的关系,并从社会、学生、学校现实等层面考虑其内容和设计。其次,综合实践活动课程是一种跨学科的综合性课程,但又不同于传统意义上的综合课程。课程强调学生在各种实践活动中学习,培养学生的创新精神、研究能力、对知识的综合运用能力,以解决现实问题为旨向。而传统意义上的综合课程是指两种及以上的学科结合成新的课程,是学科课程的一种,与综合实践活动课程的内核有较大差别。综合实践活动课程的"综合"更多是对经验整合的强调,是指在各种实践活动中可能涉及对多门学科知识的运用,而不是对这些知识的系统学习。最后,综合实践活动课程是基于活动课程的理念,从更加现实性的角度强调其与学生生活、社会生活和直接经验的联系。它以学生的兴趣和直接经验为基本立场,以与学生学习生活、社会生活息息相关的现实性问题为主要内容,并以学生主导的研究性学习为主要方式,强调学生的自主性参与,从而在各种直接体验中发展学生的综合能力、与自然和社会和谐发展的能力。

2.特证

通过对综合实践活动课程的本质考察,其主要具有如下特征。

(1)综合性。

首先,综合实践活动课程遵从了整体论思维,认为世界是一个整体的世界,世界的不同构成,包括个人、社会和自然都是彼此交融、联系的有机整体。整体论视野是综合实践活动与其他课程领域区别的关键。[1] 具体来看,综合实践课程主要在课程目标、学习内容、学习方法三个方面体现了其综合性。

首先,课程目标的综合性。《中小学综合实践活动课程指导纲要》在"基本理念"部分提到,课程目标以培养学生综合素质为导向——课程强调学生综合运用各学科知识,认识、分析和解决现实问题,提升综合素质,着力发展核心素养,特别是社会责任感、创新精神和实践能力,以适应快速变化的社会生活、职业世界和满足个人自主发展的需要,迎接信息时代和知识社会的挑战;在"课程目标"部分提到,课程的总目标是"学生能从个体生活、社会生活及与大自然的接触中获得丰富的实践经验,形成并逐步提升对自然、社会和自我之内在联系的整体认识,具有价值体认、责任担当、问题解决、创意物化等方面的意识和能力"。这是因为,学生的个性具有整体性,其个性发展是其与自然、社会、他人以及自我的交流的过程中实现的。它要求学生能在现实的生活世界处理这些关系时综合运用各种技能和经验,从而充分挖掘其多方面的潜能,促进学生在各个方面的综合发展。

其次,学习内容的综合性。综合实践活动课程面向学生的整个生活世界,其学习内容超越了单一的学科界限,而是基于学生的经验和兴趣,选择综合性的学习内容,鼓励学生跨领域、跨学科学习,以"学习者与自然的关系""学生与他人和社会的关系""学生与自我的关系"三条线索来选择均衡的学习内容。强调通过对知识的综合运用来不断探究和体验关于世界与自我的不同活动主题,从而体现个人、社会、自然的关联。

最后,学习方式的综合性。宏观来看,学生是在与个人、社会、自然的相互交融中,通过对这些关系的综合处理而实现自身发展。微观来看,综合实践活动课程在实践层面强调各种学习方法的综合使用:除考察探究、社会服务、设计制作、职业体验这四种主要方法外,还可以通过党团队教育活动、博物馆参观等方式学习。但这种综合实践活动方式的划分是相对的,一般都是以某种方式为主,兼顾其他方式;或以整合方式实施,使不同活动要素彼此渗透、融会贯通。

(2)实践性。

综合实践活动课程是面向学生生活世界和社会实践的,以学生的现实生活和社会实践为基本的课程资源,具有强烈的实践取向。它的实践性主要体现在价值追求、构建逻辑和开展方式三个方面。

首先,在价值追求上,强调综合实践课程中的每个活动都与生产劳动和社会实践相结合。《综合实践活动指导纲要》指出:"综合实践活动的开发与实施强调学生乐于探究、勤于动手和勇于实践,注重学生在实践性学习活动过程中的感受和体验。"它不仅关注实

---

[1] 张华.综合实践活动课程:理念与框架[J].教育发展研究,2001(1):44-47.

践,而且关注实践中的人,尤其人在实践中的体验和经历。它强调从学生的生活世界中选择其感兴趣的内容,在各种实践和活动中亲身体验,在这些经历、体验中应用知识发现和解决问题,认识世界,获得发展。

其次,在构建逻辑上,它是以学生现实的需要和兴趣的逻辑来构建的,并以学生的直接经验或体验为基础而开发和实施的。[1]《指导纲要》在课程性质中明确指出要"从学生的真实生活和发展需要出发,从生活情境中发现问题,转化为活动主题……培养学生综合素质"。这即是说,在课程开发上,综合实践活动课程超越了学科逻辑体系的局限,将学生的需要和兴趣置于核心地位。

最后,在开展方式上,学生需要亲身经历、体验各种活动,在"做""考察""实验""探究""设计""创作"等方面进行体验和感受。鼓励学生走出教室、学校,亲身体验和经历真实的社会生活,养成学生的实践意识,提高学生的实践能力。

（3）开放性。

综合实践活动课程是动态开放的,这体现在其整个过程中。

在课程目标上,基于整体论的视角,它是面向每个学生,考虑每个学生的个性发展、兴趣和需要。虽然最终目标都是促进学生综合素质的提升,但在朝这个最终目标靠近的过程中,不同活动的目标是随学生生活的变化而变化的。教师和学生可根据实际需要,对活动过程进行调整和改进,以实现活动目的乃至课程目标。

在课程内容上,由于其面向学生生活世界的特性,针对不同地区、不同学校、不同年级、不同班级和不同学生的内容和活动都不是一成不变的,需要具体情况具体分析,不仅要从地区的自然环境、人文环境和社会经济发展状况思考适切的活动内容,还要从学生个体需要和兴趣的层面考虑活动内容的选择。对活动内容的选择和确定一直处于发生状态,是随着实际情况不断变化的,因此具有生成性。

在教学方法上,采用何种方法是根据活动主题、教学条件、学生特点等决定的,所以没有统一固定的模式,需要教师和学生根据实际情况选择合适且有效的教学方法。

在实施场所上,它超越了传统的教室和学校的范围,将课程实施场所扩大到整个社会领域,无论是真实的社会场所,如社区、工厂、大自然,还是虚拟的网络空间。可以说,综合实践活动课程的实施场所具有极大的开放性。

在课程评价上,它重视结果,但更重视过程。它关注学生在活动参与中的体验和各种创造性表现,关注学生在过程中的自我生成以及意义建构。具体来说,这种评价不强制要求学生必须达到何种目标,而是注重学生在参与过程中的体验和经历;注重评价标准和评价主体的多元化。

（4）自主性。

学生是综合实践活动课程的主人,这体现在方方面面。首先,它是以学生的直接经验、兴趣、需要为基础而开发的,学生也以开发者的身份介入了课程开发。在课程实施过程中,尤其是活动开展过程中,学生可以根据需要和兴趣自主选择活动内容和活动方式,

[1] 张华.综合实践活动课程:理念与框架[J].教育发展研究,2001(1):44-47.

组织活动的相关人员,自主观察、自主操作、自主交流、自主探究、自主表达活动结果,从而养成发现、探究的习惯。

(三)基本理念

综合实践活动作为一种新课程,具有独特的育人价值。在课程理论的指导下,综合实践活动课程的开发、设计、实施都有独特的主张和理念。

1.坚持学生的自主选择和主动探究

学生自主性和主动性的弘扬是综合实践活动课程的理念之一。在课程的开发和实施上,应坚持从学生的直接经验出发,并对学科知识加以中和应用。在教学过程中,应鼓励学生自主选择学习内容和方式,制订学习计划,教师的指导作用主要体现在帮助学生完善自主选择、帮助学生发现知识,而不是直接代替学生选择或者直接传授知识。在教学方式上,强调学生的主动参与和自主选择,探究性学习是主要的特色。这种学习的典型特征就是以问题为中心,帮助学生学会发现、学会探究,提高发现问题和解决问题的能力。在教学目标上,要养成学生的创新精神和实践精神,为学生创新和实践的能力、精神成长提供广阔空间。

2.面向学生的完整生活,促进其与自然和社会的和谐发展

综合实践活动课程的一个基本主张就是通过丰富多彩的活动,最大限度地联系学生的学习生活和现实生活,面向学生的生活世界,面向学生的整体发展。

一方面,要推进学生对世界整体性的认识,即关于自我、社会和自然之间的关系的整体认识和感受,从而谋求自我与社会、自然的和谐发展。教育必须紧密联系学生的生活世界,要考虑学生生活的现实世界和所处的自然环境以及其卷入的各种社会实践,将学生生活的世界视为一个有机整体。因为现实世界的问题从来都是综合、整体的,无法从单一角度去认识和解决。课程活动必须将学生与其生活世界联系起来,给学生提供综合的且大部分来其现实生活的知识,保障学生与社会、自然、他人的持续性交流,从而在对其与自然和社会的关系的整体性认识和直接感知中获得整体和谐的发展。

另一方面,综合实践活动课程强调学生必须走进生活,走出学校,走向社会。学校不等于教育,课程不止发生在学校。综合实践活动课程将学生的发展空间置于比学校生活更为广阔的社会场所中,强调充分发掘整个生活世界和社会生活的课程资源,从而加强学校与社会、学生的学习生活和现实社会生活、教学和实践的联系。此外,应该帮助学生从其生活世界中选择其真正感兴趣的问题,促使学生走向真实的生活世界,真切地感受、体验、体察现实生活,从而充满愉悦、激情、智慧地过生活。

3.坚持自主的实践性学习,变革学生的学习方式

强调学生的亲身实践是综合实践活动课程的又一基本主张。不论是从课程的开发、设计和实施,还是从课程目标来看,都是以学生的实践活动和实践能力发展为中心。这对打破我国"述而不作""坐而论道""轻视技术"的教育传统有重要意义。要着眼于学生的亲身实践和直接经验,指导学生掌握探究学习的方法,在活动过程中发展积极的情感体验,获得深刻的生存体验,也使学习变得更有趣味性和个性价值。

这就改变了学生以往的单一的以理论知识为核心的接受式学习方式,将学生的知识学习和参与体验式的学习结合起来,实现学习方式的变革。由于综合实践活动不以知识的获取为目的,而强调获取知识的方法和过程的感受,因此是一种以深刻的心理认知为核心的学习方式。此外,课程的开放性特征为教师和学生尝试不同的教学方式提供了可能。在这样的过程中,学生学会用眼睛观察世界,用头脑认识和判断问题,结合自己的发现用自己的方式表达学习结果。

4.落实素质教育政策,完善学生素质结构

培养学生的创新精神和实践能力是我国素质教育政策的两个重要目标。综合实践活动课程不强调学生对知识掌握的多少,而更多在于对学生素质结构的完善。学生要通过真实的实践活动,走向现代社会,真正融入现代生活,发现和思考真实的社会问题,综合运用各种知识和手段,解决周围的实际问题。

教育作为一种发展人的素质结构的方式,是通过完善学生的素质结构来实现学生的人生价值的。要重视对学生认知结构的构建,促进学生形成自己的认识风格和素质结构,从而实现学生的全面发展。综合实践活动课程要给学生提供充足的运用知识解决问题的机会和空间,从而提高学生的实践能力、创新精神。

三、生活涵养课程的基本理念

以上对素质教育理念和新课程理念的分析和探讨为生活涵养课程的基本理念探讨提供了理论基础,而综合实践活动课程作为生活涵养课程的上位概念,对生活涵养课程做出了一些质的规定。本节主要从生活涵养课程的基础、本质等方面具体分析其基本理念。

(一)基础

1.课程的定义:课程即学习者的经验

课程的定义与课程的开发、实施有十分密切的关系,它直接反映了课程开发者对课程性质的基本判断,并直接影响课程的价值取向。

课程即经验首先是作为将课程视为正式的课堂内容或规定的学习目标定义的对立面而出现的。Caswell 和 Campbell 最早提出了"课程即学习者经验"这一定义:课程是由孩子们在老师指导下的所有经历组成的。……因此,课程被视为一个研究领域,并不是

严格限定的内容,而是一个过程或程序。[1] Marsh(1997)将课程定义为"学生在学校指导下完成的一系列相互关联的计划和经验"。[2] 这就是说,计划和经验之间的关系是相互交织的,其中计划是指事先计划好的课程,经验是指在课堂上发生的意外事件。换言之,教学很少完全是自发的或有计划的,而是冲动和意图之间的相互作用;学习经验从课堂延伸到课堂之外的活动。从这个意义上说,课程是指学习者在课堂内外可能进行的学习体验。学生在学术环境中接触到的所有互动都可以被视为课程的一部分。因此,学生在教育过程中可能的各种经历,如集会、短途旅行、学术竞赛,都是课程的一部分。相似的定义还有,Bobbitt(1915)将课程定义为"课程是一系列的经验,无论是直接的还是非直接的,关注于个人能力的展现"[3];美国教育研究协会的教育研究百科全书将课程定义为"学习者在学校指导下的所有经历"[4];Barrow 和 Milburn(1990)将课程描述为"孩子在学校的所有经历"[5]。

课程即学习者的经验,这是从课程定义的层面规定了生活涵养课程的基础。

2.课程观:学生中心论

以学生为中心的课程根据学生的教育需求、兴趣、能力和已有的经验来开发课程,并以此确定课程的目标、内容、方法等具体实施。

学生为中心的课程观关注学生的兴趣。大多数教育家都赞成这种以学习者为中心的课程。例如,卢梭强调,教育应符合儿童的利益,应该为儿童提供一个自由和民主的环境——儿童的兴趣是课程设计的基础。杜威也组织了许多以儿童为中心的活动项目,都是以对儿童的心理、身体、社会和精神特点和需要的科学研究为基础的。

从课程目标来看,它表面上的目的是为学生提供经验,引导他们达到某些期望的最终状态。这些最终状态的预先说明为教学过程的方向提供了指导,也为确定教学过程是否成功提供了依据。必须根据学生的教育目标来界定课程——必须从学生的教育需求来界定,因为课程的目标是满足学生的教育需求。在课程内容及实施上,必须根据学生的心理结构(即学习风格)和教育经验(即已经学过的东西)来决定:课程必须符合学习者学习风格的方式发展;必须考虑到学生在每一阶段与课程相关的先前学习经验。此外,学生中心课程观强调学生与环境的互动学习对学生的意义,也即是说,学习必须通过学习经验来传播,即"动手"经验。

总体来讲,学生中心课程观有如下特点:重视学习者,把学习者的兴趣作为中心,作为教学过程中最重要的因素;教师的角色是指导者,在于帮助学习者在自然的环境中成

[1] Hollis L, Casewell & Doak S. Camebell, Curriculum Development[M].New York:American Book Company,1935,p66-67.

[2] Marsh,C. J.(ed.)(1997). Perspectives:Key concepts for understanding curriculum 1. London & Washington,D.C.:The Falmer Press,p5.

[3] Bobbitt,F. The curriculum[M]. Boston:Houghton Mifflin,1918,p43.

[4] Kearney,N. C.,& Cook,W. W. Curriculum. In C. W. Harris(Ed.),Encyclopaedia of educational research[M]. New York:Mac millan and American Educational Research Association,1961,p358.

[5] Barrow,R.,& Milburn,G. A critical dictionary of educational concepts[M].New York:Harvester Wheatsheaf,1990,p85.

长和发展;以学生为中心的课程为学生提供多种活动选择,这些都是基于对学习者特征的了解而提供的;学生积极参与课程规划和评估各种选择。

学生中心的课程观从价值取向层面规定生活涵养课程的旨趣。

3.课程开发模式:环境模式

课程开发被定义为有计划的、有目的的、渐进的和系统的过程,以在教育系统中创造积极的改进。世界各地的变化和发展会使学校课程受到影响,有必要更新课程以满足社会的需要。课程开发模式是根据不同的方案计划,为了课程有效性而设计的不同步骤序列,为课程中的互动和活动提供规则、干预标准和评估指南。Skilbeck 的环境模式是校本课程开发较为常用的模式。

Skilbeck 在批判课程开发的目标模式的基础上提出了环境模式,是强加给学校的,没有考虑到学校的个人文化;由于它是强加给学校的,目标模式不允许教师和儿童自由的充分发挥;没有考虑到每一所学校与其环境之间的独特关系;任何包含手段—目的推理的模式都是错误的,因为目标只在活动中或通过活动才有意义。归纳而言,Skilbeck 反对目标模式的基础是通过对目标的分析,对知识进行过滤,通过对猜测设定任意的限制,并通过对未解决的知识问题确定任意的解决方案,赋予学校对学生的权威和权力,教师成为绝对权威。出于对该模式的反对,Skilbeck 提出了课程开发的环境模式(表 2.1 和图 2.1)。

表 2.1　环境模式的步骤及各主体的作用

过　程	主　体	角　色
环境分析	教师、校长	决定、讨论
	学生、家长	讨论
	顾问:地方官员、大学、其他学校、研究机构	建议
	行政管理部门	支持
目标	教师	决定
	学生、家长	讨论
	顾问、国家政府和政府部门	建议
	项目组	支持、建议、讨论
	行政管理部门	支持
设计	教师	决定
	学生	讨论
	家长、项目组	讨论、支持、建议
	顾问	建议

续表

过 程	主 体	角 色
实施	教师	决定
	学生	讨论
	行政管理部门	支持
评估	教师	决定
	学生	讨论
	顾问、政府部门、行政管理部门	建议、支持

（1）环境分析。

环境分析包括学校外部环境分析和内部环境分析。外部环境主要包括文化和社会的变化和期望、父母的期望、未来雇主的要求、社区价值观、不断变化的关系（如成人和儿童之间的关系），以及意识形态；教育系统要求和挑战，例如政策、考试、地方当局的要求、课程项目、教育研究；教授的学科性质的变化；教师支持系统的作用，如师范学院、研究机构；学校的外部资源。学校内部环境包括学生能力及教育

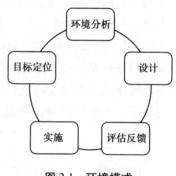

图 2.1　环境模式

需求；教师的价值观、态度、技能、知识、经验、特殊优势和劣势、角色；学校风气和组织结构，包括学校传统、权力分配等；学校资源，包括设备、办学条件等。

（2）目标。

在制定校本课程目标的过程中，教师、管理人员和校长都是决策者。教师在制定目标的决策中发挥中心作用。"课程对学习者和教师来说，是由经验组成的；这些经验应该是有价值的经验，是教师和学习者在对学习者的需求和作为学习者的特点进行密切的评估后共同发展起来的。"但是，教师在开发中会遇到一些问题，这需要获得校长的行政支持。

（3）设计。

在校本课程的设计阶段，教师需要考虑课程材料的选择，如工具包、资源单元、文本材料等的规格。教师使用和修改外部开发的材料和教师开发自己的材料是有价值的。教师在其校本课程的设计阶段发挥决策作用。这是因为，当教师参与开发和选择需要的材料时，有更大的机会被采用——参与能提高教师士气，这是成功实施课程的必要条件；参与导致更多的承诺，而有效的课程变革需要高程度的承诺；参与使课程更加清晰。

（4）实施。

Skilbeck 将这一阶段描述为："在一个持续的制度环境中，可能存在新旧冲突、阻力、混乱等课程设置的问题。在设计中，这些必须是预期的，通过对经验的回顾，分析有关创

新和想象力预测的研究和理论。"[1]教师仍是关键的决策者。

（5）评估。

Skilbeck 将对问题的持续评估作为评估阶段的主要关注点。这一阶段的评估范畴很广，包括对学生学习情况的评价，也包括对教师的教学情况的评价；既是一种终结性评价，也是一种过程性评价；既是对学习结果的评价，也是对课程本身的评价。

总的来说，校本课程开发的环境模式旨在通过老师与家长的讨论和各种支持人员的协助，为学生提供一种由价值经验构成的课程。该模式试图为课程的持续改进提供更多的空间，以满足学生的个人需求。这体现了教育质量改进取决于学习环境。该模式试图为学校提供机会，修改、扩展、调整课程，以确保学校的课程与教师和学生的个人需要相联系。

校本课程开发的环境模式为生活涵养课程的开发路径提供了依据。

（二）本质

1.作为校本课程

重庆市教科院巴蜀实验学校是一所集幼儿园、小学、初中于一体的园林式寄宿制学校，有90%的学生在校住读，有20%以上的学生周末长期留校，学生家长多为经营者、中高级管理者，工作繁忙，很难有时间，也很难有精力教育管理孩子，因此，重庆市教科院巴蜀实验学校承担的教养任务包括对学生的礼仪教育、习惯养成、劳动教育等多方面的生活涵养。基于重庆市教科院巴蜀实验学校的办学情况、办学目标、办学定位，在十几年的办学过程中，我们开发了一套独特的校本课程——生活涵养课程。它是在国家义务教育课程标准三级课程运作的框架下，依据学校自身的性质、特点、条件以及可以利用和开发的资源，由学校教育人员与校外团体或个人合作开发的课程。该课程由学校自行统筹管理和指导，具体内容以学校开发为主。重庆市教科院巴蜀实验学校在认真调研校情、学情的基础上，对生活涵养进行了课程化建设。

在目标制定上，教师和学校管理者经过实践研究，围绕"三养三育"目标，从身心涵养、生活礼仪涵养、习惯情感涵养、生活技能涵养四个方面进行了课程体系构建，开设了生活涵养课程，检验实践成果。在课程设计和实施中，以教师为核心，在校外专家的专业建议以及学校管理者的建议下，完成了小学阶段生活涵养系列教材的编写：分为低段（1—2年级）、中段（3—4年级）、高段（5—6年级）三个阶段的小学生活涵养系列校本教材，共分为《小学生安全教材》《小学生礼仪教材》《小学生生活技能教材》各三册；教师借助生活教师技能大赛、生活涵养课、教研活动等形式，在保证教学效果的同时不断改进生活涵养课程的实施。在课程评价上，建立了针对学生的评价和激励体系，形成了比较完善的评价体系和外化制度。

这一过程中，学校管理层主要提供财力、物力、时间的支持，将课程开发与设计、实

---

［1］ Skilbeck，'M. Teachers as Innovators：School-Based Curriculum Development and Teacher Education Policy，Report submitted to the Organisation for Economic Co-operation and Development，Paris，1974，p13.

施、评价等的基本权力下放给教师；教师参与课程编制、实施和评价，并保持与学校的紧密联系，从传统的课程实施者变为课程开发者、实施者、评价者的多元角色；在生活涵养课程开发、设计、实施、评价的全过程中保持动态开放，教师可根据实际情况随时进行调整；与此同时，家长、学生以及其他社会人士都被动员，参与这一课程的全过程，为之提供支持。

2.作为综合实践活动课程

（1）生活涵养课程具有综合实践活动课程的基本特性。

它是从学生的真实生活和发展需要出发，从生活情境中发现问题，转化为课程资源，通过探究、服务、制作、体验等方式，培养并提升学生综合素质的实践性课程。再者，它是一种通过教育者设计，以学习者为主体，以问题、主题等方式开展的具有教育性影响的活动，目的是在参与和体验活动中获得直接经验和感性认识，并促进其情意、认知和能力的发展。

（2）课程目标以培养学生综合素质为导向。

本课程强调学生综合运用各学科知识，认识、分析和解决现实问题，提升综合素质，着力发展核心素养，特别是安全、健康、文明的生活方式，尊重生命、热爱生活的态度，自立、自强、乐观的精神，并适当注重社会责任感、创新精神和实践能力，以适应快速变化的社会生活、个人自主发展的需要。

（3）课程内容面向学生的生活世界。

本课程面向学生完整的生活世界，引导学生从日常的学校生活、家庭生活和社会生活中寻找活动主题或课程资源，使学生获得关于自我、他人与社会的真实体验，建立学习与生活的有机联系，避免从学科知识体系出发开发课程资源或进行活动设计。

（4）课程实施注重学生主动实践和开放生成。

本课程鼓励学生从自身成长需要、生活需要出发，选择活动主题，主动参与并亲身经历实践过程，体验并践行价值信念。在实施过程中，在教师指导下，学生可根据实际需要，对活动的目标与内容、组织与方法、过程与步骤等做出动态调整，使活动不断深化。

（5）课程评价主张多元评价和综合考查。

本课程要求突出评价对学生的发展价值，充分肯定学生活动方式和情感体验的多样性，鼓励学生自我评价与同伴间的合作交流和经验分享。提倡多采用质性评价方式，避免将评价简化为分数或等级。要将学生在学校生活实践中的各种表现和活动成果作为分析考查课程实施状况与学生发展状况的重要依据，对学生的活动过程和结果进行综合评价。

（三）价值与功能

生活涵养课程的价值和功能是其设计、实施、评价等一系列问题得以解决的基础，对它的探讨和明晰是保证生活涵养课程有效、科学开展的重要前提。

1.价值

生活涵养课程的价值定位直接影响其开设的有效性。要探讨生活涵养课程的价值，首先需明确价值的本质内涵。国内外关于价值的学说自古至今都十分丰富,可追溯至孔子、苏格拉底。我国古代的价值学说以伦理道德为核心,以事物是否符合仁义道德为基本尺度,一般认为合乎道德的事物则是真善美的。简言之,我国通常以真善美作为衡量价值的尺度。国外对价值问题的研究较国内丰富多元。主观唯心主义哲学认为,价值是主观的、相对的,是由个人的利益、欲望所决定的,因人而异。客观唯心主义哲学认为,价值是客观的、绝对的,价值是超越现实的规范,不受时空限制。马克思主义哲学真正科学地揭示了价值的本质。马克思继承了古典学派的劳动价值论。价值本质上是一个社会的、客观的和历史上相对的范畴,它是社会的,表示物的有用程度。进一步讲,价值反映了主体以自身为尺度对客体的意义/有用程度的认识。价值是主体与客体的一种关系,客体有价值或意义,那么必定满足主体的人的某种需要。

生活涵养课程的价值作为一种客观的教育性产品,能够满足主体(学生乃至社会)的某种或某些教育需要,也即是其对主体的人和社会的意义。它包括两个方面的价值:一方面是从学生的角度出发,即生活涵养课程对学生的有用性,包括促进学生在德智体美劳等方面全面、充分、和谐、自由的发展,促进其对社会生活的适应等;另一方面是从社会的角度出发,生活涵养课程可以通过对主体的人的培养,间接促进社会的发展。

2.功能

价值和功能是一个相互联系的系统,价值是功能的基础,功能是价值的客观表现。生活涵养课程的价值必须通过各种功能表现出来。从生活涵养课程的价值承担主体来看,其功能主要表现在社会发展功能和个体发展功能两个方面。

(1)生活涵养课程的社会发展功能。

社会发展的动力形成于人的实践活动中。生活涵养课程的两个重要特征就是实践性和生活性。它通过为学生提供各种现实活动作为教育载体,促使学生成为"准社会成员"。学生通过从个体生活、学校生活、家庭生活与社会生活等生活世界的接触中获得丰富的实践经验,形成并逐步提升对他人、社会与自我之内在联系的整体认识,理解并遵守公共空间的基本行为规范,初步形成集体思想、组织观念,培养对中华民族的自尊心和自豪感;学生在学习过程中,为将来参与更高级的社会实践做准备,其素质的全面发展可以促进整个社会的进步与发展。

(2)生活涵养课程的个人发展功能。

生活涵养课程的个体发展功能主要指这种课程对学生个体发展所起到的正向、积极的作用,简单来说,这既是课程目标的实现,也是促进社会发展功能实现的前提。具体来讲,对个人发展的意义主要体现在以下四个方面:

①知识发展功能。生活涵养课程注重学生对生活世界的直接感知,既有直接经验的学习,也有间接经验的学习。生活涵养课程包含了关于生活各方面的知识,如礼仪、生活健康常识等。学生在做中学,将学生的智力活动和操作活动紧密联系起来,使学生在亲身经历、直接经验中加深对各种综合知识的理解、巩固和运用,从而促进学生的综合知识的发展。

②能力发展功能。技能目标是生活涵养课程的一大目标。课程对学生能力发展的

意义在于:提高学生的生活技能和劳动技能,为其终身发展和人生幸福奠定基础。具体来讲,生活涵养课程是围绕日常开展生活涵养活动,可以提高学生处理生活中的基本事务的能力;通过对现实问题的探究和实践,拓展其通过各种技术手段解决问题的能力;发展学生的个人礼仪、交往礼仪,发展学生的人际交往能力和社会参与能力。

③健康发展功能。生活涵养课程的一个重要内容即是劳动和技术教育,强调学生参与各种劳动和社会实践活动。这就为学生身体素质的发展提供了条件,促进其运动知觉、身体平衡等方面的发展,促进其强健体魄的形成。与此同时,学生的交往需要、认同需要等心理需要在生活涵养课程设置的各种活动中得到满足,从而具有促进其心理健康发展的功能。提高学生身心健康和心理素质,培养他们积极乐观、健康向上的心理品质,充分开发他们的心理潜能,促进学生身心和谐可持续发展,为他们健康成长和幸福生活奠定基础。

④情感发展功能。生活涵养课程的另一功能在于促进个人的情感发展。生活涵养课程的内容丰富,有丰富的情感发展功能。促进学生尊重生命、热爱生活的态度,发展自立、自强、乐观的精神,帮助学习正确认识自我,提高自主自助和自我教育能力,增强安全自我防护、调控情绪、承受挫折、适应环境的能力,培养学生健全的人格和良好的个性品质;增强爱国情感,弘扬和培育以爱国主义为核心的民族精神,树立民族自尊心、自信心和自豪感;确立远大志向,树立和培育正确的理想信念,为担负起建设祖国、振兴中华的光荣使命做好准备;规范行为习惯,培养良好道德品质和文明行为,懂得为人做事的基本道理,学会处理人与人、人与社会、人与自然等基本关系。提高基本素质,培育学生创造意识、效率意识、环境意识和进取精神、科学精神以及民主法制观念,保持朝气蓬勃、活力旺盛和昂扬向上的精神状态,激励他们勤奋学习、大胆实践、勇于创造。

(四)特征

在以上对生活涵养课程的分析以及重庆市教科院巴蜀实验学校生活涵养课程实施的现实情况的基础上,在此总结了重庆市教科院巴蜀实验学校生活涵养课程的特征。

1.自主性

生活涵养课程的自主性主要体现在三个方面。

①学校具有主体性。生活涵养课程是重庆市教科院巴蜀实验学校结合办学目标和办学经验,在国家三级课程的框架下,根据相应的理论,自主开发、设计的校本课程。这是基于重庆市教科院巴蜀实验学校的优势和特点,以及所在社区的文化特色、资源等设置的课程。

②学生具有自主性。发挥学生的主体性和创造精神是生活涵养课程的目标之一。学校和教师为学生组织、设计了各种活动内容,但这都需要学生的自主参与。教师的主导作用主要体现在对学生的引导上,以及提高课程的质量上。在课程实施过程中,学生占据主体地位,根据自己的兴趣、需要和能力,在选择内容和方式上有一定自主性。

③在课程内容的选择与组织上,学校和教师具有自主性。围绕生活涵养活动主题,从特定的角度切入,选择具体的活动内容,并自定活动目标任务,提升自主规划和管理能

力;与此同时,利用课程实施过程中生成的有价值的问题和资源,指导学生深化生活涵养活动,不断完善活动内容。

2.综合性

生活涵养课程是以学生的经验、需要和能力为中心设计的,强调课程内容的生动性和丰富性,以及对学生现实生活中相关的知识、能力、情感等多方面的发展。因此,生活涵养课程的综合性体现在其课程内容和课程目标上。生活涵养课程包含生活知识技能涵养、生活礼仪涵养、身心健康涵养、习惯情感涵养四大板块,且在各种活动中,往往以多种知识和技能的学习和使用进行;与四个方面的课程内容相对应,课程目标也强调综合性,同时注重对学生知识技能、过程与方法、情感态度和价值观的综合发展。也就是说,生活涵养课程的教育影响是多方面的。

3.实践性

实践性是生活涵养课程的本质特征。生活涵养课程强调学生亲身经历各项活动,在"动手做""实验""探究""设计""创作""反思"的过程中进行"体验""体悟""体认",在全身心参与的活动中,发现、分析和解决问题、体验和感受生活,发展实践创新能力。首先,生活涵养课程的形式主要以活动呈现,是面向学生真实而完整的生活世界,是从日常的学校生活、家庭生活和社会生活中寻找活动主题或课程资源,在做中学,学中做。其次,生活涵养课程的目标是实践取向的——它旨在使学生在课程中学习到、体验到、探索到的知识、技能能真正运用于其实际生活,例如,在课程中收获的劳动知识和技能要直接运用于家庭生活中,要体现在帮家庭分担劳动责任和任务的具体劳动实践中。生活涵养课程的最终目的是帮助学生过好学校生活、社会生活,尤其是后者。而社会生活的本质就是实践的。

4.系统性

虽然生活涵养课程是以活动为中心,但在活动内容上仍强调系统性。与学科课程强调学科知识内在逻辑联系的系统性不同,生活涵养课程的系统性体现在活动内容的安排上。首先,生活涵养课程的内容选择与组织是基于学生可持续发展的要求,设计长短期相结合的生活涵养的主题活动,使活动内容具有递进性——由简单走向复杂,使活动主题向纵深发展,不断丰富活动内容、拓展活动范围,促进学生综合素质的持续发展。其次,注意处理学期之间、学年之间、学段之间活动内容的有机衔接与联系,构建科学合理的活动主题序列。最后,生活涵养课程的各种活动是结合学生发展的年龄特点和个性特征的,将学生作为社会系统的一部分,均衡考虑学生与学校关系、学生与他人关系、学生与自我关系,并体现个人、他人与学校生活、社会生活、自然生活的内在联系。

5.开放性

生活涵养课程为学生提供了一个宽广的生活空间。首先,在课程实施上注重学生主动实践和开放生成。在教师指导下,学生可根据实际需要,对活动的目标与内容、组织与方法、过程与步骤等做出动态调整,使活动不断深化。教师基于学生已有经验和兴趣专长,打破传统的学科界限,选择综合性活动内容,鼓励学生跨领域、跨学科学习,为学生自主活动留出余地。其次,活动空间不限于课堂,还包括学校实验室、试验田、校外博物馆等各种场所。学生的成长环境即是学习场所,在与学校生活持续互动中,不断拓展活动时空和活动内容。再次,在师生关系上,教师和学生是充分平等、民主的,互相尊重、互相合作、和谐教学。最后,课程评价主张多元评价和综合考查。鼓励学生自我评价与同伴的合作交流和经验分享,并将学生在学校生活实践中的各种表现和活动成果作为分析考查课程实施状况与学生发展状况的重要依据,对学生的活动过程和结果进行综合评价。

四、寄宿制中小学与生活涵养课程

作为一个组织的学校,具有复杂性,由于地区之间、学校之间的差异明显,校本课程开发需要考虑学校的实际情况甚至整个社会环境。环境分析十分必要,它决定了校本课程的适切性、有效性和可持续性。学校管理者和教师作为课程开发者,必须具有环境意识,将对环境的分析贯穿于课程目标设置、课程内容和方式的设计、课程实施和课程评价等各个阶段。

(一)学校内部环境分析

1.学校文化

我校校名为"重庆市教科院巴蜀实验学校",坐落于重庆南山山麓。此地风景优美,空气宜人,得南山清秀之气;又前临学府大道,毗邻高等学府,有读书朗朗之声——其由重庆市教科院、巴蜀中学、巴蜀小学联合创办,秉承教科院精益求精的科研精神,发扬巴蜀精英辈出的优秀传统,披荆斩棘,继往开来,以最精之教育、最好之教育服务家长,教育学生。

从学校定位来看,作为一所全日制寄宿学校,负责孩子的人格塑造与能力培养。教育的本质是让每个孩子成功幸福——它需要"精新",去设计最适合孩子的教育;它需要"精诚",用诚挚的善意与爱心去感化和指导孩子;它需要"精细",每个细微之处,每个点滴之末,都需教师关注、辅助、引导。因此,我们从教育的特点出发,以"精"作为核心理念,以"精致教育"为办学特色。校名中的"实验"二字,从科学中来——我们将科学精神与学校文化联系,抓住"精"这个核心关键,将精微细致、执着追求、实践创新等科学精神,创造性地概括为"精细""精诚""精新",以"精"来凸显"实验"的特色,以"精益求精　致力极致"为学校精神。"精诚做人　精心做事"是重庆市教科院巴蜀实验学校的校训。

与此同时,重庆市教科院巴蜀实验学校与巴蜀中学、巴蜀小学联合办学。巴蜀作为重庆教育的旗帜性品牌,其对培育精英的执着,对人生成功的期待,一直是重庆市教科院巴蜀实验学校办学的榜样——故我们继承其成就精英的目标,突出其精英的"精彩",将其作为重庆市教科院巴蜀实验学校的育人目标。

总体来看,重庆市教科院巴蜀实验学校从教育本质、自身特点、渊源传统等方面出发,确立"精"的核心理念,并围绕它逐步建构专属于自己的学校文化——确立了"致广大而尽精微"的办学理念。围绕此理念,重庆市教科院巴蜀实验学校拟定了校训、教风、校风、学风、育人目标、办学目标、办学特点、文化主题、学校精神、管理理念、德育理念、教学理念、健康理念、服务理念、校赋、师生誓词、校歌等。

2.组织氛围

组织氛围即是教师工作的环境。重庆市教科院巴蜀实验学校为教师提供了友好互助的工作环境,这为生活涵养课程的开发和实施提供了良好的组织氛围。具体来看,学校组织氛围主要从同事关系、学校制度、工作氛围三个层面来体现。

同事关系是指,教师和教师、教师和领导之间基于利益、情感及其各自的角色义务建立起来的发生在学校工作场所的人际关系。重庆市教科院巴蜀实验学校教师关系比较密切,在课程开发、教学设计等常规工作中都能保持良好的合作互动关系,教师集体智慧得到了较好的发挥。学校制度,主要是关于公平的制度建设良好。学校的各项规章制度以及评先评优制度都充分考量了教师的发展特点和需求,采取多元主体、注重过程的方式综合评价教师的发展,注重教师群体的均衡性和公平性发展。在关于生活涵养课程的制度上,学校坚持了校长领导、各学科教师公平参与决策的制度,充分考量教师群体的意见。在工作氛围上,学校坚持了松紧有度的管理方式,以校长为核心的学校领导班子总体坚持了民主的工作作风。在支持力度上,学校建立了以校长亲自担任项目组组长,相关行政主抓,骨干教师参与的领导及工作小组。

3.学校资源

重庆市教科院巴蜀实验学校是2003年8月由重庆市教育科学研究院、重庆市巴蜀中学、重庆市巴蜀小学联手打造的一所集幼儿园、小学、初中于一体的园林式寄宿制学校,学校占地面积65亩,有50个教学班。首先,重庆市教科院巴蜀实验学校地处南岸学府大道,毗邻工商大学、烹饪技术学校,为生活涵养课程建设提供了较为丰富的课程资源,生活技能有关烹饪部分,我们借助烹饪技术学校的场地和师资进行培养;生活礼仪有关外国文化方面的部分,我们可以借助工商大学的外教资源。与此同时,还借助了教科院专家资源、社区资源、街道资源、家长资源,主动与外界能辅助我们课程建设的单位或部门联系,搭建资源平台,共同开发课程。其次,重庆市教科院巴蜀实验学校是寄宿制学校,设施设备较完备,宿舍、食堂、操场等都是生活育人的有力场所;在生活物资上是统一配备,为统一规范学生行为提供了物质基础。最后,在课程建设队伍方面,除确定领导小组成员为核心参研人员外,经教师主动申报,项目领导小组审核通过,产生项目研究人员,构成生活涵养课程开发和实施的队伍。

4.学生和教师

重庆市教科院巴蜀实验学校现有学生人数2 000余人,有90%的学生在校住读,有20%以上的学生周末长期留校。学生大多是办厂经商、忙于管理、忙于工作或外出务工的家庭,家庭经济条件普遍较好;单亲家庭、离异家庭较多,虽然家长中不乏社会成功人士,但是由于其工作忙或者缺少教育时间和方法,对学校教育存在依赖性,且期望值高。而隔代教育往往耽于溺爱,隔代管理安全风险大。因此,孩子在学校的时间比在家里多,孩子与老师、同学相处的时间比父母、亲人多,在某种意义上说,学校就是学生的家,教师身具教师与"家长"双重身份,不仅负责孩子人格塑造知识能力培养,还需关心孩子的衣食住行等。因此,学生的培育责任更多地落在学校及老师身上,帮助家长涵养孩子,打造精致教育关系到学校的生存和发展。学生多为独生子女,普遍带有"娇""骄"的脾气,存在离群、自私、自我中心等问题。

重庆市教科院巴蜀实验学校有教职工 200 余人,其中,100 余名教师中,中学高级教师(副高级)18 名,省市级骨干教师 12 名,区级骨干教师 16 名;教师参加学科竞赛获得国家级一、二等奖和重庆市一等奖 18 人,获重庆市二、三等奖和南岸区一、二等奖 63 人。

(二)学校外部环境分析

1.政策环境

对政策环境的分析主要从关于生活涵养课程内容和民办中小学的相关政策支持的政策进行论述。

十八大和十八届三中全会提出的关于立德树人的要求落到实处,2014 年教育部研制印发《关于全面深化课程改革落实立德树人根本任务的意见》(2014),提出"教育部将组织研究提出各学段学生发展核心素养体系,明确学生应具备的适应终身发展和社会发展需要的必备品格和关键能力"。中国学生发展核心素养以培养"全面发展的人"为核心,分为文化基础、自主发展、社会参与 3 个方面,综合表现为人文底蕴、科学精神、学会学习、健康生活、责任担当、实践创新六大素养。在总的立德树人方针下,学生核心素养的不同方面都有相应的政策支持。例如,在培养学生的生活技能方面,从国家教育方针到各种部门文件中都有所提及。例如,《关于加强中小学劳动教育的意见》也明确指出:"劳动教育是全面贯彻党的教育方针的基本要求……劳动教育的目的是通过劳动教育,提高广大中小学生的劳动素养,促进他们形成良好的劳动习惯和积极的劳动态度,使他们明白'生活靠劳动创造,人生也靠劳动创造'的道理,培养他们勤奋学习、自觉劳动、勇于创造的精神,为他们终身发展和人生幸福奠定基础。"

宽松、积极、公正、有序的政策环境是民办中小学健康、持续发展的基本条件。我国宪法第十九条第四款从国家基本法的高度规定:国家鼓励集体经济组织、国家企业事业组织和其他社会力量依照法律规定举办各种教育事业。2003 年,《中华人民共和国民办教育促进法》(以下简称《民办教育促进法》)的出台,使我国政府对民办中小学的管理进入了法制化阶段。民办中小学教育的发展是我国多元化办学体系形成的体现。《民办教育促进法》第三条提出:民办教育事业属于公益性事业,是社会主义教育事业的组成部分。国家对民办教育实行积极鼓励、大力支持、正确引导、依法管理的方针。各级人民政府应当将民办教育事业纳入国民经济和社会发展规划。这就体现了我国民办教育在教育系统内的地位,以及政府对之采取积极鼓励和扶持的态度。2006 年新修订的《义务教育法》(第六十二条)明确规定:社会组织或者个人依法举办的民办学校实施义务教育的,依照民办教育促进法有关规定执行;民办教育促进法未作规定的,适用本法。这就将民办教育的合法性范围明确延伸到义务教育阶段,确立了民办义务教育在我国的合法地位。

除法律外,其他政策文件也对民办中小学的发展有所提及。《中华人民共和国国民经济和社会发展第十二个五年规划纲要》(2011—2015年)提出:鼓励引导社会力量兴办教育,落实民办学校与公办学校平等的法律地位,规范办学秩序……健全以政府投入为主,多渠道筹集教育经费的体制。《国家中长期教育改革和发展规划纲要》(2010—2020年)提出:民办教育是办学体制改革的重要环节。民办教育是教育事业发展的重要增长点和促进教育改革的重要力量。各级政府要把发展民办教育作为重要工作职责,鼓励出资、捐资办学,促进社会力量以独立举办、共同举办等多种形式兴办教育。

以上关于"学生生活涵养"和民办中小学的政策文件规定了生活涵养课程的发展方向,也同时为民办中小学课程的规范性建设和健康有序的发展提供了土壤。

2.教育系统的要求和挑战

首先,随着社会经济文化的迅速发展,城市人口的日渐增多,城市民办中小学教育的需求逐渐提升。这是因为,基础教育是我国教育体系的重要组成部分,其质量决定着我国科教兴国战略的成效。城市人口的集中和剧增为城市公办基础教育带来了压力,存在供不应求的问题。由此,民办基础教育的发展空间得以扩展。民办中小学的发展对于形成多元的基础教育办学体系、满足人们日益增长的教育需求有重要作用。也即是说,民办中小学作为一种公益性教育产品,它对实现基础教育的均衡化、公平化有一定意义。

其次,民办教育是我国教育体制的重要组成部分。民间资本涌入基础教育,这不仅是对不同教育需求的回应,也直接导致了不同教育方式的出现。随着民办教育与公办教育的竞争关系开始形成,一方面,两种轨道下的中小学教育发展和改革将受到较大的推动作用;但另一方面,民办教育为了保持良好的发展势头,避免被传统强势的公办教育挤压生存空间,必须增强自身发展能力,从而提高竞争力。

最后,社会、家庭、学生都对寄宿制学校的涵养功能提出了要求。从社会角度看,社会发展对人才的综合素质提出了更高要求。知识和才干不再是衡量人才的唯一标准。现代社会的人才应是全方面可协调发展的——以知识和技能为基础素质,还看重个人积极健康的生活观念、情感态度以及作为一个"完整的人"所具备的生活生存素质。从家庭角度来看,当前城市双职工家庭居多,家长工作的繁忙使以父母为主的家庭教育有所滞后,而隔代教育又存在观念落后、不规范的问题,这就对学校教育提出了更高的要求,尤其是寄宿制中小学。寄宿制中小学除担任传统的教育功能外,还承担了部分家庭教育的责任,也即是说,教养儿童被纳入了寄宿制中小学的责任中。从学生角度来看,寄宿生在学校度过了大部分时间,其主体性发展需求,包括身心健康发展、情感态度发展、个性发展等,都需要在学校这个场所得到满足。

以上关于教育系统对民办寄宿制中小学的要求和挑战的分析有利于厘清当前城市民办寄宿制中小学的发展空间和发展方向,为重庆市教科院巴蜀实验学校生活涵养课程的目标定位、内容设置、实施等提供基本的方向。

3.互联网革命带来的机遇和挑战

大众媒体,如电视、广播、电影、杂志等都是颇具影响力的教育渠道。而互联网的出现为人们获取各种媒介资源提供了便利和快捷。以互联网为载体的计算机、平板电脑、手机等电子设备越来越多地占据学生的课余时间,这为学校教育带来了机遇,同时也提出了挑战。

一方面,这为学生获取知识和信息提供了高效的渠道,在拓宽学生视野、丰富知识方面有不可比拟的优越性。互联网的飞速发展和各种手持电子设备在学生群体中的普及使学生可以在瞬间就检索、浏览全世界的信息,甚至实现世界范围内的实时信息交换。与此同时,互联网资源为校本课程乃至生活涵养课程的开发和设计提供了丰富的媒体资源,包括视频、音频、文字、图片等多种形式的资源。资源获取的开放性和便捷性为重庆市教科院巴蜀实验学校生活涵养课程的有效开展带来了机遇。

另一方面,互联网革命也对学生的成长带来一些不可忽视的负面影响。毋庸置疑,互联网为学生提供了丰富的学习机会;但与此同时,其内容的繁杂性、丰富性在一定程度上挤压了学生的学习时间,学生较低的内容甄别能力使其无法正确看待互联网上的信息,例如色情、暴力等。这对寄宿制学校的学生管理提出了要求。在鼓励学生使用先进的信息获取媒介时,要加强对学生互联网使用的监管,实行互联网使用的"青少年模式"。

总的来说,学校内部环境为重庆市教科院巴蜀实验学校开展生活涵养课程提供了现实条件,外部环境为开展生活涵养课程提供了依据和宏观指引。在城市寄宿制中小学开展生活涵养课程是合乎规律且具有现实意义的。

第三章　城市寄宿制中小学
　　　　生活涵养课程目标

课程目标的确定是一个复杂的过程,重庆市教科院巴蜀实验学校在多年实践经验的基础上,经过多方审慎,确定了"三养三育"这一课程总目标。本章主要从课程与课程目标、生活涵养课程目标的价值取向、生活涵养课程目标确立的基础、制定生活涵养课程目标的现实依据、生活涵养目标的概述以及其自身的独特之处六个方面出发,对重庆市教科院巴蜀实验学校生活涵养课程目标做出具体的论述。

一、课程与课程目标

(一)课程的本质

课程与教育实践相伴共生,与人类社会、人类的教育活动共生共长。不同的时代、不同情景下的人们对课程的认识理解也有所不同,因而关于课程的本质究竟是什么,不同学者有不同的解读,通过对国内外重要的课程研究文献的分析、总结、归纳,目前关于课程的本质究竟是什么,学者主要持以下五种观点。

1. 课程即学问学科

我国权威的《教育大词典》将课程定义为:①为了实现学校教育目标而选择的教育内容的总和;②泛指课业的进程;③学科的同义词,比如语文课程、数学课程等。《中国大百科全书(教育卷)》将课程分为广义与狭义两种,"广义的课程是指所有的学科(教学科目)的总和;狭义的课程是指一门学科"。西方学者斯宾塞最初把知识的系统组织定为课程的内涵,这其实就是确立了课程即知识或系统化知识的观点。除此之外,在很多教育专著、相关教材和相关文章中,也都表达出类似的观点,实质上这类观点普遍认为课程就是学科、教材或者学问知识。[1]

2. 课程即"计划"

这里的计划指的是"教育计划""教学活动计划""学习计划"等。这一观点在 20 世纪 50 年代之后比较流行。美国课程论专家比彻姆认为"课程是书面的文件,可以包含许多成分,但它基本上是学生注册入学于某所学校期间受的教育计划",以及我国学者所说的"课程是指一定学科有目的的、有计划的教学进程。这个进程有量、质方面的要求,它也泛指各级各类学校某级学生所应学习的学科总和及其进程安排"。这类观点其实都是认为课程即"计划"。[2]

3. 课程即预期的学习结果或目标

有一些学者区分课程与教学的概念认为预期的学习结果或目标应该是课程直接关

[1] 靳玉乐,唐智松,王牧华.课程与教学论[M].成都:四川教育出版社,2015.
[2] 钟启泉,汪霞,王文静.课程与教学论[M].上海:华东师范大学出版社,2008:109-110.

注的内容,这样教学目标的选择与制定就成了重要任务。比如"约翰逊认为课程应该是教学的指南,它规定(或至少期待)教学的结果",但"并不规定其手段,即不规定那些为实现结果而加以利用的活动、材料,以及教学内容"。这就要求课程事先制定出一套有结构、有序列的目标,然后根据事先预定的目标去选择经验、组织经验并实施教育教学活动。[1]

4.课程即经验

这一课程观其实在很大程度上受到美国实用主义教育家杜威教育思想的影响。杜威反对把课程看作一套活动或者是预先设定的目标,主张课程设置要与儿童生活相联系,把儿童生活引入到教材中来,以儿童的生活经验作为课程,此外他还强调在课程设置时要了解儿童的兴趣与需要并尊重他们的兴趣与需要,在此基础上促进儿童个性的发展。其实这里的经验包含了多种内涵,比如"活动""学习经验""学习活动"等。[2]

5.课程即文化再生产

有些学者在考察课程现象、研究课程问题时从整个社会文化大背景出发,把课程看作一种文化现象,并且试图以文化产生、文化发展中所出现的现象与规律为出发点去揭示课程的内涵。文化再生产方式主要可以分为两种,第一种是文化传播过程中的文化选择,另外一种是文化变革中的文化创新。持这一课程观的代表人物主要有英国课程学者劳顿与斯基尔贝克以及巴西的教育家弗雷杰等人。[3]

就重庆市教科院巴蜀实验学校的生活涵养课程而言,主要有以下特征。第一,它已经超过了单纯学科的范围,而是在不断谋求学科课程、活动课程和潜在课程这三者之间的有机统一,除此之外,重庆市教科院巴蜀实验学校的生活涵养课程强调对学生多方位、深层次的影响,而不只是单一知识的传授。学生心智的发展、个性的发展、情感的陶冶、创造性的培养、动手能力的提高等都是课程所关心的,也都是该课程关注的内容和致力于达到的目标。第二,古人云"凡事预则立,不预则废",每门开设的课程都有其自身的价值取向和指向的目标。同样,重庆市教科院巴蜀实验学校的生活涵养课程也有着明显的计划性与目的性。第三,正如建构所说的那样,"学生并不是空着脑袋进教室的",在日常生活学习中,他们已经积累了一些经验。重庆市教科院巴蜀实验学校生活涵养课程关注学生已有经验并注重学生的经验的扩充,旨在促进学生的长足发展。

(二)课程目标

课程目标是指在课程设计与开发过程中,课程本身要实现的具体要求,因此在不同时代、不同价值取向下的课程目标也有差异。尤其是在当今这个知识经济时代,各国都在不断思考为谁培养人,培养什么样的人以及如何培养人的问题。这一过程就使课程及课程目标都在一个动态中不断发展变化。从国际上来看,像美国、英国、法国、日本、芬兰、俄罗斯、澳大利亚等国家多次对课程标准进行了相关修订。通过对各国新颁布的课

---

[1][2] 靳玉乐,唐智松,王牧华.课程与教学论[M].成都:四川教育出版社,2015.
[3] 钟启泉,汪霞,王文静.课程与教学论[M].上海:华东师范大学出版社,2008:109-110.

程标准文件的分析,我们不难发现很多国家的课程标准及相关文件都涉及有关核心素养的概念,这些概念都与 21 世纪学生如何面对全球化、信息化时代有关,并且都提出要培养学生几大关键能力,即核心素养,这成了各国课程目标改革的主流趋势。

法国的《学校未来的导向与纲要法》于 2005 年 4 月 23 日正式颁布,这项文件突出强调了要保证每个学生对基本知识与基本技能的掌握,也就是他们所说的"共同基础"。这里的共同基础主要包括五个领域,分别是思考与交流的语言;学习的方法与工具;人格与公民性的形成;自然与科技的系统以及理解世界及人类活动。这五大领域中的每个小领域又从知识、能力、态度方面提出了各自的培养目标。此后法国政府又不断突出"能力培养"的课程目标,并在 2008 年 9 月、2013 年 6 月再次在相关课程改革当中完善和明确了目标,强调学生达到规定的能力要求,促进自身的发展。

芬兰于 2014 年颁布了《国家基础教育核心课程 2014》,强调培养学生七大核心素养,以更好地去应对社会生活的变化。这七大核心素养分别是照顾自己与管理日常生活的能力、多元读写能力、思考与学习能力、互动与自我表达能力、信息通信技术能力、职业创新能力、参与投入未来规划的能力。这七大核心素养作为各学科中的一部分来进行相关教学、研究以及评估,并且学校可以根据国家核心课程中的相关说明和各自的重点领域进一步进行定义。

澳大利亚 F—10 年级的课程包含了七项一般能力,分别是读写能力、批判性与创造性思维、个人与社会能力、跨文化理解、道德理解、计算能力信息与通信技术能力。这些一般能力包括一系列综合和相互联系的知识、技能与行为,促使学生去终身学习,能在复杂的信息化、全球化的世界中生存。

日本在 2016 年对幼儿园、小学、初中阶段学习指导要领进行了相关修订,其修订的基本思路主要体现在以下几个方面:

（1）在"基础教育法"和"学校教育法"的基础上,进一步利用日本学校教育的实践与经验,提升儿童开拓未来社会的素质与能力,明确儿童步入社会所需要的品质与能力,将重点放在"向社会开放的课程"上。

（2）在当前课程框架和教育内容的基础上,促进知识与技能的掌握、促进思维能力、判断能力、表达能力等多方面能力的均衡发展,从而进一步提高学生对知识理解的质量,形成扎实的学力。

（3）强调要加强道德教育的体验活动,通过提高体育与健康的指导,促进学生身心健康发展。此外,为了培养学生德、智、体三个方面的"生存力",所有的学科都由三大支柱重组。这三大支柱分别是知识与技能（你了解什么,可以做什么）;思维能力、判断能力、表达能力（理解你能做的,并知道如何去做）;学力、人性等（如何去参与社会与世界,过上更好的生活）。"扎实的学力、健康的身体、丰富的心灵"的有机统一也正是通过这三大支柱形成的。

除此之外,美国也提出了"21 世纪技能"这一核心素养模型,强调学生生存技能、职业技能的培养、信息技术运用能力的提高以及创新思维的发展等。加拿大也对"核心素养"做了比较细致的探究,体现了学生应该具备的各项基本能力,归纳起来就是"九大基本核心技能",分别是阅读能力、写作能力、数学能力、思考能力、口语交际能力、文档应用能力、计算机运用能力、与他人共事能力以及持续学习的能力。[1]

而就我国自身发展情况来说,从21世纪推行基础教育课程改革至今,2001年义务教育课程标准和2003年普通高中课程标准都陆续进行了相应的修订。就课程目标方面而言,我国2001年出台的许多学科的课程标准中,在美国著名的认知派心理学家本杰明·布鲁姆提出的教育目标分类学的基础上,将课程目标分为三个维度,第一个维度是知识与技能方面,它所强调的是学生对各门学科基础知识与基本技能的掌握;第二个维度是过程与方法方面,新课程标准这一新增的内容强调的是学生学习的过程、探究的过程,更加强调学生创新精神的培养和实践能力的提高;第三个维度是情感态度价值观方面,它所强调的是积极的学习态度和健康向上的人生态度的形成,力求培养具有科学精神和正确的世界观、人生观、价值观的公民。不可否认,我国的"三维目标"是对"双基"的进一步丰富与发展。但随着新课改的不断推行,2014年教育部再次提出了"核心素养体系构建的问题",并对核心素养做出了基本的界定。核心素养是指适应个体终身发展与社会进步需要的重要能力与品质。强调学生要获得最关键、最必要的基础素养。这其中其实蕴含着"个人本位论"与"社会本位论"的双重价值,是关注个体终身发展的一种教育理念。除此之外,"核心素养"对课程方案、课程目的等提出了一定的要求,那就是我们必须进一步增强适宜性、可操作性、科学性、思想性和整体性。从"双基"到"三维目标"再到"核心素养",体现了课程目标从关注"基础知识与基本技能"到"注重多维知识的教学"再到"注重人的发展"这一变化过程。虽然随着时代不断推进,课程目标也会不断发展,但就目前而言,我国的课程目标是期望一定阶段的学生在发展品德、智力、体制、素养等方面所应达到的程度,从而促进学生更好地认识和改造这个世界。

二、生活涵养课程目标的价值取向

(一)课程目标的取向

任何课程目标的制定,背后总是隐藏着某种价值取向。在整个课程发展历程中,不同时代背景下的学者对课程目标的价值取向做了不同的分类。其中以美国著名的课程论专家舒伯特的分类最为典型,影响也最为深远。舒伯特将课程目标取向分为四种,分别是"普遍性目标"取向、"行为性目标"取向、"生成性目标"取向以及"表现性目标"取向。

---

[1] 张玉洁.由"三维目标"到"核心素养"的沿革探究语文教学目标的发展[D].武汉:华中师范大学,2017.

1."普遍性目标"取向

"普遍性目标"是所有课程目标价值取向中最先出现的,是一种比较古老的课程目标取向。这种目标取向具有很强的抽象性与概括性,所体现出来的是"普遍主义"的价值观,能够适用于所有的目标制定,对教学领域能起到一定的宏观指导作用。比如英国著名的哲学家、社会学家、教育家——斯宾塞曾经提出的:教育为完满的生活做准备;以及我国古代典籍《大学》中所强调的教育宗旨"大学之道,在明明德,在亲民,在止于至善""格物、致知、诚意、正心、修身、齐家、治国、平天下"等所体现的就是一种普遍性的目标取向。[1]

"普遍性目标"取向有着自身的优缺点。它的优点主要是能够为课程与教学领域提供一般性、规范性的方针,所有的教育工作者都可以在这一指导方针下进行创造性的解读,来适应不同教育环境、教育对象的需要。它的缺点主要是自身的宏观性,会在一定程度上给课程的实施带来困难,造成一定的不确定性、随意性,给人模棱两可的感觉。

2."行为性目标"取向

"行为性目标"是以具体的、可操作的形式来陈述课程目标,指明课程结束时学生自身所发生的行为变化。

行为性目标的发展,其实主要经历了以下几个阶段。

第一阶段,博比特在其《课程论》一书中最先提出了这种课程编制的目标。

第二阶段,"行为目标之父"泰勒在其《课程与教学的基本原理》一书中进一步系统发展了博比特所提出的"行为性目标"的理念,强调这里的目标并不是教师要做的事情,而是对学生行为变化的陈述,既要指出要使学生养成的行为,又要言明这种行为能在其中运用的生活领域或内容。

第三阶段,在20世纪50—60年代,美国著名的心理学家、教育学家布卢姆等人建立了"教育目标分类学",在泰勒"行为目标"的基础上进一步发展了这一目标。之后,美国学者梅杰等人又通过发动"行为目标运动",使"行为性目标"取向发展到顶峰。

行为性目标对整个20世纪产生了非常重要的影响,一度在课程与教学领域占据着主导地位。总的来说,行为性目标受"科技理性"的影响,所表现出来的是一种"唯科学主义"的教育价值观念。"行为性目标"取向有着自身的优缺点,它的优点主要是具有很强的操作性、具体性,能够促进课程与教学的科学化,在一定程度上弥补了"普遍性目标"的不足。同时当教师用"行为性目标"来陈述教学内容时,就会使教学任务格外地清晰明了,给教学的实施带来了一定的便利性,也能够使教学评价有据可依。但同时"行为性目标"取向自身也存在着不容忽视的弊端,首先它所遵循的"唯科学主义"这一教育价值观本身就存在问题。其次,人本来就是一个完整的整体,具有一定的不可分割性(虽然有一些关于知识技能的简单训练在一定程度上能够进行分解,让它们表现得更加具体化,但是像人的高级心理——个性、价值观、态度、审美情趣等,一旦分割可能就很难达到相应的效果),而"行为性目标"追求精确化、具体化,不利于完整人格的培养。最后,由于强调

---

[1] 钟启泉,汪霞,王文静.课程与教学论[M].上海:华东师范大学出版社,2008:109-110.

具体而明确的表述,那些不易转化、不易直接观测、很难量化的内容就会从课程目标中消失。而这些内容可能对人的发展起着至关重要的作用。[1]

3."生成性目标"取向

关于"生成性目标"其实最早源于杜威所提出的教育目的论,杜威强调教育是儿童经验的不断改造,是儿童的生长、生活,为此他提出了"教育即生长""教育即生活"。即"教育的过程在他自身之外没有别的目的,它就是它自己的目的"。杜威认为不能预先规定教育目的,他也反对把外在的某种目的强加到教育当中去。而著名的美国课程论专家斯滕豪斯倡导的"生成性目标",则是从另一个角度做出了解释。斯滕豪斯认为学校的教育由四大不同的过程构成,分别是技能的掌握、知识的获得、社会价值及规范的确立、思想体系的形成。他强调的是教学过程应以过程为中心,而不是以预先规定的目标为中心。教师应该成为一个研究者,根据学生在教学过程中的表现动态展开教学。

"生成性目标"有着自身的优缺点,其优点主要就是在教育过程当中由学生、教师以及教育情境三者相互作用形成目标。这样的目标不是外部强加的,而是有助于促进教师成为一个研究者,有利于尊重学生的自主选择权,能够更好地调动师生双方的积极性与主动性。但同时这一目标也存在着明显的缺陷。一方面,要想真正实现教师与学生之间有意义的对话、交流,教师必须要经过严格的训练,提高自己的能力,但实际上很少有教师经过训练并达到相关能力的要求。另一方面,学生是动态发展中的人,尤其是对于小学生而言,他们的知识水平、能力结构有限且兴趣是多样的、注意力是易变的,他们有时做出的选择并不合理,也不知道什么是最好、最有价值的。另外,学生具有明显的差异性,教师很难在一节课上与所有的学生进行对话、交流并生成课程与教学的目标。[2]

4."表现性目标"取向

表现性目标是由美国著名课程学者艾斯纳提出的,这种目标取向是指学生在从事某种活动后所获得的结果,这一结果是开放的,而非事先规定的结果。它所关注的是学生在生活中表现出来的某种首创性的反应。此外,"表现性目标"取向强调学生自身的主体性与个性,当他们充分发挥自身主体性与个性时,所表现出来的具体行为以及学习是无法准确预知的。

"表现性目标"也有着自身的优缺点,主要优点就是它追求的是"解放理性",所体现的是当代人本主义提倡的教育价值观,强调学生的个性发展、主体意识的提升以及他们的自主性表现;要求尊重学生的个体差异,关注学生的自主性与主体地位。但是"表现性目标"自身也存在着缺点,其表述是相对模糊的,几乎不能对课程与教学起到指导作用,尤其是我国采用的是班级授课制,并且很多学校都是大班额教学,在这样的情况下很难保证每个学生都达到相关的基本要求,让他们每个人都能获得自由而充分的发展。[3]

(二)生活涵养课程目标的综合取向

关于课程目标的来源,课程工作者们几乎达成了共识,他们普遍认为课程目标的来

---

[1][2][3]　靳玉乐,唐智松,王牧华.课程与教学论[M].成都:四川教育出版社,2015.

源主要有三个方面,分别是对学生的研究、对社会的研究、对学科的研究。随着社会的不断发展、教育改革的不断推进,人们对课程价值的认识也逐渐提高,就我国而言,明显的变化趋势就是逐渐从原先的社会主义取向(又称工具主义取向)转向人本主义价值取向。重庆市教科院巴蜀实验学校经过长期不断的探索,在设置生活涵养课程目标时采取的是一种综合取向。这主要包括以下几个方面。

①不断寻求生活涵养课程在学生、社会、知识之间的平衡。在生活涵养课程目标的制定过程中更加关注这三者之间的有机整合,追寻内部的协调统一。

②强调在一定程度上设置统一的规范,通过多种途径、采取多样措施、发展多样模式帮助学生达到一些共同目标。但与此同时,注重学生的个别差异,允许存在一定的个体浮动空间。

三、生活涵养目标确立的理论基础

(一)发现学习理论

发现学习理论最早是由美国著名教育心理学家布鲁纳提出的,这一学习理论强调的是学习者不断去发现,构建自己知识的过程。发现学习具有四个基本的特征:强调内在动机;强调直觉思维;强调学习过程;强调信息提取。就内在的动机而言,布鲁纳认为在一般教学条件下,学生的学习动机往往是多样的。比如一些学生可能是为了获得家长允诺的奖励,或者是为了避免来自教师、家长等方面的惩罚,又或者是为了与同伴竞争。但这些都是外部动机,布鲁纳强调要将外部动机转化为内部动机,要让学生的好奇心得以激发。同时他又没有完全否定教师的作用。在布鲁纳看来,教师为学生提供反馈信息很大程度上影响着学生的学习效果。在知觉思维方面,布鲁纳认为直觉思维与分析思维是有很大差异的,它是采取跃进走捷径的方式来思维的。直觉思维是任何人都需要也都可以使用的,其性质都相同,只是程度不同。就学习过程而言,布鲁纳认为学生是积极的探究者,教师的作用不是提供现成的知识,而是帮助学生形成一种情境,学生可以在那样的情境中进行独立的探究。学习的主要目的不是要学习者记住教师上课所讲的内容,或者是教科书上所呈现的内容,而更多的是应该让学习者自己独立思考,成为主动、积极的知识的探究者。在信息提取方面,布鲁纳强调信息的提取。他认为关于记忆的首要问题是提取而不是储存,他还在一项实验中,让一组学生学习 30 对单词,并对一组学生说要他们记住这些单词,之后要进行复述,其他同学则设法用每一对单词造一个句子。结果前一组学生的单词回忆量不到 50%,后者则能复述其中的 95%。这也给我们启示,如果学生参与发现事物的活动,就会用某种方式对它们加以组织,这样能够获得更好的记忆效果。

小学阶段的学生对世间万物有着强烈的好奇心,但他们注意力容易分散,尤其是低年级的学生。因而教师需要在他们已有的认知水平基础上,提出一些探究性问题,不断激发学生的求知欲,让他们尝试自我发现、自我探索。比如重庆市教科院巴蜀实验学校生活技能涵养课程的目标是提高学生生活技能素养和劳动素养,培养他们勤奋学习、自觉劳动、勇于创造的精神。

(二)活动理论

1978年,苏联著名的心理学家维果斯基提出了活动理论。活动理论其实最早是源于康德与黑格尔的古典哲学,形成于马克思辩证唯物主义。经维果斯基的努力,活动理论逐渐形成了自身独特的框架,并最终成熟于苏联心理学家列昂捷夫与鲁利亚。

活动理论认为一个完整的活动系统包括六大要素:主体、客体、共同体、工具、规则、劳动分工,前三个要素是核心成分,后三个要素是次要成分,是次要成分构成了核心成分之间的联系。将活动系统中的六个要素按不同的方式进行组合就能构成四个子系统:由主体—工具—客体的互动形成的生产子系统,由主体—共同体—客体的互动形成的消耗子系统,由主体—规则—共同体互动形成的交流子系统,由共同体—劳动分工—客体互动形成的分配子系统。此外,活动理论有五大原则:一是以目标为导向;二是具有层级结构;三是内化与外化的结合;四是具有工具中介;五是发展原则。其中以目标为导向是指,不论采用何种活动形式,也不论是怎样的活动过程,一定要达到相应的目标。具有层级结构是指,列昂捷夫认为活动是存在三个等级的,由高到低来说分别是活动(最高层次结构)、行动(用来完成活动)以及操作(活动中的动作单位)。内化与外化的结合,更多的是指活动对人影响的两个方面,其中内化是指将活动中的知识、技能、理论等内化到人的头脑当中,外化是指学习者行为的改变,这也是由学习者的内化而带来的。工具中介是活动需要工具的介入,这里的工具可以是语言符号等基于人类文化的工具,还可以是机器、自然环境等,发展更多的是一种要求,强调活动对学习者的意义。

(三)生活教育理论

陶行知先生是我国著名的教育家,曾师从杜威。他受到杜威"教育即生活"思想的启发,并对杜威的思想进行了批判性吸收,回国后,根据当时我国的实际情况创建了自己的生活教育理论。这一理论体系主要分为三方面的基本内容,即"生活即教育""社会即学校""教学做合一"。

1."生活即教育"

陶行知先生批判传统教育中以书本为中心的做法,认为真正的教育应该是生活教育,"生活教育是生活所原有,生活所自营,生活所必需的教育"。强调的生活即是教育,是给人们提供人生所需要的教育,而我们现代人就要过现代的生活,就要受现代的教育。在陶行知先生看来,教育的过程与生活的过程是同一的,教育蕴含于真正的生活当中,它也只有与生活结合才能发挥作用。

2."社会即学校"

陶行知先生在解释这一原则时说，要"把教育从鸟笼里面放出来"。也就是说，我们不能继续遵循传统教育的做法，在学校与社会之间建立一道围墙。同时我们也无法真正做到把社会的所有内容全部浓缩进学校（也就是杜威观点中的把学校塑造成一个微型社会）。因而我们更多的是要把学校教育的范围扩大到整个社会，把学校教育的内容扩展到整个社会。

3."教学做合一"

这一观点主要包括三方面的主张：一是事情怎么做的便怎么学，怎样学的便怎样教；二是对事说的是做，对己说是学，对人说是教；三是教育不是教人，不是教人学，乃是教人学做事。[1]

陶行知先生认为"教学做"是一件事情，不能把"教""学""做"当作三件事来分开。"田呆子、书呆子长不出科学的种子。"他更强调在"做"的过程中去学习知识，同样在学习理论知识时，也要注重实践。教师要在"做"中去传授知识，学生自然也要在"做"中去学习知识。只有把教学做合一才是真正的教育。

重庆市教科院巴蜀实验学校的生活涵养课程正是通过将教育在一定程度上回归生活，让学生在生活的点滴中实现个体的成长。

（四）马斯洛需要层次理论

需要层次理论是由美国著名的社会心理学家、比较心理学家马斯洛提出的，他也是人本主义心理学的创始人之一，第三代心理学的开创者。马斯洛认为动机是由多种不同性质的需求组成的，1943年在《人的动机理论》一书中，他依据需要先后发展的顺序以及各自功能的强弱，将需要分为五大类，分别是生理需要、安全需要、归属与爱的需要、尊重的需要以及自我实现的需要。之后马斯洛又对初期提出的需要层次进行了修改和补充，最终将人的需要从五大层次扩充为现在的七大层次：生理需要、安全需要、归属与爱的需要、尊重的需要、求知需要、审美需要以及自我实现需要。

生理需要主要包括呼吸、水、食物、睡眠等，是支撑个体生存发展以及维系族群延续的需要，也是人最基本的需要。安全需要主要包括人身安全、健康保障、家庭安全等，它是指个体在一个稳定、安全有保障的环境中不受他人威胁的需要。归属与爱的需要，这一需要主要包括友情、亲情等，是指个体对家人、朋友的需要以及在某些团体活动中获得他人认可的需要。尊重的需要主要包括两个方面：自尊的需要；他人对自己尊重的需要。尊重的需要是指个人追求自身价值与尊严的需要。认知的需要是指个体探索事物、认识事物以及理解事物的需要。人出生之时便对社会、对世间万物充满好奇，只有不断满足人认知的需要，个体的认识才会不断深化，才会努力去追求更多的需要。美的需要，在马斯洛看来尽管世界文化丰富多彩、千姿百态，但是每个个体是有他自身审美需求的。尽

---

[1] 方明.陶行知全集（第三卷）[M].2版.成都：四川教育出版社，2009：451.

管美的需要不像空气、水那样被人们重视,但是在个体健康发展中,它所发挥的作用并不亚于空气与水对人们的作用。因为美的需要是可以滋润心灵的。自我实现的需要是人们追求的最高层次的需要,是个体在自身成长过程中的最高目标以及对未来生活的最高意愿。

马斯洛的需要层次理论中的七大需要其实可以分为两类:缺失性需要和成长性需要。缺失性需要是个体生存过程中必须被满足的需要,只有这些需要被满足,他们相应的动机才会消失,人们才会追求更高层次的需要。而成长性需要是能让人生活得更加充实的一种需要,这是一种永远无法完全满足的需要。

重庆市教科院巴蜀实验学校学生长期寄宿在学校,虽然家长、学校能够满足他们的生理需要,但是远离父母与亲人可能会使他们的安全感降低,归属与爱的需要得不到满足,这样就会严重影响学生的自我实现。重庆市教科院巴蜀实验学校的生活涵养课程正是在该理论指导下建立的,习惯情感涵养课程中能够深深地感受到师生情、同学情、舍友情、亲情等,可以帮助学生满足自身情感的需要。此外,重庆市教科院巴蜀实验学校的生活礼仪课程还能帮助学生建立起正确的审美观等,以此促进学生的自我实现。

(五)马克思主义的全面发展理论

马克思主义的全面发展理论认为人的各个方面都是具有一定潜能的,只要创造合适的外部支撑条件,就能够最大限度地调动学生学习的主观能动性,同时这一理论还认为只有促进个体各方面自由而全面的发展,才能适应社会发展的需要。随着教育改革的不断推进,我们更深刻地认识到学生是处于动态发展过程中的,我们需要去观察、探索、激发学生发展的内在潜力,而不应只关注学生现有的静态的发展。尤其对于中小学阶段的学生而言,他们未来的发展有着无限的可能,因此我们的教育应创造各种条件以促进学生的全面发展。

1995年《中华人民共和国教育法》中提到了我国教育目的相关规定,"教育必须要为社会主义现代化建设服务,必须同时与生产劳动相结合,培养德、智、体、美、劳等方面全面发展的社会主义事业的建设者与接班人",这就表明了我国全面发展教育的构成。其中的德育内容包括很多,例如热爱人民、热爱共产党、热爱中华人民共和国、热爱劳动、热爱科学等。德育是其他各育的思想基础,为其他各育提供方向保证。智育的内容在不同阶段、不同科目中会有所不同,但不管怎样,它所强调的是帮助学生掌握系统的科学文化知识、形成基本的技能技巧、促进学生智力的发展等。智育为其他各育提供知识与智力的基础,是全面发展教育中的重要组成部分。体育内容与形式都十分多样,强调通过一系列相关活动帮助学生了解、掌握有关体育的知识与技能,促进学生身体素质的发展,增强他们的体质。体育为其他各育提供物质保证,只有学生有一定的健康基础才有机会与空间对学生进行其他各育。美育内容主要分为三大类:艺术美、自然美与社会美。它所强调的是帮助学生形成正确的审美观,让他们有能力去发现美、感受美、创造美,并进一步培养他们的情操,使文明素养得到进一步提高。美育是一个人发展所必备的,它会影响一个人发展过程中的美感体验。劳动技术教育的内容主要有农业、工业、手工业三方面。它旨在让学生掌握基本的劳动知识与技能,并在此基础之上养成劳动习惯。劳动技术教育能够促进其他各育发展。[1]

重庆市教科院巴蜀实验学校生活涵养课程目标正是在马克思主义的全面发展理论与我国教育目的双重指导下设置的,旨在改变传统教育中对智育的单方面过度强调而忽视了学生德、体、美、劳等方面发展的弊端,同时针对重庆市教科院巴蜀实验学校学生多为寄宿学生,学生家长工作普遍较忙,缺乏来自家庭方面的生活涵养教育这一特殊现实情况提出来的。当今社会对人才的需求量越来越大,但同时对"人才"的界定也越来越严格。真正高水平的人才不是人们眼中的偏才、怪才,而是有跨领域视野与思维的德才兼备的人才。只有在促进学生学习学科基本知识的同时掌握必备的技能,并养成良好的习惯、礼仪、品德等才是真正立足于学生的全面发展。

四、制定生活涵养课程目标的现实依据

任何一门合理的课程都必须遵照课程内部各要素、各成分要素之间的必然联系来设计,并基于人身心发展的规律制定出科学的课程目标。就重庆市教科院巴蜀实验学校的生活涵养课程目标的制定而言主要依据以下几个方面因素。

(一)国家的社会需要

在知识经济的大浪潮中,各个国家的竞争实质上就是教育的竞争、科技的竞争、人才的竞争。中华民族的复兴必须依靠教育的发展,但在传统教育中,教育目标更多的是侧重于知识的传授,培养出来的人才更多的是在记忆背诵、机械训练方面处于优势的学生,他们在动手探究、交流合作、发现问题、分析问题、解决问题方面存在明显不足,此外,他们还在一定程度上缺乏创新意识与创新能力,这就要求我们改变传统的人才观念。

虽然 21 世纪以来,我国越来越重视教育的发展,并在不断努力推进相关教育的改革,如教育部在 2001 年便颁布了《基础教育课程改革纲要(试行)》,并首次明确提出了新课程教学的"三维目标",即知识与能力、过程与方法、情感态度与价值观。自此大部分学校、教师都开始按新课程改革的要求来制定教学目标,但真正的实践效果却不尽人意。一方面很多教师并没有真正理解新课程所提出的三维目标的含义,在备课过程中将三维目标当作三个独立的教学目标,而实际上三维目标是一个教学目标的三个方面,它们是统一的、不可分割的整体。另一方面有些教师在落实教学目标时,总感到分外别扭,有种穿旧鞋走新路的感觉,最终还是将教学目标回归到传统教育中,仅关注学生在知识技能方面的掌握程度。其实以上两方面的问题之所以产生,很大程度上都源于没有解决好目

---

[1] 靳玉乐,唐智松,王牧华.课程与教学论[M].成都:四川教育出版社,2015.

标设定的问题。2014年,教育部研制印发《关于全面深化课程改革落实立德树人根本任务的意见》,提出"教育部将组织研究提出各学段学生发展核心素养体系,明确学生应具备的适应终身发展和社会发展需要的必备品格和关键能力";也明确提出了"五个统筹"作为全面深化课程改革的重点任务,在"五个统筹"中,除了提出对学段、学科、环节、队伍等领域的统筹,还重点提出课堂、校园、社团、家庭、社会五个教育阵地的统筹,目的在于发挥学校的主渠道作用,加强课堂教学、校园文化建设和社团组织活动的密切联系,促进家校合作,广泛利用社会资源,科学设计和安排课内外、校内外活动,从而真正实现育德树人的目标。[1] 但现在有些学校教育仍然存在重智轻德的现象,他们只是单纯地追求学生分数与学校的升学率,对培养学生的社会责任感、创新精神与实践能力等方面的重视程度不够,除此之外,有些中小学课程目标不能有机衔接,部分学科内容存在交叉、重复。2016年9月,我国又正式发布《中国学生核心素养发展》总体框架,该总体框架的提出基于三个背景:一是全面贯彻党的教育方针,落实立德树人根本任务的迫切需要;二是适应世界教育改革发展趋势,提升我国教育国际竞争力的迫切需要;三是全面推进素质教育,深化教育领域综合改革的迫切需要。这三大背景体现了当前我们对教育的新需求,也推动着我们不断去确立好相关目标。重庆市教科院巴蜀实验学校生活涵养课程提出的"三育三养"目标,正是在三维目标的基础上全力改变寄宿制学校中出现的家庭教育部分缺位的现象,力求通过生活涵养课程来教会学生生活必备的技能技巧,帮助他们养成良好的生活及学习习惯,关注在具体情境中陶冶学生的情操,帮助他们树立正确的世界观、人生观、价值观,促进学生获得长足的发展,真正实现立德树人的目标。

(二)当代家庭及个人的需要

重庆市教科院巴蜀实验学校是一所全封闭式的、以住读为主的民办收费学校。学生多为独生子女且家庭条件普遍较好,家长们都尽可能地满足孩子所需要的物质条件,也都尽可能地帮助他们打点生活中的一切。因而大多数家庭采取的是溺爱型的教养方式。孩子们的成长环境比较安逸,甚至要风得风、要雨得雨,这使得孩子的身心健康、生活礼仪、生活知识能力、生活习惯、情感等方面教育在家庭中被软化,在学校中被弱化,在社会中被淡化。从家庭而言,家长也知道在这种大环境下教育出来的孩子会沾染上各种"坏毛病",但无奈一方面长期的家庭氛围一时半会儿得不到改变,另一方面,孩子似乎也抓住了父母的"软肋"。这样使得家长在教育孩子的过程中面临着应然状态和实然状态的巨大矛盾与冲击。在这样的两难境地,很多家长将希望寄托在了学校教育上,希望通过学校教育能够使孩子具备以下几个方面的特质。

①孩子能够具备基本的生活知识、基本的生活技能,学会不断长大,不断自立,能够照顾好自己、处理好自己的事情而不是事事依赖父母。

②希望孩子能够具备生活基本的礼仪规范,成为一个"懂礼貌"的好孩子,这样孩子

---

[1] 教育部.全面深化课程改革落实立德树人根本任务[N].中国教育报,2014-06-23.

才能更好地融入社会,结交更多的朋友,受到更多人的喜爱,有更大的发展空间。

③家长更希望自己的孩子身心健康,身体正常发育、机能正常发展,有较强的体质并能掌握一定的卫生保健知识,知道如何保护、爱惜自己的身体。在心里方面能善待自己,也能善待他人,有着正常的情绪以及和谐的人格,当心里感到痛苦与烦恼时能够适时地从中摆脱。

④希望孩子能够养成良好的习惯,因为良好的习惯能给整个人生带来深远的影响。同时学生能够学会感恩,不论是父母情还是师生情、朋友情。能够有正确的人生观、世界观、价值观。

⑤希望孩子能够学好科学知识,发展自我智能,能够不断创新,学会举一反三等。

对于学生个人而言(尤其是对于小学生而言),他们更多地呈现出一种两极分化。第一种孩子指的是懂事乖巧的孩子。他们在家庭中听家长的话,在学校也认真接受教师的教导,对于这类孩子而言,此时的附属内驱力是他们的主要动机。这里所说的附属内驱力,也就是为了获得、保持家长、教师等长辈或权威人士的赞许以及认可而表现出来的努力去学习、尽自己最大的努力把工作做好的需要。这就使得孩子也希望成为家长、老师等人眼中的"好孩子",也希望在学校教育下能够让自己得到更多人的喜欢。这就需要学校给他们提供这样的教育,让他们不断朝着"好孩子"的道路前进。我们称第二种孩子为"调皮捣蛋的孩子"。对于这类孩子而言,他们受心智发展的影响还极不成熟,他们对未来的发展似乎也没有概念。对他们而言,我们所要做的不是放任自流,我们更需要通过不断的教育引导来帮助他们发展,激发他们的学习兴趣,满足他们长足发展的需要。

(三) 当代课程改革发展的需要

当前世界各国对教育强国的认识越来越深刻,对其文化软实力的建设越来越重视,这使得基础教育课程改革成为世界范围内的改革,也成了当前教育发展的一大趋势。目前发达国家的课程改革呈现出以下几种趋势:

①越来越重视价值观教育以及学生精神、态度、道德方面的发展。工业文明给西方社会带来了物质文明的同时,给人们的精神、道德方面也带来了极大的冲击,为了避免价值观的过度失落与道德的沦丧,西方发达国家越来越强调教育要帮助学生树立正确的价值观,要更好地促进学生精神、态度和道德的发展。比如英国新的国家课程目标在于帮助学生成为"自由民主"的国家公民,在课程改革中表达了对诚实、信任、真理、正义、责任感等美德的信念的高度肯定。

②强调要以基础学力为中心,提高课程标准。中小学教育是为一生发展打基础的阶段,在如今这样的学习型、信息化社会,读写算、信息素养等已经是现代人不可或缺的要素,这就要求我们不断去提高学生的基础学力,只有提高学生的基础学力,他们才能更好地开展终身学习。如美国曾经过分强调活动,忽视了基础知识的学习,在遇到一系列教育瓶颈后,逐渐开始吸取以往课程改革的经验,不断取代那些肤浅、混乱的"自助餐式"的课程,恢复严格的学术课程,强调儿童阅读能力、计算能力的提高。

③加强信息素养教育,促进课程的现代化。随着信息化社会的到来,如何从浩瀚的信息海洋中获取相关信息? 这给人们带来了巨大的挑战,也对教育提出了新的要求。一方面学校要提高其课程的现代化和科学化水平;另一方面,要培养学生基本信息能力。英国政府在这方面十分敏锐,在新的国家课程中,将之前的"信息技术"转变为"信息与交流技术(ICT)",并制订了"信息高速公路计划"来落实 ICT 教育,此外他们还提出了"人人上网、校校上网"的口号。

④尊重学生的经验,实施个性化的课程。传统教育中,相对而言更加强调课程的工具性价值,使得课程设置统一性有余而灵活性不足。

20 世纪 90 年代以后,各国的课程改革更加强调尊重学生的个性及其已有经验,从而更好地促进学生的发展。以日本为例,新的改革方案开始减少集团主义的东西在教育领域的渗透,明确提出要尊重儿童的个性,遵循儿童个性发展的原则。就小学阶段的课程设置而言,强调以生活为中心的合科课程,中学阶段同时增加了选修课的种类与课时,学生自由选择权也更大,除此之外,他们还强调因材施教和体验学习。就我国而言,想实现中华民族的伟大复兴,必须要不断改革我们的课程,具体来说可以从以下几个方面努力。第一,必须要紧跟潮流,改革我国传统教育中教师本位的做法,更加关注学生的主体地位,转向以学生为本的发展方向,把课堂更多地还给学生。只有这样才能更好地调动学生学习的积极性与主动性,改变传统教育中"满堂灌""填鸭式"的教育。第二,在继承我国传统教育中对学科基本知识和基本技能强调的同时要加强学生的道德建设与人文建设。我们的课程指向不应该只是促进学生成才,其前提是要促进学生成为一个"人"。只有这样德才兼备的人才是教育真正追求的,也是我们课程的指向。第三,课程要向更加综合化的方向发展。长期以来,我国过分强调分科课程,这使得我国课程结构有所失衡,主要表现在分科课程过多。这就要求我们应适当地打破学科壁垒,促进相关课程、融合课程、广域课程的发展,这样的课程培养出来的学生才更具有综合性思维,才能够更为全面地分析问题、解决问题。第四,课程设计时要注意内容更加生活化、社会化、实用化。学非所用是阻碍学生学习兴趣提高的一大重要因素,只有让学生深刻地发现学校学习的知识遍布于生活各处,让学生真正做到学以致用才能更好地激发学生的学习兴趣。第五,课程实现个性化与多样化的发展,只有加强课程的选择性与多样性,才能更好地满足学生个性化的需求,促进学生更好地发展。在这样一个课程改革的背景下,重庆市教科院巴蜀实验学校所制订的生活涵养课程,在发挥基本课程向学生传授基本知识、基本技能的同时,注重课程内容的生活化、实用化、社会化、综合化,通过多样、个性化的活动设计,充分调动学生学习的积极性与主动性,让学生自己动手,并将生活涵养课程目标指向"三养三育",注重加强对学生身心、情感、习惯、品格、能力、情趣等方面的培育,旨在真正做到立德树人。

五、生活涵养课程目标的概述

（一）生活涵养课程的总目标

1.总目标提出的背景

第一，重庆市教科院巴蜀实验学校是一所寄宿制学校，在校住读学生占全校学生总人数的80%以上。他们大部分的时间都是待在学校与教师、同学们一起度过的。所以对于他们而言在学校的时间要比待在家里的时间长，与教师相处的时间要比与父母、亲人相处的时间长。在这样的情况下，他们不太容易感受到由亲情所带来的温暖。但家庭教育有着其自身独特的功能，像我国著名的教育家蔡元培先生就曾经说到"家庭者，人生最初的学校也，一生之品性，所谓百变不离其宗，大抵胚胎与家庭之中"[1]。我国著名的政治家宋庆龄也曾经指出："父母是孩子的第一个老师，孩子从幼儿园到小学、中学时期，大部分是生活在家庭里，而这正是孩子们长身体、长知识，培养性格、品德，为形成世界观打基础的时期，父母的一言一行都给孩子深远的影响。"苏联著名教育家马卡连柯、日本教育家福泽谕吉等人也都提出过类似的观点，都强调家庭教育的重要性。的确，家庭教育对儿童的发展有着极其重要的影响，也有着自身独特的功能。仅从家庭教育功能变迁的视角来看，表现在以下四个方面：健康安全关护方面、学习条件保障方面、个性品质塑造方面和生活照料方面。一旦家庭教育功能缺失，孩子就会得不到完整的家庭生活的滋养，这样会对他的成长带来一定的不良影响，这就给寄宿制学校的建设发展带来了一定的挑战。一方面寄宿制学校负载着更多家庭的期望，城市中很多家长之所以把孩子放在寄宿制学校，是因为自身工作比较忙，对孩子教育所投入的精力十分有限，他们更希望由学校来帮忙管理孩子的教育与生活。另一方面有些家长长期忙于自己的工作，学生即使是在周末也见不到父母，这就使得父母与孩子之间缺少必要的情感沟通与交流，会使学生极容易形成内向的性格，长此以往会使他们越来越不愿意与别人交流，给他们之后的社会交往带来了不利的影响，这就要求学校和老师要防微杜渐，在日常教学管理中加大对学生情感关怀的力度。

第二，重庆市教科院巴蜀实验学校独生子女家庭、单亲家庭、离异家庭数量较多。就独生子女家庭而言，他们很多是"421"结构，对于这根"独苗"，家长们可谓是百般呵护、精心照料。在这样的情况下，很多孩子都自觉或不自觉地陷入了两代人、六位长辈的溺爱之中。甚至可能会出现《中国的"小皇帝"》里所描绘的场景那样："儿子夏令营是需要住在学校里，父亲半夜悄悄爬到儿子床底下守着，怕儿子掉下来。"除此之外，由于是独生子

---

[1]　邓佐君.家庭教育[M].福州：福建教育出版社，1995：115.

女,他们先天就失去了一些客观环境条件。比如他们没有兄弟姐妹,在家庭中陪伴他们的都是成年人。尤其是对于城市里的孩子来说,邻里沟通较少,因而与非独生子女相比,他们从小就缺乏玩伴。在这样的环境下成长的学生容易感到孤独,并且表现出骄横、以自我为中心的情绪。在这样一个充满溺爱、缺乏玩伴环境下长大的孩子,他们在社会化的过程当中更容易表现出娇气任性、自私冷漠、叛逆、不耐挫折、依赖性强、不合群、不团结、责任感弱、纪律性差等特点。

第三,对于单亲家庭和离异家庭的孩子来说,由于家庭结构不同程度的损伤,由原先的核心家庭变为非核心家庭,会给孩子留下不良印象和痛苦记忆。一方面孩子的抚养者,可能会因为没能给孩子一个完整的家庭而心存愧疚,把没能给孩子一个健全的家庭完全归结为自己的过错。所以与离异前相比,他们在孩子的教育问题上表现得更加小心翼翼,也会更大限度地去满足孩子的要求,尤其是在物质层面,在能力范围之内的几乎能做到有求必应,认为这样是对孩子的弥补,是对孩子爱的表现。其实这样给孩子成长带来的往往是不利影响。比如可能会让孩子更加追求享乐,与他人相处时也更容易盲目攀比,不利于他们独立性、自主性、同情心以及责任感的形成。另一方面,无论是对于单亲家庭还是对于离异家庭的孩子来说,他们只能和父母中的一方一起生活。但事实上,父亲和母亲这两种不同的角色对孩子来说所发挥的效用是不同的。单从性别特征而言,如果男孩子长期和母亲生活在一起,没有或者很少有机会感受到父爱对他的影响和引导,不利于他男性特征的形成。同样,女孩子如果长期与父亲生活在一起,缺乏母性对于其女性特征的影响与引导,也会给孩子的成长带来不利影响,甚至会让他们在人际交往中出现困惑、焦虑等。当然在性格、心理发展等方面,父亲和母亲所发挥的作用和带来的效果也是不同的。单亲、离异家庭的孩子除了面临以上两方面的问题之外,家庭结构的变动使得家庭经济由其中一方来承担,这就使得他们格外忙碌,在孩子身上投入的时间和精力有限,不能及时与孩子沟通,也很难发现孩子潜在的问题。在单亲、离异家庭成长的孩子,容易遭遇社会化和个性的发展障碍,从而形成孤僻、懦弱和不自信等性格。

第四,学校教师结构不合理。关于教师结构问题,我国学者之前就有所关注,主要关注内容体现在以下几个方面:教师学历结构不合理、教师性别结构不合理、教师年龄结构不合理以及教师学科结构不合理。教师学科结构我们关注的更多是语、数、英教师与音体、美教师结构的失调。而忽视了学校因缺少心理辅导教师而带来的结构不合理的问题。这主要是受经费不足、编制受限等多方面因素的影响,而学生心理问题具有很大的潜隐性,往往没能成功引起我们的高度重视,这就使得配置专业心理老师的问题一再被搁置。但通过国外的教育可以发现,配置一位专业心理辅导教师的成本往往比因缺乏专业教师而带来的损失小得多。随着物质生活的不断发展,道德、心理等方面的问题都变得更加严峻。尤其是对于我国而言,一方面,我们一直在不断推动产业改革,经济获得了高速发展,人们的生活发生了巨大的变化。在这样一个物质生活日益满足的今天,孩子们的心理也在悄然变化。另一方面,我们当前的教育还未实现均衡优质发展,这使得城市很多学校都面临着大班额的问题。一个班主任管着几十号学生,面对思想多样的一群孩子,班主任很难通过日常的教学管理来准确把握、预判孩子心理发展的状况。

2.生活涵养课程的总目标

受以上几个方面现实因素的影响,重庆市教科院巴蜀实验学校在某种意义上就成了寄宿学生的家,教师身具老师与"家长"双重身份,不仅负责孩子人格塑造和知识能力的培养,还需关心孩子的衣食住行等。因此,学生的培育责任更多地落在学校及老师身上。能否帮助家长养育孩子,直接关乎学校的生存和发展。因而重庆市教科院巴蜀实验学校在谋求积极发展时努力探寻在学生集体生活的这个小社会中,开设身心涵养、情感涵养、生活知识能力、生活礼仪涵养、习惯涵养等生活涵养课程。这一课程采用认知、体验、活动、实践、评价等多种形式,再现学生家庭生活、学校生活、社会生活方面的情景。因而生活涵养课程的总目标是对学生进行"三养三育",即养身心、养感情、养习惯;育品格、育能力、育情趣。强调通过对学生身心、情感、习惯、品格、能力、情趣等方面的培养,为学生今后进入社会打下坚实的基础。

总而言之,重庆市教科院巴蜀实验学校生活涵养课程的目标是基于重庆市教科院巴蜀实验学校特殊背景下提出来的,此外它也与国家的相关要求契合。其一表现在知识与技能方面,生活涵养课程开展过程中,学生能够获得有关生活各方面的基本知识与技能,其二表现在过程与方法方面,重庆市教科院巴蜀实验学校生活涵养课程以发现学习法、讲授法、讨论法、实践法等多种学习教学方法相结合的方式来开展,变传统教学中的"要我学"为"我要学",能充分调动学生学习的积极性与主动性。其三表现在情感、态度、价值观方面,生活涵养课程的开展能让学生具备良好的礼仪,养成良好的习惯,常怀感恩之心。

(二)生活涵养课程的具体目标

生活涵养课程正是重庆市教科院巴蜀实验学校在国家相关教育文件的基础上,根据自身实际情况制定出的校本课程。生活涵养课程主要通过四大板块具体实施,分别是生活技能涵养课程、生活礼仪涵养课程、身心健康涵养课程、习惯情感涵养课程。美国著名的课程论专家泰勒曾经说到"我们如果要系统地、理智地研究某一教育计划,首先必须确定所要达到的各种教育目标"。正是在此理念的指导下,重庆市教科院巴蜀实验学校这些课程都设置了各自具体的目标。[1]

1.身心健康涵养课程目标

身心健康其实包括身体的健康与心理的健康两大方面,对学生来说,只有在拥有健康的身心状态的基础上才有可能真正实现全面发展。随着时代的不断发展、社会环境的不断变化,学生的身心健康逐渐受到家长、学校、社会以及国家的关注。尤其是在发达国家,他们对学生健康教育的工作开展得较早,经验更丰富、理论体系更成熟。以与我们生活习惯、身体素质较为相同的日本为例,20世纪40年代,日本就将健康教育纳入学校教育系统中。随着时代的不断变化以及美国自然主义健康教育思想的影响,日本也在不断

---

[1] 拉尔夫·泰勒.课程与教学的基本原理[M].施良方,译.北京:人民教育出版社,1994:18.

调整健康教育的目标。在民治、大正时期，日本的健康教育更多是强调学生对个体养生、卫生知识的学习以及养成养生、卫生、锻炼的习惯；在昭和时期更加强调对学生保健实践能力的培养和对相关系统知识的掌握。此后，在1988年的《小学学习指导纲要》修订中，学校健康教育的目标得到了进一步扩充，加入了个体自身教育能力。1991年，开始从关注学生对相关健康知识的掌握转向对学生兴趣爱好的培养，强调学生对健康的思考、判断与践行能力的培养。1998—1999年，《小学学习指导纲要》进一步修订，将保健教育与体育教育融合，提出了"自我生存能力"和"自我健康管理与改善能力的培养目标"[1]。

与日本相比，我国有关健康方面的课程仍未完善。当前很多学校仅开设《体育与健康》这一门健康方面的课程，在实施过程中也是由体育教师来承担教学，有些学校甚至仅仅落实了"体育"方面的教育，还并未涉及健康层次。但重庆市教科院巴蜀实验学校寄宿学生多、家庭结构多样，这就要求我们要把握好学生身心发展的动态，尤其是心理层面，由于其具有内隐性，不容易被发现，一旦学生心理层面出现问题，所带来的影响往往是深远的、持久性的。在这样的背景下，重庆市教科院巴蜀实验学校将身心健康涵养课程的目标设置为"掌握有关身体、心理方面的基本知识，能正确认识自我、提高自主自助和自我教育能力，增强安全自我防护、调控情绪、承受挫折、适应环境的能力。保证身心健康和提高心理素质，培养积极乐观、健康向上的心理品质，使心理潜能得到充分开发，身心得以和谐可持续发展，获得健全的人格和良好的个性品质，获得健康成长和幸福生活的基础"。

2.生活技能涵养课程目标

世界上很多国家都在不断地探索生活技能教育，但由于每个国家所处的环境、青少年面临的问题不同，所制定的课程目标也有所差异。比如，美国面临的挑战主要是校园暴力、青少年酗酒、吸毒、抽烟、遭受家庭暴力等。此外，由于美国单亲妈妈、未婚妈妈较多，很多父母外出工作，孩子独自在家容易造成心理不稳定、抑郁、暴怒等。这使得美国不得不积极寻求解决的办法。在这样的背景下，美国青少年《生活技能训练》课程更多的是为危险青少年提供适应生活技能的教育计划，注重提高他们的社会心理能力。它的目标主要内容包括以下几个方面：对小学生实施相应的教育来防止其步入犯罪的道路，对中学生进行青春期相关教育，以防其吸毒，防止学生加入不良团伙做出违法行为等。总的来说，通过相关教育促进处于青春期的学生健康发展，避免学生违法犯罪。此外，像马来西亚在小学就开设了相关的生活技能课程，这已经成为4~9岁学生的必修课，该课程更多的是强调将个人创造与企业管理知识相结合。当然在这一过程一方面有助于学生积极的劳动态度（包括自力更生、生产性等）的形成；另一方面还能帮助学生获得一些关于应用科学和市场经济的知识，能帮助他们今后更好地适应社会需求。[2]

而重庆市教科院巴蜀实验学校的生活技能涵养课程是在我国大背景下以学校自身实际情况为出发点设置的。中华文化中自古便有"慈母多败儿"的训诫，但是随着人们生

---

［1］ 孙亚文，冯震.日本中小学的健康教育发展及其启示[J].外国中小学教育,2019(7):29-34.
［2］ 苏立增.美国青少年《生活技能训练》课程特点与策略[J].学科教育,2003(9):13-17+44.

育观念的改变,现在很多家庭只有一两个孩子,这些孩子就成了家里的"小宝贝儿",从小到大都在一种比较安逸的环境中长大。尤其是城市中的学生,他们不用干农活,顶多是帮助父母扫地、擦桌椅。在这样的环境下长大的孩子有些甚至从未见过辣椒树、西瓜藤,不辨菽麦,他们无法感受别人所说的劳动的艰辛。尤其重庆市教科院巴蜀实验学校位于城区,学生家庭条件普遍较好,这种表现更为突出。因而重庆市教科院巴蜀实验学校在生活技能涵养这一方面制定了如下目标:"掌握与日常生活相关的基本知识与技能,提高生活技能素养和劳动素养,促进良好的劳动习惯和积极的劳动态度的形成,明白'生活靠劳动创造,人生也靠劳动创造'的道理,培养勤奋学习、自觉劳动、勇于创造的精神,为其终身发展和人生幸福奠定基础。"

3.生活礼仪涵养课程目标

五千年的中华文化积淀出中国独特的礼仪,使我国成为远近闻名的"礼仪之邦"。现今,各国都十分重视本国优秀文化传统的继承与发扬。礼仪教育也极受重视。日本在1872年颁布的《小学生须知》中就提出学生要具备基本的礼仪、礼貌与规矩。1883年进一步颁布了《小学礼节规矩》,这份文件对礼仪规则的描述相当详尽,以至于至今仍被沿用。韩国也在不断加强本国的礼仪教育,1968年开设了"国民伦理"这一公共课。1973年的课程改革当中进一步调整了中小学德育课程,强调在中小学设置"道德课",这一课程的首要目标就是强调要让学生理解日常生活中必要的礼节与相关道德规定。除此之外,新加坡也十分重视文明礼貌的教育作用,提出在家庭、学校、工作场所和街道上如何讲礼貌的问题,新加坡还专门印发了《礼貌手册》,旨在给人们提供相应的指导。当前,我国很多学校并未在生活礼仪上给予学生规范的指导,认为这是家庭应当担负的责任。不可否认,家庭教育对学生在生活礼仪形成方面扮演着重要的角色,但是学校自身指导、教育也是不可或缺的。尤其是一些学生家长自身不具备生活礼仪的知识,甚至是自身行为就存在不规范、有悖礼仪要求的情况下,就更需要学校发挥自身作用。重庆市教科院巴蜀实验学校生活礼仪课程正是想通过发挥学校的作用让学生成为中国的"名片",进一步彰显中国礼仪大邦的风范。为此重庆市教科院巴蜀实验学校生活礼仪涵养课程设置了如下目标:了解文明礼仪的基本知识与内容,懂得文明礼仪是个人文化、艺术、道德、思想等修养的表现形式,是人们完善自我、与人交往的行为规范与准则。掌握基本的谈吐、举止、服饰等个人礼仪,以及在家庭、校园、公共场所等社会生活领域的交往礼仪,养成文明礼貌的行为习惯,做优雅大方、豁达乐观、明礼诚信的合格公民。

4.习惯情感涵养课程的目标

习惯养成教育与情感教育是密不可分的,良好习惯教育是推进立德树人和素质教育的重要抓手。就习惯方面的教育,国内外很多教育家都提出了自己的看法。孔子曾说:"少成若天性,习惯如自然。"古希腊哲人曾经提出"德是表现在行为上的习惯"。著名的教育家叶圣陶曾说过:"什么是教育?简单一句话,就是养成良好的习惯。"俄国教育家乌申斯基也曾说:"任何一种习惯都是反射行为,行为的习惯性有多深,它的反射性就有多大。"总的来说,这些教育家都强调了良好习惯对人发展的重要性。其实对于习惯情感教育方面的工作,我国在20世纪80年代就开始重视。1988年12月,我国发布了《关于改革和加强中小学德育工作的通知》,该通知就明确提出了相关要求:"中小学教育阶段是青少年儿童长身体、长知识的时期,是对他们进行道德情操、心理品质和行为习惯养成教育的最佳时期。"在当今时代,一方面,人们的物质生活越来越丰富,这给道德情感培育工作带来了一定的挑战,另一方面,在全球化浪潮之下,西方生活方式、行为习惯的涌入也给习惯养成教育带来了一定的冲击。从某种意义上说,家庭是学生的第一所学校,家长是学生的第一任教师。家庭教育在人一生的发展过程中起着基础性作用。家庭对儿童习惯、情感的养成起着非常重要的作用,但是对于重庆市教科院巴蜀实验学校这样的寄宿制学校来讲,需要承担很大一部分责任,这是由家庭教育的错位与失位引起的。一方面,学生长期住宿,与家长联系减少;另一方面,随着生产生活方式的转变,很多家长工作很忙,把孩子交给祖辈教育,这样的"隔代教育"带来了父母家庭教育的错位。为了更好地促进学生良好行为习惯的养成和道德情感的培育,重庆市教科院巴蜀实验学校习惯情感涵养课程确立了如下目标:增强爱国情感,弘扬和培育以爱国主义为核心的民族精神,从小树立民族自尊心、自信心和自豪感。确立远大志向,树立和培育正确的理想信念,为担负起建设祖国、振兴中华的光荣使命做好准备。规范行为习惯,培养良好道德品质和文明行为,懂得为人做事的基本道理,学会处理人与人、人与社会、人与自然等基本关系。提高基本素质,培育学生创造意识、效率意识、环境意识和进取精神、科学精神以及民主法制观念,保持蓬勃朝气、旺盛活力和昂扬向上的精神状态,勤奋学习、大胆实践、勇于创造。

当然,重庆市教科院巴蜀实验学校生活涵养课程这四大板块并非是绝对孤立单一的,它们各自在具体实施过程中都可以达到多方面的育人功能,只是在目标设置时有所侧重。生活技能涵养课程的基本功能是向学生传授生活的基本知识与技能,但在这一过程中它兼具培养学生对生活的热爱、对广大劳动人民的尊重与感恩,形成吃苦耐劳的精神等。

(三)生活涵养课程目标的特点

1.整体性

生活涵养课程的目标具有整体性的特点,从整体上来看,生活涵养课程目标是指"三养三育",即养身心、养感情、养习惯;育品格、育能力、育情趣。这里的"三养三育"的内容不是彼此孤立而是相互关联的。

从生活涵养课程的具体目标来看,生活技能涵养课程旨在通过相关活动,提高学生的生活素养和劳动素养。在重庆市教科院巴蜀实验学校生活技能课程中,会让低年级学生认识和了解蔬菜,并开展相关种植活动。在这样的活动中,学生不仅会获得生活、劳动知识,还会在种植蔬菜时感受到农民伯伯劳作的艰辛,真正明白"谁知盘中餐,粒粒皆辛苦"这句诗的深层含义,除此之外,还能让他们更加珍惜现在的学习机会,在学习过程中更加努力,在开展生活技能涵养课程的同时,对他们进行了习惯、情感等方面的教育。生活礼仪涵养课程的目标旨在让学生了解、掌握各种基本的文明礼仪。当学生有较好的个人礼仪以及家庭、校园、公共场所等社会生活领域的交往礼仪,能够更好地与他人、社会相处,其实也进一步促进了学生身心的健康发展。作为社会的一员,不可能脱离于社会而存在。总的来说,生活技能涵养课程、身心健康涵养课程、生活礼仪涵养课程、习惯情感涵养课程各自的目标并不是孤立分离的,而是相互渗透、相互影响的,这就使生活涵养课程的目标具有明显的整体性。

2. 层次性

生活涵养课程的目标具有层次性的特点,这是指技能与情感的目标需要在相关知识的基础上形成。当前很多人对校本课程存在一定的误解,认为学校原有的正式课程过于强调学生在知识技能方面的学习,开设校本课程是调节学生的学习,似乎把校本课程当成了一门“玩”的课程,它最大的作用是给学生枯燥的学习生活带来了乐趣。事实并非如此,校本课程不是不需要学习相关知识,相反在制定校本课程目标时,知识与技能相当重要,如果在这门课程结束时,学生并没有达到课程目标中对知识技能层次的要求,就代表这门课并没有达到预期效果,仍然需要不断完善和改进。重庆市教科院巴蜀实验学校在制定生活涵养课程目标时,就关注学生相关知识的获得,这一特点主要体现在生活涵养课程的具体目标中。重庆市教科院巴蜀实验学校的生活技能涵养课程的目标:掌握相关身心健康的知识和一些基本运动的技能技巧,增强体质,提高心理素质,使心理潜能得以充分开发,促进身心和谐可持续发展,学会正确认识自我,提高自主自助和自我教育能力,形成健全的人格和良好的个性品质。这一目标的制定就是强调学生在获得一定知识的基础之上,学会一些基本的运动技能,并能养成良好的锻炼习惯,让他们爱上运动的同时获得心理、人格等方面的发展。

从这里我们可以窥探出,重庆市教科院巴蜀实验学校在制定生活涵养课程目标时,是从知识技能、过程方法、情感态度价值观三个维度来综合考量的,旨在通过这一课程培养、发展学生的核心素养,促进他们全面发展。

3. 连续性

生活涵养课程的目标具有连续性的特点。这里的连续性是指高年级目标是低年级目标的深化和发展。重庆市教科院巴蜀实验学校在制定生活涵养课程目标时表现出的连续性的特点,其实是以人身心发展的特点为依据的。概括地说,身心发展具有以下几个方面的特点:第一,人身心发展具有顺序性,顺序性是指人随着年龄增长表现出来的一种顺序性,它体现出了个体从量变到质变、从低级到高级的一种发展规律。这就要求我们要做到“学不躐等”,按照学生发展的顺序来制定课程目标。第二,身心发展具有阶段性,因而在发展的不同阶段生理与心理都呈现出不同的典型特点。这就要求学生发展到哪个阶段我们就要在哪个阶段进行教育。第三,身心发展具有不均衡性。这里的不均衡性主要是指身心发展速度的不均衡。一方面,在不同年龄阶段某一方面发展是不均衡的。另一方面,在不同年龄阶段、不同方面身心发展也表现出不均衡的特点。这就要求我们要抓住孩子发展的关键期,在最适当的时候给予最恰当的教育。要想真正做好教育,真正实现课程的目标,我们必须遵循身心发展的规律。重庆市教科院巴蜀实验学校的生活涵养课程正是在这一理念的指导下设置的课程目标,因而在整体上课程目标具有连续性的特点。

4.积累性

重庆市教科院巴蜀实验学校生活涵养课程目标具有积累性的特点。这里的积累性是指没有低年级的积累,就很难达到高年级的课程目标。先秦时代荀子便在《劝学》中提到"不积跬步,无以至千里;不积小流,无以成江海。骐骥一跃,不能十步;驽马十驾,功在不舍"。其实不管是学生学习、教师教学还是学校课程目标的设置等都是如此。只有一步步地积累,才能达到最后的目标。所以重庆市教科院巴蜀实验学校在制定生活涵养课程目标时,就是从低到高,高年级的课程目标是在低年级长期积累的基础上制定出来的。比如重庆市教科院巴蜀实验学校的习惯情感涵养课程的目标是帮助学生形成良好的行为习惯,增强他们的爱国情感,弘扬和培育以爱国主义为核心的民族精神,从小树立民族自尊心、自信心和自豪感。如果学生达到对中华民族有着强烈的自信心与自豪感这一目标,其实是由于在较低年级的时候,通过多种形式的教育活动让他们对国家有了更深刻的认识,自身的爱国情感日益深厚,是在日积月累当中逐渐形成的。

六、生活涵养课程目标的独特之处

(一) 当前其他学校类似的课程目标

2001 年 7 月 27 日,我国教育部正式颁布了《基础教育课程改革纲要(试行)》(以下简称《纲要》)。《纲要》在第七部分对课程管理做出了相关规定:教育部总体规划基础教育课程,制定基础教育课程管理政策,确定国家课程门类和课时。制定国家课程标准,积极试行新的课程评价制度。省级教育行政部门依据国家课程管理政策和本地实际情况,制订本省(自治区、直辖市)实施国家课程的计划,规划地方课程,报教育部备案并组织实施。经教育部批准,省级教育行政部门可单独制定本省(自治区、直辖市)范围内使用的课程计划和课程标准。学校在执行国家课程和地方课程的同时,应视当地社会、经济发展的具体情况,结合本校的传统和优势、学生的兴趣和需要,开发或选用适合本校的课程。各级教育行政部门要对课程的实施和开发进行指导和监督,学校有权力和责任反映在实施国家课程和地方课程中所遇到的问题。这一政策的实施能够更好地促进课程适应不同地区、学校、学生的要求,自此之后也开启了校本课程开发的浪潮。

在校本课程的实际开发、实施过程中,其实也暴露出了很多问题,主要表现在以下几个方面:

(1)课程目标设置不明确。美国著名的课程论专家泰勒在 1949 年出版的《课程与教学的基本原理》一书,是迄今为止课程领域最有影响力的著作之一,被奉为"现代课程理论的'圣经'"。泰勒在书中提出课程编制的四个步骤:确定目标、选择经验、组织经验、评价结果,其中目标的确定又最为关键,其他步骤都是围绕着目标来展开的。从这里我们就可以窥探一个合理目标的制定对整个课程是极其重要的。但是现实中,在课程目标制定上很多学校容易出现这样那样的问题,其中最突出的问题是课程目标制定得不明确。

缺乏明确的课程目标就容易使教学环节中出现内容重叠、内容遗漏等,使课程实施过程困难重重,效果大打折扣,很难达到预先设定的目标。

(2)课程目标设计缺乏对学生的研究。很多学校在制定相关课程目标时,表现出对学生研究的重视程度不够。更多是从学校、教师、课程实施便利性出发,而不是从学生发展的角度去制定目标。这就使最终设置的目标存在两方面的问题。一方面就是所设置的目标脱离学生实际情况,如某校教师发现低年级的大部分学生在饮食上不注重营养搭配,着重表现在不爱吃水果。为了引导学生养成良好的饮食习惯,更加关注身体健康,于是,在《遇见家乡的美食》这样的校本课程中,为低年级儿童设置了以下的课程目标:①知识与技能上:认识生活中常见的水果,能正确地读出水果的名称,能写出一些简单笔画的水果名。②过程与方法上,通过查阅相关资料、小组进行交流讨论、自主探究的方法增加对水果功效的了解。③情感态度价值观上,增强对热爱生命、热爱自然的情感。从上述案例中可以看到,学校和教师在设计教学活动计划时,虽然在形式与内容上尽量按照国家提出的三维课程的要求来呈现,但是目标制定忘记了本次活动的最初目的,也就是改变本校一年级学生不爱吃水果的现状,帮助他们加深对水果的有关认识,让他们爱吃水果,形成良好的饮食习惯。另外一方面就是设置的课程目标不能立足于学生的长足发展。随着时代的不断发展,教育观、教师观、学生观都发生了这样或那样的变化。但在实际校本课程目标设置时,很多学校仍会在观念上出现偏差。有些学校设置校本课程时仍以"学生分数的提高"为首要目的。比如受德国节目《Super Brain》的影响,我国江苏卫视推出的大型科学类真人秀电视节目《最强大脑》。有些学校以此为依据开设了"锻炼记忆术"的校本课程。课程目标指向学会一些记忆术,提高自身的记忆能力,并学会将相关的记忆术融入英语、语文和数学等学科的学习中。其实设置这样的课程目标,最终指向的就是学生学习语文、数学、英语等其他科目时,能够更好地运用相关记忆术来记住学习内容,提高学习成绩。而事实上,我们设置校本课程的最初目的主要是想通过校本课程来增强课程的针对性,满足学生个性发展的需要,并在一定程度上促进教师的专业发展,帮助学校形成自身独特的文化。校本课程的目标最主要的指向也是为了学生的发展,而不是学生的成绩。

(二)生活涵养课程目标的独特之处

与其他学校的校本课程一样,重庆市教科院巴蜀实验学校的生活涵养课程的目标也是以整个国家的教育目标为基准的。在强调以国家教育目的为依托的同时,根据重庆市教科院巴蜀实验学校具体情况开设相关课程,以增强课程的适应性、适切性,促进学生个性化发展。以重庆市教科院巴蜀实验学校生活涵养课程的目标制定而言,具有以下几个方面的特点。

1.在基础教育与学生长足发展上谋求平衡

20世纪80年代,我国提出了素质教育,尤其是近几年来越来越重视对学生的素质教育,素质教育的理念逐渐深入人心。与此同时,有一些人对素质教育有了一些错误解读,他们把素质教育当作一种额外的教育,把它与知识教育、考试完全对立起来,认为素质教育是在推翻当前教育前提条件下另起炉灶。受其影响,一些学校在校本课程开发以及相关校本课程目标制定时,出现了偏差。比如有一些学校开发了"陶泥课",并将这门课程的目标制定为:能够用陶泥捏出一些构造简单的动物(小猪)和简单的生活用具(碗、杯子)等,通过实际操作增强学生的动手能力、创造能力,让孩子们在"玩泥巴"的过程中感受到乐趣,让他们在实践中感受到自己的双手是可以创造美的,激发他们热爱生活、热爱劳动。通过这一校本课程的目标我们可以明显发现,目标制定者强调学生简单技能的获得、动手能力的培养和情感的陶冶,但是却忽视了学生相关知识与技能的获得。而中国是陶瓷的故乡,陶瓷艺术是中国劳动人民对世界的一种贡献,在不同时代,我国的陶瓷艺术有着不同的特色与装饰。比如,秦汉时期的陶瓷更多表现出的是雄浑大气;唐朝时期陶瓷更多彰显的是富贵与华丽的态势;宋代流露出的是淡淡的清雅;元代展现的是满满的异域风情,清代则更倾向于繁缛精细。这其实蕴含着丰富的教学素材,通过瓷器表现艺术、色彩运用、形状造型等,都可以窥探出当时的政治、经济、文化的样貌。其实教师完全能在教学过程中进行知识的传授,让学生在活动中、在愉快的心情中了解中国历史、了解中国文化,激发他们的民族自豪感。通过这样的方式不仅能使这门课程的形式更加多样、内容更加丰富、收效更加多元,同时也能促进学科的融合,使学生能够将历史、语文、美术、道德等课程中学到的知识融会贯通。这样的课程目标能够调动学生学习的积极性与主动性,有助于学生真正实现全面发展。

重庆市教科院巴蜀实验学校的生活涵养课程在设置之初就被认为素质教育、应试教育并不是处于一种完全分离、完全隔断的状态。应试教育使中学生能够在较短的时间内获取大量结构化、系统化的知识,这是十分高效的一种方式,但是同时,它也打击了学生学习的积极性与主动性,学生主体地位被忽略,他们更像接受知识的容器。而素质教育在关注学生发展的同时强调学生基本知识的积累,因为基础教育是人一生发展的基石,只有筑牢基础知识,学生才能在今后的社会生活中看得更多、走得更远。因而重庆市教科院巴蜀实验学校在设置生活涵养课程的目标时,关注学生基础知识的学习,同时强调学习方式、学习理念等多方位的转变,在学生基础知识的学习与学生长足发展之间谋求平衡。

2.在全面性与实用性上谋求平衡

随着工业的不断发展,西方社会传统教育的弊端不断显现。就课程设置而言,传统教育将课程划分为两大板块:人文学科和自然学科。它们是一个独立的系统所呈现出的一种相互分离的状态。在这种状态下,儿童的心理与物质、经验与理论都是相互对立的,相互之间并没有产生联系。就课程目标设置而言,更多侧重于学生对书本知识的掌握,不注重对学生解决现实问题能力的培养。这使得课程以及教学都不能引起学生的学习兴趣,学生所学到的课本知识脱离了他们实际生活的需要,他们也很难将所学到的知识运用到实际生活中去。在社会面临转型时而传统教育却千疮百孔,满足不了人们的需求。在这样的背景下,美国著名哲学家、教育家杜威创立了实用主义教育体系。在实用主义教育思想的影响下,课程的设置更加强调与实际生活相联系,课程目标更加关注实用价值,强调培养对社会有用的人才,强调学生解决实际问题能力的培养等。

课程目标在设置时,需要将全面性与实用性相结合,不仅要注重学生全面的发展,也要注重学生解决实际问题能力的培养。我国在制定相关课程目标时是比较注重促进学生全面发展的,这主要是受以下两个因素的影响:第一,我国是世界上最大的社会主义国家,在迈进社会主义的过程当中深受马克思思想的影响。从教育来说,马克思提出的全面发展观一直是受我们关注的,也是课程目标致力于去培养的。第二,在新中国建立初期,国家经济相对落后。在当时,我国的教育方针就是学习苏联经验,自此以后,苏联对我国教育产生了巨大的影响,从最初凯洛夫的教育学到之后苏霍姆林斯基的全面和谐发展,我国教育一直在不断地学习。因此,在校本课程目标的制定过程中,就会出现上述现象,注重促进学生的全面发展。在此期间,我们却忽视了课程的实用性。因此在制定校本课程目标时很多学校未将学生解决实际问题的能力作为培养目标之一。当今社会是一个现代化、全球化、多元化的社会,所采用的选拔人才的标准不以知识的储备量来衡量,而更多的是考查一个人发现问题、分析问题、解决问题的能力。

重庆市教科院巴蜀实验学校的生活涵养课程正是在生活教育理论的指导下而制定的,我们强调教育不是要把学生关进一座象牙塔,而是要在一定程度上回归生活。因此,在制定生活涵养课程目标的过程中,我们就格外关注学生解决现实问题能力的培养,力求在促进学生全面发展与实际运用方面谋求平衡。

3.在传统文化与现代学生观之间谋求平衡

中华文化博大精深、源远流长,的确经过五千年的历史积淀,我国的文化具有自己的特色。传统文化既有精华又有糟粕。就教育而言,我们取其精华,去其糟粕,继承、发扬优秀的传统文化,同时时代在不断发展,西方文化在不断流入,传统文化与现代文化也在相互激荡。就教育而言,在传统教育中,我们强调"尊师重教",重视教师的地位。现代我们树立了新型的学生观,认为学生具备以下基本特点:第一,学生是主体性的人。古希腊著名哲学家苏格拉底曾经说道"认识你自己",这让人们逐渐关注人的主体性。而对于教育来说,学生直接参与到教育过程当中,是教育过程中的主体,在整个教育过程中他们能够表现出自主性、能动性、创造性的特征。第二,学生是发展性的人。"人是一个未完成的动物,并且只有通过经常的学习,才能善待自己"。[1]

学生的发展并非是一种静态的发展,而是强调一种动态的、潜在的发展。既然学生是永远处在发展的过程当中的,那么他们的未来自然也是有无限可能的。第三,学生是整体性的人。《学会生存》当中曾提到"把一个人在体力、智力、情绪、伦理各方面的因素综合起来,使他成为一个完善的人,这是对教育目的的一个广义的界说"。这强调了学生的完整性。那么对于教育而言就不能把学生进行分解,不是只关注他单方面的发展,而是要促进学生全面发展、身心统一的发展。第四,学生是个性化的人,就像我们所说的"世界上没有两片完全相同的树叶",每一个学生都是独立的个体。"儿童是各不相同的,

---

[1]　联合国教科文组织国际教育发展委员会.学会生存:教育世界的今天和明天[M].北京:教育科学出版社,1996.

其不同程度远远超过了我们至今所能认识到的。儿童是很难对付的,他们不会同样地成长起来"。他们在兴趣、爱好、特长、个性、知识水平、学习方式等方面各具特征。[1] 在这样一个相互冲击的文化中,很多学校在设置课程目标时要么仍是把学生放在被动的位置上,强调他们对知识的接受;要么强调学生高度的自主权,一切都根据学生来。其实在设置课程目标时我们要关注学生的主体性,但同时我们也要看到教师的引导性。一个想要全方位体现学生自主权的课程目标是很难实现系统化、科学化的教学,也很难获得较高的收益。重庆市教科院巴蜀实验学校生活涵养课程在相关课程目标设置时,力求在传统文化与现代学生观之间谋求平衡。

除了以上三方面之外,重庆市教科院巴蜀实验学校生活涵养课程还力求在现实性与科学性、合理性之间谋求平衡。随着课程管理模式的不断变革、课程管理权限的不断下放,当前我国很多学校都开发、设计了自己的校本课程。但正如前面提到的那样,很多学校设计出来的课程目标存在着这样或那样的问题。其中最突出的表现就是,很多学校在设置课程目标时,强调课程实施的便利性而忽视了课程目的的合理性与科学性要求。更为严重的是,有些学校在制定相关校本课程目的时,只是简单地套用他校的实践模板,制定出来的目标假、大、空,脱离本校实际。为了避免此类情况的发生,重庆市教科院巴蜀实验学校在这制定课程生活涵养目标时,以国家的教育目的为依托,仔细分析重庆市教科院巴蜀实验学校的具体情况,不断了解国家、社会、家庭、学生个体等多方面的现实需求。在现实基本情况的基础上,力求制定出的课程目标是科学的、合理的。

[1] 郑利霞.新课程背景下的现代学生观[J].天津师范大学学报:基础教育版,2007(4):56-59.

第四章　城市寄宿制中小学
　　　　生活涵养课程内容

在校本课程开发中,"选择什么样的课程内容",是必须思考的问题,因为课程内容选择的恰当与否和课程目标的实现、课程实施的有效性等密切相关。本章主要从生活涵养课程内容选择的标准、课程内容选择与组织的原则、课程内容组织与活动的形式出发,并通过相关课例的展示来具体论述重庆市教科院巴蜀实验学校生活涵养课程的内容。

一、生活涵养课程内容选择的标准

在校本课程开发的过程中,需要做出很多决策。这些决策并非是随心所欲作出的,而是需要经过不断地深入思考。就校本课程内容的确立而言就涉及很多问题。比如,校本课程的内容究竟如何选择? 为什么要将这些内容编入校本课程,它是否有存在的必要? 又是否具有科学性与合理性? 我们又该以何种方式去组织这些内容? 什么样的呈现方式才是最合理的? 就重庆市教科院巴蜀实验学校开发的生活涵养课程而言,在内容选择上也经过了反复思考,主要遵循了以下标准。

(一) 合法性与科学性

首先,从课程内容的合法性来说,大卫·G.阿姆斯特朗在《当代课程论》一书中,对课程内容的选择、排序、组织以及优先性处理方面有详细的论述,他认为,"合法性、重要性、真实性、适合学生特点、教师背景是应当考虑的课程内容的选择标准"。[1] 我们所强调的"合法性"中的"法"指的是"相关的法律规定",合法就是强调要符合国家的相关法律的要求及规定。就我国而言,"教育必须为社会主义现代化建设服务,必须与生产劳动相结合,培养德、智、体全面发展的社会主义事业的建设者和接班人"。这是教育的一大方针,在这一方针的指导下,"培养德、智、体等全面发展的社会主义事业的建设者和接班人"就是我国教育目的所在。校本课程在目标制定、内容选择上是遵循我国总体教育方针、教育目的的指导。但是需要强调的是"合法"并不是"合法性",这是两个不同的概念,也有着自身不同的意义。其具体表现在三个方面,第一,从词义分析上来说,"合法性"指的是社会意识形态、政治性、社会性以及文化性的综合体现,是一个具有相对意义的概念。第二,从价值上来说,"合法性"不仅是指向社会的法律和规章制度,而且是指向意义更为广阔的社会意识形态和价值观念领域。第三,从相关条件上来看,"合法性"虽然与"合法"两者都强调一定的强制性,但是前者的强制是需要建立在公意的基础上的。[2] 因而这里所强调的课程内容的合法性并不是人们所理解的"合法",而是社会意

---

[1] 大卫·G.阿姆斯特朗.当代课程论[M].陈晓端,译.北京:中国轻工业出版社,2007.
[2] 姜俊和.美国中小学课程知识的合法性研究[D].长春:东北师范大学,2012.

识形态、文化等多方面的综合表现。其次，从课程内容的科学性来说，这里的科学性主要涉及两个方面。一方面，课程内容的选择是基于一定事实之上的，不能违背科学事实。只有在对的时间给对的人授予对的知识才能达到教育效果的最大化。真理永远只有一个，在教育内容选择时，只有紧紧地依靠科学性，教会学生不断探索真理，才能培养出真正的有用之才。另一方面，课程内容的科学性，要求在学生学习课程内容时，学校、教师等要认真保障课程实施的条件，比如，根据具体的课程内容合理设置班级规模，保证所使用的教具的合理性等。

确保课程的合法性与科学性是一门优秀校本课程的必备内容，重庆市教科院巴蜀实验学校生活涵养课程在内容选择上也是紧紧围绕着这一标准。随着中国的高速发展，很多问题也接踵而至，比如，一些居心叵测的人通过操控相关课程内容，来宣传其他意识形态等，这给文化、教育以及国家的长远发展带来了巨大的挑战。因而重庆市教科院巴蜀实验学校在课程内容选择上严格把关，把握课程的合法性，并在合法性的基础上，通过科学地选择课程内容来发展学生多方面的素质。比如，在身心健康涵养课程中，为了确保课程内容的科学性真正做到有据可依，我们参考了《健康教育学》《青少年心理发展》《体育与健康》《饮食与健康》等书籍。学校教师积极探讨，不断修改课程内容，并在内容框架构建完成时，让专业人士做相关点评，旨在确保课程内容能真正促进学生的身心健康，成为现代社会所需要的高素质人才。

（二）课程内容要兼具基础性与有效性

首先，中小学教育本来就是基础性教育，这就要求我们一定要在中小学阶段做好基础性教育工作，遵循学生身心发展规律，同时也要符合教育的规律。本书所提到的基础性包括知识的基础性和基础性的知识两个方面。正如上一章中所提到的，人身心发展具有一定规律性，主要表现为顺序性、阶段性、差异性、不均衡性。教育要顺应人身心发展的规律，需做到以下几点：第一，要循序渐进地促进人的发展，帮助他们更好地从低一级向高一级实现过渡和发展，真正做到"学不躐等"；第二，要抓住儿童发展的关键期，在适当的时间给予他们最适当的教育，以期达到最佳的教育效果，真正实现"事半功倍"；第三，教育要考虑到个体发展的差异，真正做到因材施教。我们在基础教育阶段的课程开发过程中不能拔苗助长，要求学生掌握好那些高深、变幻莫测的知识，要立足于他们发展的实际情况，注重知识的基础性。

随着教育改革的不断推进，人们的教育观念与教育需求都发生了巨大的变化。但是在这一过程中很多人对应试教育、高考制度、基础性知识的学习等产生了一定的误解，认为它们就是素质教育的对立面，是旧时代的产物，是糟粕。但事实上，它们之间更多的是继承发展的关系，素质教育并不意味着不需要学习基础性的知识，而更多的是在学什么的基础上强调怎么学，以何种方式学。在基础教育阶段，要想开设一门成功的校本课程，要注重基础性知识的获得。课程内容的选择要遵循有效性原则，这里的有效性是指，课程内容不仅要反映学科最基本的理念与思考方式，还要反映出探究的精神与方法。课程内容不是将一大堆零散的知识堆积在一起，也不是一个个孤立事实的汇集，而是学生生存发展过程中所必备的内容。

现代社会是一个终身学习的社会,知识更新速度特别快,因而所需要的并不是灌输知识的容器,而是需要具备一定思维能力、学习能力以及探究与创造能力的学习者。只有这样的学习者才能做到"以不变应万变"。古人云:"授人以鱼不如授人以渔",其实教育也是如此,只不过更加强调"授人以鱼且授人以渔",也就是,在教会学生基本知识与基本技能的同时,还要教会学生知识背后的原理、学习的方法等。因为单纯的知识是有限的,只有能力才是"取之不竭,用之不尽"的。重庆市教科院巴蜀实验学校在选择生活涵养课程内容时,在强调课程内容的基础性的同时强调了课程要具备有效性,让学生学到基本知识、基本技能的同时,能够获得更多思维的能力、学习的能力,发现问题、解决问题的能力。

(三)内容要适应学生的兴趣与需求

学生的学习兴趣问题,自古就有很多大家们表达了自己的看法。法国十八世纪启蒙思想家、哲学家、教育家、文学家卢梭就在《爱弥儿》中表达了他对兴趣作用的重视,他认为对于那些正处在少年期的孩子来说,"培养他有爱好学问的兴趣,而且在这种兴趣充分被激发的时候,教他以研究学问的方法。毫无疑问,这是所有一切良好教育的一个基本原则"[1],卢梭强调要先培养学习者的兴趣,然后在此基础上再传授一些知识与方法。德国著名的哲学家、心理学家赫尔巴特在他的《普通教育学》中对兴趣也做出了系统的、深入的探究,并最终形成了兴趣学说体系。这本书中赫尔巴特对兴趣进行了划分(他把兴趣划分为 5 种两类,这 5 种兴趣分别是:经验的兴趣、思辨的兴趣、审美的兴趣、社会的兴趣以及宗教的兴趣。两类兴趣分别是:知识的兴趣与社会交往的兴趣),并对教育者提出了要求,他认为教育者要认识到兴趣对于教育教学的价值。此外,他还提到了人的兴趣是多样的,要根据学生多方面的兴趣来设置学科。[2]捷克著名的民主主义教育家夸美纽斯在《大教学论》中指出,在教育孩子时,我们是不能强迫他们学习的,而是要"运用一切可能的方式把孩子们的求知与求学的欲望激发起来"[3]。他还将学习比作饮食:"假如一个人没有食欲,却又被迫去吃食物,结果只能是疾病与呕吐,至少也是不消化、不痛快的。反之,假如一个人饿了,他就急于吃食物,可以立刻把食物加以消化,容易把它们变成血肉。"[4]美国著名哲学家、教育家、心理学家约翰·杜威多次提到了学习者兴趣激发的问题,比如他在《教育的兴趣与努力》一书中论述了"兴趣在教育理论中的地位"[5]。在《我的教育信条》中,他就强调教育工作者要细心地观察儿童的兴趣,并认为儿童的本能兴趣是教育的素材,儿童的能力是教育的起点。[6]除此之外,在《民主主义与教育》的第十一章"兴趣和训练"中专门阐述了兴趣观念对于教育的重要性,"承认兴趣在有教育意

[1] 卢梭.爱弥儿[M].李业业,熊剑秋,译.北京:人民教育出版社,2001:223.
[2][3][4] 夸美纽斯.大教学论[M].傅任敢,译.北京:教育科学出版社,2014:83.
[5] 吕达,刘立德,邹海燕.杜威教育文集(第一卷)[M].北京:人民教育出版社,2008:198.
[6] 吕达,刘立德,邹海燕.杜威教育文集(第一卷)[M].北京:人民教育出版社,2008:13-14.

义的发展中的能动地位,其价值在于使我们能考虑每一个儿童的特殊能力、需要和爱好"。就我国而言,在两千多年前,孔子就在《论语》中提出了:"知之者不如好之者,好之者不如乐之者",还有朱熹的"教人未见趣,必不乐学"。除此之外,像梁启超所作的《学问之趣味》,朱光潜的《谈趣味》,胡适的《教育学生培养兴趣》中都谈到了"兴趣的问题"。中外大家们有关兴趣问题的论述,都反映了兴趣的重要性。的确,学生的学习兴趣会在很大程度上影响他们的学习效果。因为学习兴趣作为个体内部产生的一种学习心理需求,能够指引甚至是驱使学习者产生学习的动机,克服学习中的困难,形成孜孜不倦的学习态度。重庆市教科院巴蜀实验学校在选择生活涵养课程的内容时,就在不断地思考"这是否能激发起学生的学习兴趣?"把学生的兴趣作为课程的生长点。关于学生需求的问题,无论选择什么样的课程,最基本的还是考虑学生的生理、心理,以及现实生活各方面的需求。

学生的兴趣与需求是课程内容选择必须考虑的问题,课程内容的选择与课程最初制定的目标是密不可分的,因为在一定程度上课程内容的确立是以课程目标为指导的。就重庆市教科院巴蜀实验学校的生活涵养课程而言,为了增强课程的趣味性以及满足学生的相关需求,我们在制定课程目标时紧紧抓住现实依据,不断剖析各方面的需求,并在内容中添加了活动、小组合作、问题探讨、动手实践等形式,以此来提高学生学习的积极性与主动性,提高学生的参与度,让他们的学习兴趣得到充分的激发。

(四) 内容要兼具现实性与重要性

首先,这里所说的课程内容的现实性是指,课程内容不能脱离实际。传统教育中更多强调的是"知"而非"行",更多注重的是"理论"而非"实践"。随着传统教育弊端的不断显现,很多教育家开始尝试新的方式。比如,在20世纪初,杜威就提出了"活动课程""做中学",强调课程内容应该与实际生活相联系,应根据社会的需要来选择,试图对传统教育"闭门静坐读书"进行修正。但是正如同唐·张说《吊陈司马书》:"矫枉过中,斯害也已。"杜威所提倡的活动教学等又走入了另一种极端,使学生科学知识储备不足,影响了发展的后劲,致使教育质量下降。所以不管是传统教育的"死读"还是之后的"只动"都是过于极端的行为。学生的发展需要一定的直接经验为基础,同时也需要不断去获得间接经验。直接经验与间接经验的关系是辩证统一的,只有两者很好地结合才能促进学生的发展。因而在处理课程内容的现实问题上,强调课程内容与社会实践相一致,但这种一致性绝对不是简单地照镜子,不是对现实进行照相式的刻板记录,而是要在坚持自身规律的基础上自觉地与社会实际相联系,使课程内容既不脱离社会实践,又不是简单的社会实践。这样才能真正实现社会实践自觉进入课程内容,课程内容也像社会实践那样丰富多彩。[1] 其次,就课程内容的重要性来说,正如我国著名教育家陶行知先生说的

---

[1] David G.Armstrong.当代课程论[M].陈晓端,译.北京:中国轻工业出版社,2007.

那样:"生活中处处都有教育。"我们选择校本课程内容的空间较大,可选择的内容是丰富多样的,但并不意味着这些内容对中小学阶段的孩子来说都是重要的。在选择课程内容时,需要不断思考的是:"掌握这样的知识对学生来说是否必要?""掌握这样的内容能不能促进学生在其他领域的学习,能否实现学生在不同知识上的转换与运用?"[1]尤其是对于那些历久尚存的知识内容来说,如果它对于学生来说都是重要的,对整个人生发展来说都是有利的,那么我们将它纳入课程内容部分,不仅能促进人类文化的保存与传递,同时还能促进学生的长足发展。

重庆市教科院巴蜀实验学校的生活涵养课程在选择内容时就仔细分析了学生、家长的现实情况,在众多教育内容中,精心挑选那些真正重要的内容,强调形式的多样性,让学生告别传统教育中的"读死书"以及"死读书"。强调学生在学习过程中既能获取相关经验,又能积累相关知识,还能在以前所学知识与未来所学知识之间搭建一座桥梁,真正实现课程内容的融会贯通。

二、课程内容选择与组织原则

在校本课程制定过程中,要明确以什么标准来选择内容,在明确相关标准之后还要落实课程内容的选择,并将所选的课程内容按照一定的原则组织起来。就我校实际情况而言,生活涵养课程内容选择与组织所遵循的原则如下:

(一)自主性

自主性在很多领域都有探讨,这里强调的是在教育上学生的自主性。一直以来,人们说人和动物是不同的,其实"是否具有自主意识"就是区别人与动物的重要标志之一。在选择与组织生活涵养课程内容时,重庆市教科院巴蜀实验学校强调要深入了解学生自身发展的需求,在合理范围内尊重学生的自主选择。之所以对学生的自主权特别强调,第一,因为学生才是学习的主体,课堂从真正意义上来说是属于学生的,师生的人格也是平等的。第二,能充分尊重学生的自主性,能促进课程内容的选择与组织,更加贴近学生的生活,唤起他们的经验,促进新旧知识之间的连接。第三,这也是对"学生文化"的一种尊重,能够更好地发掘学生的"童心"与"童趣",提高他们的学习积极性与主动性。但同时我们也强调这种"自主性"要在一定合理范围内,主要考虑以下两个方面的因素。

一方面,对于低年级的学生而言,由于受到知识水平、心智发展水平等多方面因素的

---

[1] 钟启泉,汪霞,王文静.课程与教学论[M].上海:华东师范大学出版社,2008:109-110.

局限,有时他们不能做出正确的判断与选择,如果教师盲目地尊重学生的自主选择,就是一种放任。另一方面,任何课程在内容上都无法满足所有学生的喜好,也不可能让所有学生在课程内容学习之后能获得同步的高速发展,我们所强调的自主性也只能是相对的。也正是以上两方面的因素,重庆市教科院巴蜀实验学校在强调学生自主性的同时,要求教师不断提高自身素养,促进自身的专业发展,学会更好地去引导孩子,做到能够在引导学生围绕生活涵养活动主题的同时,从特定的角度切入,选择具体的活动内容,并自定活动目标任务,提升自主规划和管理能力。同时,要善于捕捉和利用课程实施过程中生成的有价值的问题和资源,指导学生深化生活涵养活动,不断完善活动内容。

(二)实践性

重庆市教科院巴蜀实验学校强调的课程内容选择与组织时的实践性原则,是以寓身认知和实践模式课程理论为基础的。寓身认知最基本的主张之一就是强调人的心智发展是离不开身体经验的,概念是通过身体、大脑和对世界的体验而形成的……[1]实践模式课程理论由美国著名的课程论专家施瓦布明确提出。施瓦布在理论创建过程中吸收了亚里士多德实践哲学、杜威民实用主义哲学观以及人本主义教育的基本思想。强调教师在校本课程内容选择和实施时要关注学生的实践活动,通过丰富多样的实践活动形式来满足学生兴趣的需要,促进学生能力与素养的提高。[2] 这一理论向我们揭示了实践的重要性。"纸上谈兵"容易造成似乎什么都懂、什么都行的假象。学生只有通过不断实践才会遇到各种各样的问题,在不断解决这些问题的过程中,他们的思维才能得到锻炼,他们解决问题的能力才能有所提高。除此之外,当他们通过自己的努力一次次成功解决了问题,也会获得极大的成就感,长此以往,他们的自我效能感也会提升,能以更加自信的姿态面对以后生活的挑战。

重庆市教科院巴蜀实验学校生活涵养课程在内容与组织上强调和学生的生活经验与社会实践联系起来。通过开展多种形式的活动,让学生有更多的机会亲身实践,从而让学生能在"动手做""实验""探究""设计""创作""反思"的过程中进行"体验""体悟""体认",在全身心参与的活动中发现、分析和解决问题,体验和感受生活,发展实践创新能力。

(三)开放性

关于课程内容与组织的开放性原则,更多的是受到了整个时代、整个社会的影响。从本质上来说,现代社会本是一个开放多元的社会,在这样的社会中,思维闭塞、理解单一的人无法在时代的潮流中脱颖而出。这也对我们的教育提出了更高的要求,"究竟培

---

[1] 费多益.寓身认知心理学[M].上海:上海教育出版社,2010:2.
[2] 蒋美琴.初中生物学"实践性校本课程"的开发与教学实践[D].扬州:扬州大学,2018.

养什么样的人""用什么来培养这样的人"等问题,都是需要思考的。重庆市教科院巴蜀实验学校强调学生应具备开放性思维与多元理解能力。为此,在生活涵养课程内容选择与组织时就强调要面向学生的整个生活世界,具体活动内容具有开放性。教师要以学生已有的经验为基础,尊重学生的兴趣爱好。突破传统的学科界限,选择综合性活动内容,鼓励学生跨领域、跨学科学习,为学生自主活动留出空间。要引导学生把自己成长的环境作为学习场所,在与学校生活持续互动中,不断拓展活动时空和活动内容,使自己的个性特长、实践能力、服务精神和社会责任感不断获得发展。

(四)整合性

随着时代的不断发展,人们对于人才的需求也发生了巨大的变化,促进知识的整合成了众多国家探讨的内容。比如,我国教育部在 2017 年出台的《中小学综合实践活动课程指导纲要》中指出,"学生要综合运用各学科知识,认识、分析和解决现实问题,提升综合素质,着力发展核心素养,特别是社会责任感、创新精神和实践能力"[1]。从国际上来看,美国提出的 STEM(科学、技术、工程以及数学四个方面的简称)教育,也是强调学科的融合,注重在知识之间建立起联系,促进知识的整合。这其实对教师提出了更高的要求,也加重了教师备课的负担,但它能更好地打破学科之间的壁垒。世界本来就是复杂多样的,棘手问题背后涉及的因素也并非是单一的。如果教育一再强调学科界限,除了能帮助学生更好更系统化地掌握某一门知识之外,并不能更好地促进学生应对纷繁复杂的世界。因而重庆市教科院巴蜀实验学校强调要促进生活涵养课程内容与组织的整合性,结合学生发展的年龄特点和个性特征,以促进学生的综合素质发展为核心,均衡考虑学生与学校的关系、学生与他人的关系、学生与自我的关系这三个方面的内容。对生活涵养活动主题的探究和体验,要体现个人、他人与学校生活的内在联系,强化科技、艺术、道德、审美等方面的内在整合,从而帮助学生获得全面发展,形成综合性思维,多角度去看待问题、解决问题。

(五)连续性

过去注重学生发展的阶段性,强调精心设计每个阶段的内容,以实现每个阶段的培养目标,却忽视了阶段与阶段之间的过渡与连接。在一定程度上来说,这样的做法容易出现两个方面的问题:第一,各阶段之间容易出现断层和跳跃现象,这不利于学生实现阶段之间的平稳过渡。第二,各阶段的内容出现了一定程度上的重叠,这是资源的浪费。在当今的教育中,我们要立足于学生的长远发展,既要促进每个阶段性目标的完成,也要立足于学生的未来,只有这样才能实现资源利用的最大化和教育成效的最大化。重庆市教科院巴蜀实验学校生活涵养课程的内容选择与组织是基于学生可持续发展的要求,设

---

[1] 邓宝润.STEM 教育视野下中学综合活动课的教学实践创新[J].科学咨询(科技・管理),2019(10):147-148.

计长短期相结合的生活涵养的主题活动,使活动内容具有递进性。要促使活动内容由简单走向复杂,使活动主题向纵深发展,不断丰富活动内容、拓展活动范围,促进学生综合素质的持续发展。要处理好学期之间、学年之间、学段之间活动内容的有机衔接与联系,构建科学合理的活动主题序列。

三、课程内容组织与活动形式

生活涵养课程作为一种综合性的实践活动,主要采用以下课程内容组织与活动形式:

(一)考察探究

考察探究是实践活动,是学校教育体系当中重要的组成部分。一方面,它能与学校的常规课程相联系、相配合,能促进学生对已掌握的"旧知识"进一步巩固与运用。另一方面,它能通过相关活动让学生收获"新知识"。它是以学生自身的兴趣为基础,强调教师也要充分发挥自身的引导功能。[1] 考察探究注重从社会和学生自身生活中选择和确定研究主题,开展研究性学习,在观察、记录和思考中主动获取知识,分析并解决问题,如野外考察、社会调查等。它运用实地观察、访谈、实验等方法获取材料,形成理性思维、批判质疑和勇于探究的精神。就考察探究的性质来说,主要包括四点:①跨学科性。它所呈现的更多的是一种主题式活动,在这样的主题活动之下,学生围绕着相关问题展开,尝试解决问题。这一过程中会涉及多个学科与多方面的知识,而不是分割状态下的学科式问题。②自主性。考察探究多以个人或小组合作的方式展开活动,在整个活动过程中,学生是学习的主体,与传统形式相比,他们具有更强的主观能动性。教师在这一过程中更多的是扮演指导者的角色。③探究性。这首先是确定一个探究主题,但探究主题的结论是未知的,具有不确定性,学生就要通过个体或小组形式自主查阅相关资料,尝试去解决问题,获得相关结论。④体验性。这是通过学生直接面对现实情境中的问题,获得直接经验,并逐步培养学生的理解能力、观察能力、解决问题的能力。考察探究自身的独特性也使它有着自身独特的价值:一方面,能够更好地激发学生的好奇心,培养学生的探究精神;另一方面,它能促进学生创新精神的养成和实践能力的提高。除此之外,它还能加强学生之间的合作,促进他们交流能力的提高。[2]

[1] 王维维.对"考察探究"实践活动是什么、如何做、怎么评的思考[J].教师教育论坛,2018,31(4):17-20.
[2] 赵翔.考察探究:性质、价值与实施[J].当代教育评论(第7辑),2018:5.

092 城市寄宿制中小学生活涵养课程研究

(二)社会服务

现代社会是一个高速发展、文化多元的社会,这样的社会对教育提出了更高的要求。为此,世界各国都在积极探寻"培养什么样的人的问题",但无论是 OECD 的 DeSeCo 项目,还是欧盟、联合国教科文组织抑或是美国,都强调了核心素养对人发展的影响,也越来越重视公民观念与公民素养的形成,强调要加强文化的理解,不断促进跨文化的交流。我国在 2016 年发布的《中国学生发展核心素养》中也格外强调了"社会参与"。纵观世界各国对教育提出的新要求都在强调要加强学生的核心素养、责任意识、担当意识。因而在教育中我们需要通过多种形式对学生进行相关教育。就综合实践活动而言,更多的是通过社会服务来具体落实。社会服务是指学生在教师的指导下走出教室,参与社会活动,以自己的劳动满足社会组织或他人的需要,如公益活动、志愿服务、勤工俭学等。它强调学生在满足被服务者需要的过程中自身得到发展,促进相关知识技能的学习,提升实践能力,成为履职尽责、敢于担当的人。[1]

(三)设计制作

设计制作是指学生运用各种工具、工艺(包括信息技术)进行设计,并动手操作,将自己的创意、方案付诸现实,转化为物品或作品的过程,注重提高学生的技术意识、工程思维、动手操作能力等。在活动过程中,鼓励学生手脑并用、灵活掌握、融会贯通各类知识和技巧,提高学生的技术操作水平、知识迁移水平,体验工匠精神等。在传统活动中,很多教师将自己的各种想法一股脑儿地强加给学生,没有仔细考虑学生的年龄特点、心理特点、认知水平、兴趣爱好等,从而在活动组织时出现了过于盲目、笼统的弊端。而设计制作这种课程内容组织与活动的形式,是对传统教育的一种改善。在这种活动形式下,学生需要积极参与活动的各个环节,从选题、材料准备、活动构想、活动实施到活动评价的全过程都要自己动手,真正促进学生动手的是动脑,动脑的同时也在动手,有利于促进学生之间进行相互合作、交流。

(四)职业体验

中学生在进入大学之前,往往对社会上现存的各种职业没有亲身体验,他们对各种职业的认知只是基于亲戚朋友的看法,这使很多学生在面临专业选择时十分茫然,甚至在入学之后倍感失望。对于一个对自身职业没有任何喜欢甚至深度厌恶的人来说,从事这个职业就是一种折磨,更别说做出突出的成绩。为了让学生更好地适应社会的需求,

---

[1] 刘玲.中小学如何开展社会服务活动——《中小学综合实践活动课程指导纲要》"社会服务"主题解读[J].人民教育,2018(Z1):64-68.

在为社会做出贡献的过程中获得更多的幸福感,从而真正做到"自我实现"。重庆市教科院巴蜀实验学校生活涵养课程在内容组织与活动形式上突出强调了"职业体验"。这里的职业体验指学生在实际工作岗位上或模拟情境中见习、实习,体会职业角色的过程,如军训、学工、学农等。它注重让学生获得对职业生活的真切理解、发现自己的专长、培养职业兴趣、形成正确的劳动观念和人生志向,提升生涯规划能力。值得注意的是,学生涵养课程除了以上活动方式外,还有党团队教育活动、博物馆参观活动等。学生涵养课程活动方式的划分是相对的,在活动设计时可以有所侧重,以某种方式为主,兼顾其他方式;也可以以整合方式实施,使不同活动要素彼此渗透、融会贯通。

四、生活涵养课程的具体内容

(一)生活涵养课程内容划分的依据

重庆市教科院巴蜀实验学校的生活涵养课程在设置具体内容时,是根据每个学段的学生身心发展的特点以及认知水平发展的特点选择了不同的内容,以期课程内容的针对性进一步加强、课程内容的效果进一步提高。这里所采用的划分依据主要是瑞士著名的心理学家让·皮亚杰提出的认知发展理论。皮亚杰从认知和发展两个角度出发,论述了认知发展的实质以及所包含的四个阶段的基本特征。

皮亚杰在康德提出的"图式"的基础上,通过相关实验研究给图式赋予了新的内涵,成为他认知发展理论的核心概念。在皮亚杰看来,图式是主体内部的一种动态、可变的认知结构,也是人们理解、思考世界的方式,并认为图式最初是来自先天遗传的,但是它不是一直处于同一水平上。只要同外界进行接触,图式就会不断地变化、不断地丰富、不断地发展。因而皮亚杰强调主客体相互作用的活动是认知结构产生的源泉,让儿童充分获得相关活动的机会,对儿童认知发展来说是极为必要的,不可缺少的。[1]

皮亚杰认为儿童的认知发展过程主要可以划分为以下四个阶段:感知运动阶段(0~2岁)、前运算阶段(2~7岁)、具体运算阶段(7~12岁)、形式运算阶段(12岁以后)。四个阶段出现的顺序是固定的、不变的,不能随便进行跨越和颠倒。因为认知发展是图式不断构建的过程,而不是人们所认为的数量上简单积累的过程,每个阶段都有自己独特的认知图式,它也决定了个体的一般特征。根据重庆市教科院巴蜀实验学校学生年龄的实际情况,以下对后两个阶段进行详细的描述。

(1)具体运算阶段(7~12)。严格意义来说,儿童认知发展并不是从儿童七岁的时候才开始步入具体运算阶段,而是在5~7岁这个年龄阶段就已经逐步进入具体运算阶段。

---

[1] R.A.巴伦,D.伯恩.社会心理学[M].黄敏儿,王飞雪,等,译.上海:华东师范大学出版社,2004.

在这个年龄阶段的儿童能够运用符号进行有逻辑的思考活动,对事物也能形成初步的表征。除此之外他们在时间、空间、数字处理上也有了很大的进步,能够逐渐开始克服看问题、思考问题的"片面性",更多角度地去思考问题,"自我中心"的程度开始下降,了解他人观点的能力更强。但皮亚杰也提到了这一阶段的儿童的认知活动在很大程度上还是依赖身体经验。比如,我们向 7~8 岁的儿童提出这样的问题:假定 A>B,B>C,那么 A 与 C 哪个大呢? 这个年龄阶段的儿童可能觉得这个问题难以回答,如若我们换一种说法:"张老师比李老师高,李老师又比王老师高,那么张老师和王老师谁更高呢?"他们会觉得这个问题是很好回答的。[1]

(2)形式运算阶段(12 岁以后),形式运算思维的一个重要特征是,它能对事件提出假设并进行解释,然后形成一个符合逻辑的假说。除此之外,这一年龄阶段的儿童还表现出一个最典型的特征就是抽象思维得到了进一步的发展和完善,逐渐摆脱具体事物的束缚,认识到了事物发生是有多种可能的,这使他们的思维更加复杂、弹性更大。他们的认知结构日渐成熟,能够用直接或抽象的观点来解释事物,所形成的推理能力与逻辑能力也可以用于解决复杂的问题。比如,儿童能通过运用相关的符号来进行思维,能够去解决 $(a+b)^2 = a^2 + 2ab + b^2$ 这样的代数问题。[2]

这就启示我们在教育中要关注学生的认知发展水平,一方面要根据学生发展的实际情况来选择课程内容,从而真正实现学生发展到哪个阶段就在哪个阶段进行教学。比如对处在具体运算阶段的孩子来说,在选择课程内容时就要考虑学生已有的经验,因为这个阶段的孩子认知活动在很大程度上还是依赖身体经验的。对于处在形式运算阶段的孩子来说,我们要促进其思维的综合发展,完善他们的认知结构,帮助树立正确的世界观、人生观、价值观。另一方面,在课程内容组织形式上也要考虑学生的年龄特点和认知水平。比如对 7~12 岁孩子来说,他们兴趣多样,对世界充满着好奇,急于探索,但缺乏相应的知识基础,自身经验也不够丰富,注意力容易分散。所以我们要采用多样的方式来组织课程,尤其是注重活动对学生的重要性。教师的不断引导可帮助学生获得基础知识与基本技能,积累自身经验,并在相关活动中不断发现、不断探索,激发他们的求知欲,为后续学习打下良好的基础。而对于 12 岁以后的孩子来说,他们的思维已经发展到一定的水平,有了一定的推理能力,在课程内容与组织形式上,要在一定程度上尊重他们的自主选择权,放手让他们去做,教师不要"越俎代庖",要相信学生的能力,促进他们自身潜能的不断激发。

(二)具体课程内容

重庆市教科院巴蜀实验学校的生活涵养课程具体包括四大板块:身心健康涵养课程、生活技能涵养课程、生活礼仪涵养课程以及习惯情感涵养课程。在生活涵养课程"三养三育"总的课程目标之下,每个具体的课程又有着各自的目标与内容。

---

[1][2] 皮连生.学与教的心理学[M].上海:华东师范大学出版社,2009.

1.身心健康涵养课程的内容

（1）内容概述。

重庆市教科院巴蜀实验学校将生活礼仪涵养课程的主要内容归纳为以下几个方面：普及安全、生理与心理健康知识，树立身心健康意识，了解心理调节方法，认识心理异常现象，掌握生理、心理保健常识和技能。其重点是认识自我、学会学习、人际交往、情绪调适、升学择业以及生活和社会适应等方面的内容。为了进一步确保身心健康教育的内容体系的科学性、系统性、层次性和实践性，在学生年龄特点和认知水平的基础上将身心健康涵养课程划分为三个阶段，每个阶段的学生都需要掌握相应的交通安全、校园安全、家庭安全、饮食安全、自然灾害、意外伤害、个人卫生、心理健康、信息安全知识。第一阶段主要针对的是1—2年级的学生。他们需要掌握基本的安全知识，能正确认识班级、学校、日常学习生活环境和基本规则；初步感受学习知识的乐趣，培养良好的学习习惯；培养学生礼貌友好的品质，乐于与老师、同学交往，在谦让、友善的交往中感受友情；使学生有安全感和归属感，初步学会自我控制；帮助学生适应新环境、新集体和新的学习生活，树立纪律意识、时间意识和规则意识等。第二阶段主要针对的是3—4年级的学生。他们需要掌握的基本内容是基本的安全知识，能正确了解自我、认识自我；获得初步的学习能力，激发学习兴趣和探究精神，树立自信，乐于学习；树立集体意识，善于与同学、老师交往，培养自主参与各种活动的能力，培养开朗、合群、自立的健康人格；正确对待困难，感受解决困难的快乐；学会体验情绪并表达自己的情绪；能建立正确的角色意识，学会对不同社会角色的适应；增强时间管理意识，能正确处理学习与兴趣、娱乐之间的矛盾等。第三阶段针对的是5—6年级的学生。他们需要掌握的基本内容是基本的安全知识，并能够正确认识自己的优缺点和兴趣爱好，在各种活动中悦纳自己，不断提高学习兴趣和学习能力，端正学习动机，调整学习心态，正确对待成绩，体验学习成功的乐趣；通过相关的青春期教育，学会恰当地与异性交往，建立和维持良好的异性同伴关系，扩大人际交往的范围；学会不断克服学习困难，正确面对厌学等负面情绪，学会恰当、正确地体验情绪和表达情绪；逐步认识自己与社会、国家和世界的关系；逐步提高自己分析问题和解决问题的能力，为初中阶段学习生活做好准备等。

（2）具体内容框架（表4.1）。

表4.1 "身心健康涵养"课程内容的框架

身心健康涵养课程					
课时		学段			
		1—2年级	3—4年级		5—6年级
第一课时	交通安全	安全上学和放学	酒后开车的危害	交通安全	电梯安全
第二课时		安全标志我会认（上）	安全标志我会认（中）		骑行安全
第三课时		亲人臂弯不如安全座椅	选择合适的交通工具		乘车安全

课时		学段			
		1—2年级	3—4年级		5—6年级
第四课时	校园安全	校园活动的安全	应对校园暴力	校园安全	室外运动的自我防护
第五课时		教学楼里的安全	体育活动的安全常识		课间活动要安全
第六课时		食堂寝室里的安全	课间游戏安全		食堂寝室里的安全
第七课时	家庭安全	我有一个安全的家	安全使用家用电器		应对校园暴力
第八课时		陌生人来敲门	阳台上的安全常识	家庭安全	家庭安全隐患排查
第九课时		小心电老虎	躲猫猫造成的遗憾		家庭火灾逃生记
第十课时	饮食安全	食物,我们只吃有益的	夏天少喝冷饮		高空抛物危害大
第十一课时		教你辨认过期食物	火锅少吃	饮食安全	学会辨别安全食品
第十二课时		饮料好喝不常喝	烟酒远离我		食物搭配有讲究
第十三课时	自然灾害	雷雨天气	森林防火我知道		病从口入
第十四课时		火灾里如何逃生	台风与海啸		都是零食惹的祸
第十五课时		夏天来,中暑不要来	躲避冰雹天气	自然灾害	洪水、滑坡、泥石流
第十六课时	意外伤害	正确使用文具	食不言寝不语		防雷击避闪电
第十七课时		宠物也会伤害人	防止烧烫伤	意外伤害	遭遇电梯事故怎么办
第十八课时		小小包扎员	冬天保护手耳		烟花好玩藏隐患
第十九课时	个人卫生	爱清洁讲究个人卫生	保护牙齿		防溺水
第二十课时		感冒来袭	用眼卫生习惯	个人卫生	皮肤传染病可预防
第二一课时		强身健体防疾病	勤洗衣服、勤换衣		饭前便后洗手好处多
第二十二课时	心理健康	小小少年也有烦恼	诚心的赞美和善意的批评	心理健康	克服嫉妒心
第二十三课时		做热爱生命的阳光儿童	善于正确地评价自我		善待生命
第二十四课时	信息安全	手机影响健康	保护个人隐私	信息安全	陌生电话不轻信
第二十五课时		网络的利与弊	计算机病毒的查杀		别让网瘾缠住你

身心健康涵养课程

(3)课例展示。

这一部分我们进行三个课例展示,第一个课例是1—2年级身心健康涵养课程的内容,第二个课例是3—4年级身心健康涵养课程的内容,第三个课例是5—6年级身心健康涵养课程的内容。

课例一

第八课　陌生人来敲门

安全小故事

　　暑假的一天,明明的爸爸妈妈上班去了,明明在家写作业。爸爸妈妈刚出去不久,外面就响起了"咚咚咚"的敲门声。明明心想:爸爸妈妈刚去上班,不可能现在就回来。于是,明明问道:"是谁呀?"外面响起一位中年男子的声音:"我是你爸爸的朋友,你爸爸有点儿东西落在我这儿了,快点儿给我打开门吧。"明明搬来一张小凳子,在猫眼上一看,那位叔叔穿着绿色的上衣,深蓝色的裤子,年龄和爸爸差不多,可是他从来没见过这位叔叔,应该不是爸爸的朋友,明明着急地想:我该怎么办呢?

　　议一议:如果你是小明,独自在家,遇到陌生人敲门,你会怎么办呢?

　　应对陌生人敲门的几点绝招:

　　不认识的人:千万不要给不认识的人开门,也不要吃陌生人递给的可以吃喝的东西。同时要装作爸爸妈妈在家一样,喊爸爸妈妈,说有人敲门,这样可以把坏人吓跑。

　　自称是爸爸妈妈的同事或者朋友的:就算他能叫出你的名字,你也要提高警惕,不能把门打开,但可以隔着门与他对话,问他有什么事,然后打电话告诉爸爸妈妈。

　　遇到外卖哥哥敲门:妈妈叫了份外卖,外卖哥哥在外面敲门,你可以大声地叫他放在门口,说你正忙,等会儿出去拿。

　　自称煤气水电修理工或收费的:也不要给他开门,同时告诉对方家中只有你一个人。

　　遇到入室抢劫的歹徒:如果歹徒已经撬门入室,但他没有发现你,你必须快速地躲藏起来,有机会就立即逃走,求救。

让孩子有报警意识
报警电话:110
火警电话:119
还要记住自己家的地址哦

　　报警意识:遇到紧急的事情,要懂得报警,要记住各类报警电话号码以及自家的地址。

　　不轻易接听陌生人电话:除了家人的电话外,其他陌生人的电话统一不接听,不能透露家长不在家,更不能告诉别人父母的电话。

演一演

　　你一个人在家,妈妈帮你叫的外卖,当快递哥哥敲门时,你怎么做?

小测试

　　1.你一个人在家,有陌生人敲门说"我是查燃气表的,请你打开门,我看一下就走"。你会( )。

　　　A.妈妈把门锁了,我开不了门,你明天来吧　　　B.我一个人在家,我不能开门

　　2.你一个人在家,爸爸的同事来访( )。

　　　A.爸爸等会儿回家,你等会儿来吧　　　B.开门让他进来

安溪 11 岁女孩阿燕,上学路上被强行掳走,幸好遇到"多个心眼"的好心人,才得以脱离魔爪。

厦门 10 岁男孩林鑫炫,放学回家路上遇到熟人"坏叔叔",被邀请出去游玩,最后不幸遇害。

课例二

第二十课　用眼卫生习惯

安全小故事

小米喜欢玩手机,特别是用手机看电视、玩游戏。只要给小米一部手机,他可以不分昼夜、不分场合地玩耍。后来小米近视了。

小鹏和小米是朋友,他也喜欢玩手机。但是他和小米不同的是,他不会连续不断地玩手机,他中途会看一看远方。所以在小米需要依靠眼镜才能看清楚世界的时候,小鹏的视力没有发生变化。

议一议:同学们,你们知道哪些行为会造成视力减退?

眼睛是人们直接认识五彩缤纷外部世界的重要感觉器官,保护好眼睛和视力对我们今后的生活、学习和工作都非常重要。

明确近视发生的信号

知觉过敏

在眼疲劳的同时,许多人还伴有眼睛灼热、发痒、干涩、胀痛,重者疼痛向眼眶深部扩散,甚至引起偏头痛,亦可引起颈项肩背部的酸痛,这是由于眼部的感觉神经发生疲劳性知觉过敏所致。

眼睛疲劳

有些小学生,看书时间过长,字迹就会重叠串行,抬头再看面前的物体,有若即若离、浮动不稳的感觉。有些人在看远处时间长了后再将视力移向近处物体,或看近处时间长了后再移向远处物体,会出现短暂的模糊不清现象。这些都是眼睛睫状肌调节失灵的表现,是眼疲劳所致。

全身神经失调

原来成绩好的小朋友对学习会产生厌烦情绪,听课时注意力不够集中,反应也有些迟钝,脾气变得急躁,对原来喜爱的东西也缺乏兴趣,学习成绩下降。

以上三点,眼科医生称为"近视前驱综合征"。从中可见近视前首先出现的并非视力下降,而是神经系统方面的症状。

明确近视形成的原因

1.内因

(1)遗传因素。近视眼已被公认有一定的遗传倾向,高度近视更是如此。但一般近视,这一倾向就不明显。有遗传因素者,患病年龄较早,度数多在 600 度以上。

(2)发育因素。婴儿因眼球较小,故均系远视,但随着年龄的增长,眼轴也逐渐加长,至6岁后方发育正常。如发育过度,则形成近视,这类近视称为单纯性近视,多在学龄期开始,一般都低于600度,至20岁左右即停止发展。如果幼年时进展很快,至15~20岁时进展更迅速,以后即减慢,这类近视常高于600度,可到2 000~2 500度或3 000度。这种近视称为高度近视或进行性近视或病理性近视。到晚年此类近视可发生退行性变,因此视力可逐渐减退,配镜不能矫正视力。

2.外因

环境因素。从事文字工作或其他近距离工作的人,近视眼比较多。这种现象说明近视眼的发生和发展与近距离工作的关系非常密切。但经休息或使用睫状肌糜烂剂后,视力可能改善或完全恢复。因此,有人称这种近视为功能性近视或假性近视。

预防近视的方法

1.用眼卫生

每天认真做眼保健操,眼部肌肉得到更好的放松。定期视力检查,发现有近视,立即验光,配戴眼镜。课间注意休息,看看绿色,眺望一下远景,为眼睛提供一个休息放松的良好环境。一旦眼睛近视戴上了眼镜,千万不能时取时戴,这样反而会使近视加深!

2.积极参加体育锻炼,增强身体素质

体育运动除可以锻炼身体外,还可以锻炼眼睛;球类运动,例如乒乓球、羽毛球等都可以使人的视力变好。

3.养成良好的饮食习惯

吃得有度,要有好的眼睛就要少吃甜食。食入过量的糖可使体内血液偏酸,从而引起血钙不足,减弱眼球壁的弹性,使眼轴伸长,播下近视的种子。

姿势要正确

姿势要端正,不要垂头弯腰看近处,这样会使头部充血,对眼睛非常有害。不要在光线暗弱和直射阳光下看书,不要边吃饭边看书,不要躺在床上、走路时或在晃动的车厢内看书。

测一测

下面哪些行为属正确用眼?(   )

A.在阳光强烈的地方看书,因为光线越充足,看得越清楚。

B.用眼一个小时就休息十分钟,让眼睛得到充分的休息。

C.因为近视之后戴眼镜非常不方便,所以运动的时候可以将眼镜摘下来。

D.电子游戏和电脑对眼睛的伤害是电视的五倍。

E.写字台上的台灯摆放时应该灯光直射书本。

课例三

第七课 应对校园暴力

案例回放:重庆荣昌区一初中女生兰兰在住校期间太邋遢,引起宿舍其他女生的"公愤",5 名女生对兰兰施暴,想要"教育"兰兰,不料竟将其打成 10 级伤残(十级伤残最轻微)。

请你说一说这 5 名同学"教育"兰兰的做法对吗? 你想给兰兰提什么建议?

你身边有这样遭遇的室友吗? 你是怎么做的?

学生应该如何预防校园暴力呢?

第一,在威胁与暴力来临之际,首先告诉自己不要害怕。要相信邪不压正,终归大多数的同学与老师,以及社会上一切正义的力量都是自己的坚强后盾,会坚定地站在自己的一方,千万不要轻易向恶势力低头。而一旦内心笃定,就会散发出一种强大的威慑力,让坏人不敢贸然攻击。

第二,大声地提醒对方,他们的所作所为是违法违纪的,会受到法律严厉的制裁,会为此付出应有的代价,在能确保自身安全的前提下大声呼喊求救。

碰到"下暴"应尽量保持镇静,不要惊慌,有勇有谋地保护自己。无论如何一定要记住"下暴"者的人数和体貌特征,以便事后及时报警或报告老师。最好运用自己的智慧与坏人进行周旋,达到既能保护自己,又能巧妙制服坏人的最佳效果。

第三,如果受到伤害,一定要及时向老师、警察申诉报案,不能给不法分子留下"这个小孩好欺负"的印象。如果一味纵容他们,最终只会导致自己频频受害,陷入可怕的梦魇之中。

告诫大家:千万不能因为一时害怕而怯懦,不报警只能助长"下暴"者的嚣张气焰,他们不仅会不停地来纠缠你,而且还会继续危害其他同学。

为了预防"下暴",特别提醒学生要远离学校周围一些游手好闲、着奇装异服的人;在上学、放学时和同学结伴而行;尽量走人多的大路,避开偏静的小巷;随身携带的财物(如手机等)也不要轻易外露;放学后一定要及时回家,不要去游戏室和网吧,因为在这些场所里玩耍最容易被坏人作为"下暴"对象。

你想对施暴和受暴者说点什么?

2.生活技能涵养课程的基本内容

(1)内容概述。

在学生年龄特点和认知水平的基础上对生活礼仪涵养课程的内容按学段划分为了三个阶段。第一阶段针对的是 1—2 年级的学生,对他们而言以个人自理为主,在个人自理学习过程中,会为他们穿插一定的家务劳动和社会劳动的活动,逐步建立起"我与社会"的关系概念,但无标准。第二阶段针对的是 3—4 年级的学生,对他们来说,以家务劳动为主,本阶段学生年龄基本 10 岁左右,对于个人自理有更高的要求标准,并让他们接触更多的社会劳动课程,但也不做任何考查要求。第三阶段针对的是 5—6 年级的学生,这些学生已经进入青春前期,正是世界观、价值观形成的关键阶段,此阶段课程以社会劳动课程为主,熏陶他们"天下为家"的胸襟和气度,同时,对已经形成习惯的个人自理课程不再有要求,对家务劳动的要求会更加严格。

（2）具体内容框架（表4.2）。

表4.2　生活技能涵养课程内容框架

内　容		1—2 年级	3—4 年级	5—6 年级
自理劳动	吃	独立完成三餐	不挑食，不浪费	膳食平衡
	穿	穿衣、穿鞋、袜、佩戴红领巾	合理搭配服饰	
	洗	洗手、洗脸、漱口、洗澡、洗小件物品	剪指甲、拆换被子、晾晒衣物	洗衣服、鞋子
	梳	简单梳头	扎头发	编辫子
	理	叠衣物、整理书包、抽屉、包书皮	叠军被、铺床单、分类整理衣柜、包装物品	美化包装
家务劳动	卫生	扫地、倒垃圾、收餐具、抹桌子	拖地、擦家具	家庭大扫除
	整理	与父母一同整理自己房间	独立整理自己房间	完成家庭整理
	营养	认识食品、了解营养需要	设计简单的菜单、制作简单的菜式	科学搭配菜单
	缝补	会穿针引线	会缝纽扣、简单缝补	创意钉纽扣
	美食	和面、包抄手、汤圆、饺子	和馅、煮面食、简单炒菜	做创意炒饭、做饭菜
		洗碗、盆、择菜	削果皮、做简单水果拼盘	创意拼盘
	科普	认识电器	使用家庭常用电器	会操作电脑
	茶艺	烧开水	会简单泡茶	懂功夫茶
社会劳动	种植	认识劳动工具，简单使用，浇水、认识蔬菜	点播、除草、松土	会种植
	清理	学会清扫教室、整理讲桌	能够完成值日工作、拖地	学会美化教室、寝室
	编织	初学编织	织围巾	织毛衣
	剪纸	认识手工工具、简单使用	制作简单剪纸画	剪折纸
	公益	捡拾垃圾	制作爱护环境标语牌	参加社区公益大扫除劳动
	义卖	义卖玩具	义卖手工作品	
	接待	主动问候	端茶递水	交流
	刺绣	画图	绣简单的图案	创意绣
	电脑	开关	简单查阅资料	会基本应用
	艺术	能听懂简单音符	会识乐谱	能弹唱

注：1.每个阶段25课时；2.内容具有可操作性、时代性；3.本节课主题—意义—操作过程资料（有网络图片或现实生活中操作过程图片）—课后练习题

（3）课例展示。

这一部分我们进行三个课例展示，第一个课例是1—2年级生活技能涵养课程的内容，第二个课例是3—4年级生活技能涵养课程的内容，第三个课例是5—6年级生活技能涵养课程的内容。

课例一

第二课　会洗手

一、看一看

手是人体的"外交器官"，人们的一切"外事活动"它都一马当先，比如从事各种劳动、倒垃圾、刷痰盂、洗脚、穿鞋等，都要用手来完成。因此，手就容易沾染上许多病原体微生物。科学家做过这样一个调查，一只没有洗过的手，至少含有4万~40万个细菌。指甲缝里更是细菌藏身的好地方，一个指甲缝里可藏细菌38亿个之多。另外有人做过一个试验，急性痢疾病人用5~8层卫生纸，痢疾杆菌还能渗透到手上，痢疾杆菌在手上可存活3天。流感病毒可在潮湿温暖的手上存活7天，因此，手是很脏的。而且外出旅游、参观学习、执行任务，手经常接触一些物品，都会把手弄脏。特别是传染病患者和一些表面健康实际身体内带有病毒者，常常把致病微生物传播到各种用品用具上，当健康人的手接触后，致病微生物便来到手上。如果饭前便后不洗手，就可能把细菌带入口中，被吃到肚里，这就是人们常说的"菌从手来，病从口入"。所以要养成勤剪指甲，饭前便后劳动后洗手的习惯。

洗手可除掉黏附在手上的细菌和虫卵，用流水洗手，可洗去手上80%的细菌，如果用肥皂洗，再用流水冲洗，可洗去手上达99%的细菌。洗手中应注意不能几人同用一盆水，以免交叉感染，互相传播疾病，洗手时间应超过15秒。

二、工具/材料

肥皂、自来水、干毛巾。

三、学一学

自来水，清又清，洗洗小手讲卫生。

饭前便后要洗手，细菌不会跟着走。

手心相对搓一搓，手背相靠蹭一蹭，

手指中缝相交叉，指尖指尖转一转，

握成拳，搓一搓，手指手指别忘掉，

手腕手腕转一转，做个整洁好宝宝。

四、做一做

环境要求：宽敞明亮、有非接触式自来水龙头和齐腰高的水槽。

洗手前准备：手部无伤口，剪平指甲；穿好洗手衣（或收好袖口），戴好口罩、帽子；备好洗手液（或肥皂）、干燥的擦手巾。

第一步（内）：洗手掌。流水湿润双手，涂抹洗手液（或肥皂），掌心相对，手指并拢相

互揉搓;

第二步(外):洗背侧、指缝。手心对手背沿指缝相互揉搓,双手交换进行;

第三步(夹):洗掌侧,指缝。掌心相对,双手交叉沿指缝相互揉搓;

第四步(弓):洗指背弯曲各手指关节,半握拳把指背放在另一手掌心旋转揉搓,双手交换进行;

第五步(大):洗拇指,一手握另一手大拇指旋转揉搓,双手交换进行;

第六步(立):洗指尖,弯曲各手指关节,把指尖合拢在另一手掌心旋转揉搓,双手交换进行;

第七步(腕):洗手腕、手臂,揉搓手腕、手臂,双手交换进行。

五、想一想

1.为什么要洗手?

2.如果我们不洗手会怎么样?

课例二

会洗碗

现在人们都特别注意饮食健康,但是我们用过的碗筷如果不正确清洗,可能会直接成为我们身体健康的杀手,那么怎么洗碗才正确呢?

方法/步骤

在收拾碗筷的时候,不要把碗摞在一起(这是普遍现象),一定要把盛生熟食品的碗盘分开(和生熟食品分开是一个道理),防止细菌交叉感染,先洗盛熟食的碗,再洗盛生食的碗。

同样也要把带油的碗和不带油的碗分开,先洗不带油的碗后洗带油的碗。

用过的碗筷一定要及时清洗,大多数上班族因为上班时间紧,习惯把碗筷收拾完放在水池中用水泡上,等下班回来再洗,这样对身体是最有害的。因为人体的一些疾病传播微生物,附在用过的碗的边沿,会很快地在残留物里快速繁殖,如果我们潦草地洗碗,不经过消毒,这些细菌会吃到我们的肚子里。

用过的粥碗和无油的凉菜碗、咸菜碗,用水直接冲洗即可,不使用洗洁精。

在洗有油的碗和沾油的筷子时,可以先用纸把碗筷擦拭一遍,然后再放少量的洗洁精洗。洗洁精一定要稀释,不要放入过多洗洁精,否则会因为清洗不净,对人身体健康产生不良的影响。

洗净碗筷后控水晾干,不要用抹布擦,抹布上也会带有很多的微生物细菌。

在洗木制餐具的时候,不要用水泡。用完要立即清洗,用纸或湿海绵擦拭干净后再收起来。

工具/原料

洗洁精、洗碗布、抹布、橡胶手套、清水。

步骤/方法

1.把碗盘中的一些食物残渣用抹布或纸巾擦掉,一些油污较重的碗盘先用清水冲去大部分油污,这样会比较容易清洗。

2.戴上橡胶手套,在洗碗槽中放入适量的水,洗洁精稀释之后把要洗的碗放入水中。

3.用洗碗布蘸取洗洁精溶液擦洗碗盘,再将碗内清洗干净,然后将容易藏污纳垢的碗侧、碗底也用洗碗布擦洗干净。对于一些不易清洗的污渍可以将碗放入水中多浸泡一会儿再洗。

提示:如果有热水,可以用热水洗碗,更容易将碗盘的油污清洗干净。

4.把洗好的碗用清水冲洗干净,用手摸碗的表面,碗面不粘手、不打滑,碗就洗干净了。

5.最后将碗内的水沥干。

课例三

垃圾分类的方法

我们每天都要消耗食物和各种各样的生活垃圾,与此同时,也产生了许多垃圾。这些垃圾里有什么? 怎么分类呢?

垃圾可以分为四大类:

厨余垃圾:厨房产生的食物类垃圾以及果皮等。

可回收垃圾:再生利用价值较高,能进入废品回收渠道的垃圾。

有害垃圾:含有毒有害化学物质的垃圾。

其他垃圾:除去可回收垃圾、有害垃圾、厨房垃圾之外的所有垃圾的总称。

方法与步骤:

1.厨余垃圾:厨房产生的食物类垃圾以及果皮等。

主要包括:剩菜、剩饭与西餐糕点等食物残余、菜梗、菜叶、动物骨骼、内脏、茶叶渣、水果残余、果壳瓜皮、盆景等植物的残枝落叶、废弃食用油等。

2.可回收垃圾:再生利用价值较高,能进入废品回收渠道的垃圾。

主要包括:纸类(报纸、传单、杂志、旧书、纸板箱及其他未受污染的纸制品等)、金属(铁、铜、铝等制品)、玻璃(玻璃瓶罐、平板玻璃及其他玻璃制品)、除塑料袋外的塑料制品(泡沫塑料、塑料瓶、硬塑料等)、橡胶及橡胶制品、牛奶盒等利乐包装、饮料瓶(可乐罐、塑料饮料瓶、啤酒瓶等)等。

3.有害垃圾:含有毒有害化学物质的垃圾。

主要包括:电池(蓄电池、纽扣电池等)、废旧电子产品、废旧灯管、灯泡、过期药品、过期日用化妆品、染发剂、杀虫剂容器、除草剂容器、废弃水银温度计、废油漆桶、废打印机墨盒、硒鼓等。

4.其他垃圾:除去可回收垃圾、有害垃圾、厨房垃圾之外的所有垃圾的总称。

主要包括:受污染与无法再生的纸张(纸杯、照片、复写纸、压敏纸、收据用纸、明信片、相册、卫生纸、尿片等)、受污染或其他不可回收的玻璃、塑料袋与其他受污染的塑料制品、废旧衣物与其他纺织品、破旧陶瓷品、妇女卫生用品、一次性餐具、贝壳、烟头、灰土等。

垃圾处理的方式

垃圾是人类日常生活和生产中产生的固体废弃物,由于排出量大,成分复杂多样,且具有污染性、资源性和社会性,需要无害化、资源化、减量化和社会化处理,如不能妥善处理,就会污染环境,影响环境卫生,浪费资源,破坏生产生活安全,破坏社会和谐。垃圾处理就是要把垃圾迅速清除,并进行无害化处理,最后加以合理利用。当今广泛应用的垃圾处理方法是卫生填埋、高温堆肥和焚烧。垃圾处理的目的是无害化、资源化和减量化。

1.填埋

填埋处理需占用大量土地。同时,垃圾中的有害成分对大气、土壤及水源也会造成严重污染,不仅破坏生态环境,还严重危害人体健康。

2.堆肥

在处理堆肥时对垃圾要进行分拣、分类,要求垃圾的有机含量较高。而且堆肥处理不能减量化,仍需占用大量土地。

3.焚烧

焚烧的实质是将有机垃圾在高温及供氧充足的条件下氧化成惰性气态物和无机不可燃物,以形成稳定的固态残渣。首先将垃圾放在焚烧炉中进行燃烧,释放出热能,然后余热回收可供热或发电。烟气净化后排出,少量剩余残渣排出、填埋或作其他用途。其优点是迅速的减容能力和彻底的高温无害化,占地面积不大,对周围环境影响较小,且有热能回收。因此,对 msw(全称是 municipal solid waste 城市固体废弃物)实行焚烧处理是无害化、减量化和资源化的有效处理方式。随着人们环境意识的不断增强和热能回收等综合利用技术的提高,世界各国采用焚烧技术处理生活垃圾的比例正在逐年增加。

垃圾分类垃圾桶的认识

从国内外各城市对生活垃圾分类的方法来看,大致都是根据垃圾的成分构成、产生量,结合本地垃圾的资源利用和处理方式来进行分类。如德国一般分为纸、玻璃、金属和塑料等;澳大利亚一般分为可堆肥垃圾、可回收垃圾、不可回收垃圾;日本一般分为塑料瓶类、可回收塑料、其他塑料、资源垃圾、大型垃圾、可燃垃圾、不可燃垃圾、有害垃圾等。

红——有害垃圾

蓝——可回收垃圾

绿——厨房垃圾

黄——医用污染垃圾

灰色——其他垃圾

3.生活礼仪涵养课程的具体内容

(1)内容概述。

重庆市教科院巴蜀实验学校将生活礼仪涵养课程的主要内容归纳为以下几个方面:

基本的谈吐、举止、服饰等个人礼仪,以及在家庭、校园、公共场所等社会生活领域的交往礼仪。为了进一步确保文明礼仪教育的内容体系的科学性、系统性、层次性和实践性,我们在学生年龄特点和认知水平的基础上将生活礼仪涵养课程的内容按学段划分为了三个阶段,并要求每个阶段的学生要掌握相对应的个人基本礼仪与社会基本礼仪。就第一阶段来说,主要是1—2年级的学生。他们要掌握的个人基本礼仪是升国旗时的礼仪规范,正确的读书写字的姿势;常用的礼貌用语;穿戴的基本要求等。他们要掌握的交往基本礼仪是得到别人的帮助要及时表示谢意;伤害或打扰到别人时要及时表达歉意;能正确地称呼他人;尊重教师的劳动;遵守秩序,轻声交谈,不打扰他人等。第二阶段主要是3—4年级的学生。他们要掌握的个人基本礼仪是养成良好的坐、立、行的习惯;懂得适时鼓掌与鞠躬;知道保持服装整洁,爱清洁、讲卫生;珍惜粮食不浪费等。他们要掌握的交往基本礼仪是:知道同学之间应互相关心、互相帮助、友好相处;知道待客、做客的基本礼节;能做到尊敬父母和教师;待人礼貌等。第三阶段主要是5—6年级的学生。他们要掌握的个人基本礼仪是掌握微笑、点头、鞠躬等常用体态语;了解我国的传统节日礼俗;了解并尊重少数民族的风俗习惯等。他们要掌握的交往基本礼仪是孝敬父母长辈;学会倾听他人话语;知道餐桌上的基本礼仪,文明就餐;掌握接打电话的礼貌用语;做到集会时按时入场,遵守会场要求;遵守公共场所的礼仪规范,做文明游客、文明顾客、文明乘客、文明观众等。

(2)具体内容框架(表4.3)。

表4.3 "生活礼仪涵养"课程内容的框架

生活礼仪涵养			
课时	学段		
	1—2年级	3—4年级	5—6年级
第一课	升旗礼,记心间	坐立行要规范	形象礼仪
第二课	系领巾,行队礼	读和写要端正	体态礼仪
第三课	穿和戴,有学问	着校服不攀比	语言礼仪
第四课	重仪表,讲身份	讲卫生衣冠整	自我介绍礼仪
第五课	站如松	有自信常微笑	同学间礼仪
第六课	坐如钟	不浪费惜粮食	仪式礼仪
第七课	行如风	肃立端注目专	传统礼仪—拱礼
第八课	蹲姿美	鼓掌礼要适宜	传统礼仪—鞠躬礼
第九课	读书、写字姿势正	鞠躬礼讲规范	握手礼
第十课	用餐静悄悄	交谈礼重倾听	倾听礼仪

续表

课时	学段		
	1—2年级	3—4年级	5—6年级
第十一课	记住别人的称呼	家庭称谓记心间	孝亲礼仪
第十二课	见面问声好	尊师长常问候	尊师礼仪
第十三课	"谢谢"显礼貌,"再见"常常说	友爱同学不取绰号	集会礼仪
第十四课	礼貌用语挂嘴边	应答礼别忘记	出行(交规)礼仪
第十五课	小手势,大讲究	走路队当标兵	观赏礼仪
第十六课	"排队"我快乐,"礼让"我文明	小乘客讲文明	游览礼仪
第十七课	课堂秩序要遵守	乘电梯讲安全	中餐礼仪
第十八课	课间有序不打闹	公众场合不喧闹	西餐礼仪
第十九课	门里门外,有礼貌	电话礼学问多	拜访礼仪
第二十课	爱父母,常问候	餐桌礼要做到	待客礼仪
第二十一课	尊师长,懂礼貌	小客人受欢迎	通讯礼仪
第二十二课	同学间,和谐处	小主人要热情	网络礼仪
第二十三课	静悄悄,不打搅	我明理懂道歉	购物礼仪
第二十四课	—	懂宽容更融洽	民俗礼仪
第二十五课	—	—	涉外礼仪

生活礼仪涵养

（3）课例展示。

这一部分我们进行三个课例展示,第一个课例是1—2年级生活礼仪涵养课程的内容,第二个课例是3—4年级生活礼仪涵养课程的内容,第三个课例是5—6年级生活礼仪涵养课程的内容。

课例一

第一课　升旗礼,记心间

同学们,你们知道为什么每周一必须升国旗吗？国旗、国徽是一个国家的重要象征,当五星红旗冉冉升起和奏响嘹亮的国歌的时候,相信每一个中国人都会为之骄傲。因为今天我们的幸福生活都是前人用自己的鲜血换来的,作为先锋队的少先队员,更应该明白升国旗的重要意义,并用自己的行动去证明。

读一读:

星期一,学校举行升旗仪式,当五星红旗缓缓升起时,刚上一年级的佳佳学着旁边二年级的少先队员行队礼,旁边的晨晨告诉她,我们不是少先队员不用行队礼,于是他们就聊起天来了。

想一想:

1.佳佳和晨晨的做法对吗?

2.升旗时,佳佳和晨晨该怎么做?

跟我学礼仪:

1.听到音乐声响,迅速集合队伍。

2.进操场时保持安静,队伍整齐。

3.升旗时要肃立、脱帽、行礼。

4.小朋友行注目礼,少先队员行注目礼。

5.唱国歌时,声音响亮,高声唱。

6.听师生发言时,要认真仔细听。

7.退场时,队伍整齐,保持安静。

做一做:

1.在班级中模拟升旗仪式,比一比谁做得最棒!

2.和同桌拍手唱文明礼仪儿歌:

星期一　操场上　奏国歌　升国旗

老师们　注目礼　队员们　行队礼

小朋友　要严肃　小眼睛　看国旗

身站直　不乱晃　唱国歌　要响亮

长大了　尽全力　使祖国　更美丽

巴实小讲堂:

五星红旗

旗面为红色,长方形,其长与高为三与二之比,旗面左上方缀黄色五角星五颗。一星较大,其外接圆直径为旗高十分之三,居左;四星较小,其外接圆直径为旗高十分之一,环拱于大星之右。旗杆套为白色。

旗面的红色象征革命;旗上的五颗五角星及相互关系象征中国共产党领导下的革命人民大团结;星用黄色是为在红底上显出光明,黄色较白色明亮美丽;四颗小五角星各有一尖正对着大星的中心点,表示围绕着一个中心而团结,在形式上也显得紧凑美观。

第六课　不浪费 惜粮食

悯农

锄禾日当午，
汗滴禾下土。
谁知盘中餐，
粒粒皆辛苦。

读一读：

浪费粮食的图图

　　图图是独生子，也是家里的小皇帝，全家都围着他转，长辈们总是变着法为他做各种有营养的美食。然而到吃饭的时候，他总是挑三拣四，还会趁妈妈不注意，偷偷将饭菜扔到马桶里。但是后来他不浪费粮食了，究竟是怎么回事呢？有一天，图图跟随爸爸妈妈去乡下的奶奶家，他们路过一片农田的时候，图图看到几个浑身泥巴的人在弯腰做着什么。他好奇地问："爸爸，那些人在干什么呀？"爸爸看了看，说："这是农民伯伯在种水稻呢！"图图又问："那他们怎么浑身都是泥巴呀？"爸爸说："因为他们在把水稻苗插到泥巴中去，所以才会弄到身上啊！"图图看着渐渐远去的人影，陷入深深的沉思。到了奶奶家，奶奶为图图准备了许多好吃的，这时，邻居家的东东来找图图玩。东东看到图图正在吃饭，便说："图图，等你吃完饭，我再来找你玩。"奶奶问东东："东东，你吃饭了吗？"东东说："奶奶，我吃过了。"图图问："你吃的什么啊？"东东想了想，说："我吃的米饭，还有黄瓜咸菜。"图图想象着东东的饭菜，他问："那……能吃吗？"东东立刻说道："怎么不能吃，好吃着呢！我吃了两大碗米饭呢，这米饭都是我爸爸辛辛苦苦种出来的，里面有我爸爸的汗水呢！"图图听后，羞愧地低下了头，大口地吃着饭菜。从那以后，图图再也不浪费粮食了。

　　想一想：读了这个小故事，你明白了什么？

　　看一看：我们身边的浪费现象……

浪费粮食的时候想想他们……

想一想：通过展示的图片，看到这些忍饥挨饿的人，你有什么感想，我们应该怎么做？

记一记：1.珍惜粮食，适量定餐，避免剩餐，减少浪费。

2.不攀比，以节约为荣，浪费为耻。

3.吃饭时吃多少盛多少，不剩饭剩菜。

4.看到浪费现象勇敢制止，尽力减少浪费。

5.做节约宣传员，向家人、亲戚、朋友宣传浪费的可怕后果。

6.不偏食、不挑食。

7.到饭店吃饭时，点饭点菜不浪费，若有剩余的要尽量带回家。

8.积极监督身边的亲人和朋友，及时制止浪费粮食的现象。

我倡议：

背一背：

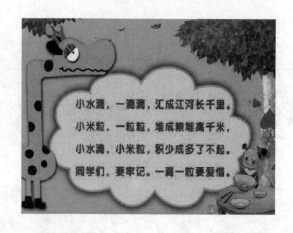

小水滴，一滴滴，汇成江河长千里，
小米粒，一粒粒，堆成粮堆高千米，
小水滴，小米粒，积少成多了不起，
同学们，要牢记。一滴一粒要爱惜。

课例三

第十一课　孝亲礼仪

读一读：

汉文帝刘恒是一个有名的大孝子，他对母亲皇太后很孝顺，从来不怠慢。

有一次，他的母亲患了重病，这可急坏了刘恒。他母亲一病就是三年，卧床不起。刘恒亲自为母亲煎药汤，并且日夜守护在母亲的床前。每次看到母亲睡了，刘恒才卧在母亲床边睡一会儿。刘恒天天为母亲煎药，每次煎完，自己总先尝一尝，尝尝汤药苦不苦、烫不烫，自己觉得差不多了，才给母亲喝。

刘恒孝顺母亲的事，在朝野广为流传，人们都称赞他是一个仁孝之子。

想一想：

这个故事让你明白了什么？

学一学：

孝亲礼仪建议

离(归)家时，要向家长主动打招呼问好；

要认真听长辈谈话，不随便打断长辈的说话；

要对长辈称"您"，不能直呼其姓名；

要听从长辈的正确教导,不任性,经常与长辈交流沟通;

要主动承担一些力所能及的家务事,比如:扫地、给长辈捶背、倒茶、端水等。

做一做:

评价内容	自 评
1.你离(归)家时曾向家人问好吗?	
2.爸爸、妈妈的生日你记得吗?	
3.爸爸、妈妈的兴趣爱好是什么?	
4.你说了哪句话或者做了哪件事父母最开心?	
5.你现在最想为爸爸妈妈做的事情是什么?	

巴实小讲堂:

【有关孝敬父母的成语】

1.寸草春晖:指父母对子女教养的恩情深重,儿女竭尽心力亦难以回报。

2.彩衣娱亲:身穿彩衣逗父母开心,比喻孝顺父母。

3.慈乌反哺:比喻子女报答亲恩。

4.孝子爱日:珍惜与父母共处的岁月,能及时行孝。

还有好多成语,等着你来发现喔……

4.习惯情感涵养课程的内容

(1)内容概述。

重庆市教科院巴蜀实验学校将生活礼仪涵养课程的主要内容归纳为以下几个方面。①文明礼貌,诚实守信。文明、礼貌、诚实、守信是社会主义精神文明的重要内容。而这些行为习惯的养成是从小开始然后经长期实践而形成的;从小不骂人,不讲脏话,待人和气,热情,有礼貌,别人讲话少插话,不打断别人说话;要尊老爱幼,诚实,守信等。养成讲文明、讲礼貌的好习惯,培养诚实、守信的好品质。②勤劳简朴,艰苦朴素。增强参与意识、提升劳动观念,养成爱惜劳动成果,热爱劳动、艰苦朴素的好品质。做到不浪费水、电、食品,不与别人攀比衣着,不同别人比玩具,女孩子不化妆、不戴首饰等。③大方无私,与人友善。为人处世时不能只顾自己,在多种活动中养成团结他人、互帮互助的行为习惯;培养生活的节律性,按时起床、就寝、进餐、学习;培养学生大方、好客、不自私、与人友好相处的品格。④勇敢坚强,活泼开朗。勇敢是指人不怕危险和困难,有胆量的一种心理品质。这种品质要与人的自信心和自觉克服恐惧心理的能力结合在一起,就必须从小开始培养。要敢于在集体面前说话、表演,培养自信心;学会勇于承认自己的过失和错误等。

（2）具体内容框架（表4.4）。

表4.4 "习惯情感涵养"课程中的十大好习惯

习惯情感涵养价值			
习惯项	重点指标	习惯具象	习惯养成环节
一 遵守规则	讲究秩序	做事有序、物品有位、行走有队	
	严守纪律	做事守时、环境安静、活动文明	
	遵守公德	文明礼让、爱护公物、乐于助人	
二 讲究卫生	个人卫生	发型规范、身体干净、着装整洁	
	室内卫生	物品干净、摆放有序、清理及时	
	公共卫生	不乱丢弃、不乱吐痰、主动拾捡	
三 做事专注	专注倾听	目光专注、手脚停住、听思结合	
	专注思考	设定目标、一心一意、松弛有度	
	专注做事	善于计划、有始有终、排除干扰	
四 坚持锻炼	积极参与	按时参与、主动锻炼、循序渐进	
	科学锻炼	动作安全、掌握技能、锻炼适度	
	持之以恒	每天训练、逐步养成、坚持到底	
五 主动学习	提前预习	熟读内容、勾出重点、提出疑问	一、习惯价值
	认真听讲	紧跟老师、抓住重点、当堂弄懂	二、习惯具象
	有效复习	回忆重点、查漏补缺、反复练习	三、习惯示范
六 喜爱阅读	喜欢阅读	爱好读书、制定目标、坚持阅读	四、习惯练习
	广泛阅览	大量阅读、开卷有益、增长见识	五、习惯评价
	精研细读	反复研读、勤做笔记、善于反思	
七 善于合作	独立思考	大胆想象、敢于质疑、勇于表达	
	善于沟通	尊重他人、言语文雅、求同存异	
	协作配合	分工明确、角色到位、按时完成	
八 厉行节约	生活节俭	珍惜用品、拒绝浪费、节用资源	
	物尽其用	充分利用、垃圾分类、变废为宝	
	低碳生活	健康出行、节约能源、减少耗费	
九 热爱劳动	积极劳动	学会自理、勤于动手、助人为乐	
	善于劳动	方法科学、注重体验、勇于创新	
	珍惜成果	尊重成果、爱护用品、有效利用	
十 真诚待人	礼貌待人	语言文雅、举止文明、讲究礼节	
	诚实守信	说话算话、勇于担当、有错必改	
	懂得感恩	感知恩惠、感恩帮助、懂得回报	

(3)课例展示。

下面展示的是一年级的学生专注篇的训练内容。

知礼明德砺精笃行

——专注篇

著名教育家叶圣陶曾说过:"什么是教育?一句话,就是要养成良好的学习习惯。"小学生养成了良好的行为习惯,才会把精力集中在学习活动的最重要方面,提高学习效率,也有利于学生健康的发育成长。一年级正是儿童形成各种习惯的最佳时期,我们把培养孩子养成专注有序的好习惯作为重点。

专注篇

> 专注的行为表达:
>
> 　　1.眼睛看着对我说话的人。
>
> 　　2.身体和耳朵倾向于发言的对方。
>
> 　　3.他人说话不打断,要打断别人的话应使用礼貌用语。
>
> 　　4.手上不做无关的动作,以免引起他人的注意。
>
> 　　5.无论站与坐,脚踏实地。

话题一:明确规则学会倾听

没有规矩,不成方圆。培养一年级新生的规则意识是入学教育工作的重中之重,首先要让孩子学会专注倾听。

精简押韵的口令对于规范低段孩子的行为习惯效果很明显,现在就从对孩子的口令训练开始让孩子明确学习规则吧!

一、《我会遵守口令》

1.游戏准备:PPT

2.操作方法:当老师说出口令时,同学们需要齐声回答,并做出相应的动作。

3.参考口令:

师:123　　　　生:请坐端正

(以下口令需及时关注学生的坐姿,强调完成各项动作时是坐端正的)

师:小眼睛　生:看老师

师:小嘴巴　生:闭闭好

师:小耳朵　生:专心听

师:小小脚　生:放放好

师:要发言　生:先举手

师:下课做好四件事　生:收书本,对桌椅,捡垃圾,做准备。

4.作用:使用口令对于小学一年级的课堂来说,无论是在纪律维持还是在教学效果上,都具有重要作用。

二、《萝卜蹲》

1.游戏准备:欢快轻松的音乐

2.操作方法:将孩子分成人数相等的4组,一组代表红萝卜,一组代表黄萝卜,一组代表白萝卜,一组代表绿萝卜。老师喊口令:"红萝卜蹲、黄萝卜蹲、白萝卜蹲、绿萝卜蹲",喊哪一组蹲,哪一组要快速蹲下。喊另一组时,前一组要快速站起来。未按口令动作的孩子算失败。(也可请孩子发布口令)

3.作用:训练学生遵守规则,并在听到口令后迅速反应的能力。

三、《看谁找得快》

1.游戏准备:PPT(内含许多找不同的图)

2.操作方法:当老师给出图片时,孩子们有一分钟的观察时间,然后记录自己找到不同之处的数量和情况,并举手向老师报告。

3.作用:通过难易不同的多张图片找不同并进行记录,孩子们可以看到自己的进步,同时也能训练学生的注意力、观察力和培养发言举手的好习惯。

四、《我是小小快递员》

1.游戏准备:含任意排序的六位数、七位数、八位数的纸条若干(根据所教班级人数确定)。

2.操作方法:老师将学生分成小组,然后每组排成一队站好。再将准备好的纸条交给第一位同学看、记10秒钟后,小声在身后的一位同学耳朵处说这组数。接着依次往后传,直到最后一个同学听到这组数。教师记录比赛时间和结果。

3.作用:训练孩子听、记、抗干扰和遵守规则的能力。

活动评价:

	课堂专注习惯:明确规则学会倾听	你都做到了吗?	
		是	否
1	我听得可认真了,我会用眼睛看着讲课的老师、发言的同学!		
2	我坐得很端正,身体坐直,并脚放手,目视前方,注意力很集中!		
3	我用心倾听他人的发言,并用心记住他人说话的重点。		
4	听他人讲话时,我眼睛会转向发言的同学,并以微笑、点头或摇头表示赞同或不赞同。		

话题二:专注课堂恰当表达

一年级学生的表达欲望强烈,课堂上老师提问时总是高高举起手,有的还爱接嘴,如果没有实现表达欲望会表现出失望,而在其他同学发言时并不会认真倾听。因此,在学生有了初步的规则意识后,要让他们知道课堂上如何专注地倾听与表达。

让孩子明确课堂要求：

1.他人发言认真听，眼睛看着说话人。

2.他人讲话不接嘴，不打断。

3.要发言，先举手，得到允许再表达。

4.站端正，姿态雅，慢慢说，说清楚。

5.先思考，再表达。

6.不在课堂上做吸引他人注意的举动。

7.收拾好自己的桌面，只放书与文具。

一、《我听得最仔细》

1.操作方法:(1)老师说出一列杂乱的数，然后让学生复述;(2)老师说出一句话，然后让学生复述。

2.作用:培养学生注意力和倾听的好习惯，通过复述达到瞬时记忆转入短时记忆。

二、躲开"3"和"7"

1.操作方法:从1开始数数，让全班同学按座次依次接力数。但凡遇到和3、7有关的数字，例如"3,7,13,17,23,27……"都不能说出来，要用拍手表示。最开始训练时，可以先躲开"3"，待学生熟悉后，加大难度，增加躲开"7"。在过程中，要求学生除了说数字、拍手，不能说和做与游戏无关的事，或者是提醒周围的同学该说什么数字。(这一点尤其要注意，许多学生会控制不住，不遵守游戏规则)

2.作用:通过这个简单游戏，训练学生的注意力高度集中，学会遵守游戏的各项规则。

三、抢背电话号码

1.游戏准备:老师搜集全班同学家长的电话，然后制作PPT，每页出示一位家长的电话号码即可。

2.操作方法:老师将PPT展示出来后，每个学生迅速记录这位家长的电话号码，然后移开号码，看谁最先举手发言，能最快背出来。(注意:当出示号码时，会有学生迅速反应这是自己家长的电话，并且也能背诵得很好，可以请他先背一次，再请其他同学背;若是学生记不住自己家长的电话，在游戏氛围下，学生会更积极、主动地记住家长的电话号码。)

3.作用:既可以训练学生的专注力，还可以帮助学生记住家长的电话号码，以便应对突发状况。

四、数青蛙

1.操作方法:生1:一只青蛙跳下水;生2:扑通;生3:两只青蛙跳下水;生4:扑通扑通;生5:三只青蛙跳下水;生6:扑通扑通扑通……按照这样的规律，让全班同学按座次依次接力数。

2.作用:训练学生的注意力、数学思维、反应能力。

活动评价：

	课堂专注习惯：专注课堂恰当表达	你都做到了吗？	
		是	否
1	我积极举手发言，得到允许再发言。		
2	发言时，我坚持做到面向多数同学。		
3	站端正，姿态雅，慢慢说，说清楚。		
4	不在课堂上做吸引他人注意的举动。		

话题三：正确阅读端正书写

培养学生的专注力，最重要的是能良好地运用到学习中，让孩子学会正确阅读，端正书写姿势，养成良好的学习习惯。

读书要做到：＿＿＿＿＿＿＿＿＿＿＿＿＿＿＿＿＿＿＿＿＿＿＿

书写要做到：＿＿＿＿＿＿＿＿＿＿＿＿＿＿＿＿＿＿＿＿＿＿＿

话题四：公共场合的专注

1.课堂上要注视老师或同学的眼睛，用眼睛回应"我们在听"。

2.倾听别人发言时，用心记住别人说话的重点。

3.我们要以微笑、点头，表示感兴趣或赞同。

4.倾听或者做游戏时根据手势的要求做出相应的动作。

5.我们要在同学发言时，身体转向发言的同学。

6.自己发言时，我们要面向多数同学。

7.我们上课时要仔细听，不接嘴，不打断。

8.我们答题时要举手，得到允许再出声。

9.我们坐立时要端正坐姿，放好手脚。

10.我们行走时要挺直腰板，步伐均匀，

11.我们做操时动作要规范，肢体到位。

12.我们做清洁时要轻拿轻放，快速清洁。

课堂上的专注训练——专心听讲

我会用眼睛看着讲课的老师、发言的同学。

第五章　城市寄宿制中小学生活涵养课程实施

课程实施是"课程"的一种重要的课程形态,在课程的整个体系中起着重要的作用。课程实施是任何一个课程方案都不可或缺的重要一环,是课程建设、发展与课程改革成败与否的关键。课程实施是指一套规定好的课程方案实施的运行过程。总的来讲,课程实施就是将设计好的课程计划或者方案付诸行动,将其运用在教育过程中,真正实现课程从"理想"到"现实"的转化。课程实施在课程从"理想"到"现实"的转化路径中占有重要地位和具有重要意义。课程方案能否实施?一个具体的课程已经实施的程度有多大?在多大程度上实施?影响课程实施的因素有哪些?需要创造什么样的条件才能实施?它们是如何影响实施进程的?为使课程方案更适应具体情境,执行者是如何对课程进行调试的?这都是课程实施需要回答的重要的理论和实践过程中的问题。课程实施不只是研究课程方案的落实程度,更要研究与实施有关的机构和个人在实施的过程中的行动和变化。课程实施不是简单机械地采纳课程方案,而是一个动态的过程。

重庆市教科院巴蜀实验学校在其"精致教育"的理念下,为本校中小学生阶段的生活涵养教育明确了课程目标,形成了多层次、分门别类的生活涵养课程体系、灵活创生的课程实施体系、探索的教育评价体系。在课程目标明确与课程体系具备的条件下,只有将这些教育要素切实放置于中小学生活涵养课程实施的过程中,才能真正发挥生活涵养课程的实效。生活涵养课程的有效、切实实施有利于生活涵养课程的落实、生活涵养教育质量的持续改进和提高,是了解生活涵养课程存在哪些问题与挑战,以及是检验生活涵养课程目标及生活涵养课程实现与否的重要过程与方式。本章以城市寄宿制中小学巴蜀实验寄宿学校的生活涵养课程建设为案例,从理论和实践层面分别讨论城市寄宿制中小学生活涵养课程的实施。

一、城市寄宿制中小学生活涵养课程实施的取向与基本原则

部分讨论城市寄宿制中小学生活涵养课程实施的基本取向和课程实施的基本原则,意在解决课程实施的理论层面的问题,即课程依何实施、课程实施遵循的基本原则。

(一)城市寄宿制中小学生活涵养课程实施的取向

课程实施的取向是指对课程实施过程本质的不同认识以及支配这些认识的相应的课程价值观。这就是说,课程实施的基本取向决定了对课程实施过程的认识,同样决定在课程实施的整个过程中课程方案、实施者角色、方法、评价等多个层面的选择,它影响课程设计者、课程实施者的角色定位和课程评价的方法。因而明晰课程实施的本质、理解课程实施的不同取向具有指导作用。城市寄宿制中小学生活涵养课程实施既注重忠实地执行课程计划的课程,也强调在课程实施的过程中依据具体的教学情境,使课程目标、课程内容、课程方法、课程组织与课程计划相互调整、改变与适应,还注意到了在真实

的教育过程中,课程可以通过教师与学生的真实互动而被创造出来。因而,生活涵养课程实施应坚持忠实取向、相互调适取向和创生取向的统一,使不同的课程实施取向指导不同类型的课程在教育过程中的实施。

1.课程实施的忠实取向

课程实施的忠实取向是指课程实施的过程是忠实执行课程计划的过程,衡量课程实施成功与否的基本标准是课程实施过程对预定的课程计划的实现程度。课程被执行的程度越高,表明实施的效果越好,实现程度高则课程实施成功,反之,课程实施失败。具体地说,这种实施取向是将课程作为现成的、人们已经确定的、固定不变的一套有待实现的材料。课程实施的问题就是如何将这些由学科专家、教育工作者设计好的内容具体化,以达到规定的课程目标。这样的实施取向将课程的设计者与课程的实施者完全分开。课程的设计者负责规定课程的目标、内容与教学法,而课程的实施者的任务就是将这些确定的教育课程内容具体落实。二者的吻合程度越高说明课程实施越有成效。这种课程实施取向具有很强的路径依赖,曾经长期主导我国中小学教师的观念,至今仍对他们有较大的影响。以这种取向理解课程实施就是将课程计划进行定义分类,尽量将其分解为可以测量的部分,然后测量课程在实际中的实施情况。因此,城市寄宿制中小学生活涵养课程的实施也必然会依然遵循课程实施的忠实取向的价值取向来进行课程实施。

城市寄宿制中小学生活涵养课程的实施要求教师要把握本校建构的生活涵养课程的课程理念、内容、特色,遵循本校建构的生活涵养课程对学生实施生活涵养课程,此后再通过量化的指标、各种评价方法对四模块教育进行评价,判断达到预期课程的程度,确保校本生活涵养课程真正落实学生多项生活能力的发展,实现个体综合素质的提升,注重考查学生课程学习后的实际发展变化,体现了课程实施的忠实取向。城市寄宿制中小学生活涵养课程制定了明确的课程目标,形成了有层次、有类别、系列化的生活涵养课程体系,在生活技能养成、身心健康涵养、生活礼仪涵养、习惯情感涵养方面,每个部分都按照维度创建课程,并且按照细化的课程评价是否达到了各个涵养的课程目标。依据生活涵养课程的总体实施方案与具体的"学校学年(或学期)活动计划与实施方案",要使总体实施方案和学年(或学期)活动计划相互配套、衔接,形成促进学生持续发展的课程实施方案。作为生活涵养课程实施的主体,学校要明确实施机构及人员、组织方式等,加强过程指导和管理,确保课程实施到位。因而,生活涵养课程对生活涵养课程的实施提供了范本与内容,也进而规范了课程评价的取向和标准,即应当密切关注课程的忠实实施,才能确保学生在课程结束后取得学习成果和得到个人发展,继而对学生进行忠实的评价,才能检验学生学习课程的目标达成情况,确定课程目标的实现程度。

2.课程实施的相互调适取向

课程实施的相互调适取向又称课程实施的相互适应取向,是指课程实施是一个连续的动态过程,课程实施过程是课程计划与班级或学校实践情境在课程目标、内容、方法、组织模式诸方面相互调整、改变与适应的过程。实施是一个由课程设计者和执行者共同对课程进行调适的过程。大量的研究表明,许多课程实施方案、研究者的设计方案是完整的,在理论上是行得通的,问题是在实际的执行过程中并没有将课程设计者的真实意图体现出来。一方面,既定的课程计划会发生变化,以适应各种具体教学实践的特殊需要;另一方面,既有课程实践会发生变化,以适应课程实施计划的要求。课程知识应该是广大的、复杂的社会系统的一个方面,来自师定课程以及学习者的经验反思。正是在与国家课程(既定课程)的不断交互中,课程实施不再是反映课程目标的一个结果,而是一个过程,一个动态的、相互调适的过程。由此,课程不再是固定不变的,规定的课程与实施的课程可能完全不同。采用相互适应取向的课程设计者将课程实施过程中主动对课程方案的修正作为实施的一部分,而且是成功实施所必需的。人们可以从不同层次来研究和认识课程实施中的调适,从教学法的选择、课程教学的组织设计、整个教学系统的调整,直至课程在实施过程中达到最佳效果。

城市寄宿制中小学生活涵养课程主张课程实施面向学生的生活世界,注重学生的主动实践和开放生成,强调学生主动参与并亲身经历实践过程、体验并践行价值理念。城市寄宿制中小学生活涵养课程的实施在学校宏观统筹安排各年级、各班级学生的综合实践活动课时、主题、指导教师、场地设施等的基础上,为每一个学生参与活动创造必要条件,提供发展机遇,并明确指出不得以单一、僵化、固定的模式去约束所有班级、社团的具体活动过程,剥夺学生自主选择的空间。允许和鼓励师生根据具体的教育情境调整既定的课程计划与课程内容,课程计划与班级或学校实践情境在课程目标、内容、方法、组织模式诸方面相互调整、改变与适应。在这种互动调适取向中,对实施的评价更多的是对特定条件下所发生的事件的描述和解释。

3.课程实施的创生取向

课程实施的创生取向是课程实施研究中的新兴取向,在课程实施的过程中发挥着自己独特的作用。课程实施的创生取向认为课程并不是在实施前就固定形成的,课程是教师与学生联合创造的教育经验,是教师与学生共同参与的教育实践的结果,教师和学生可以根据自己的实际情况来确定课程的目标与内容。课程实施在本质上是在具体教育情境中创生新的教育经验的过程,既有课程计划与课程方案只是为这个经验创生过程选择的工具和参照。创生取向课程实施的特点交互主体性、具体情境性、主动建构性、合作创造性、动态生成性。纵观三种课程实施取向,其开放性逐渐扩大,赋予教师和学生的自主权利也逐步增加,课程实施的创生取向是开放性、自由度最高的一种,这种课程实施取向能够最大限度地发挥教师和学生在制定课程中的作用。这种取向也最适合生活涵养课程的课程类型。

城市寄宿制中小学生活涵养课程的实施凸显了课程实践的创生取向,课程实施注重学生主动实践和开放生成。生活涵养课程鼓励学生从自身成长的需要出发,选择活动主题,主动参与并亲身经历实践过程,体验并践行价值信念。在实施过程中,随着活动的不断展开,在教师指导下,学生可根据实际需要,对活动的目标与内容、组织与方法、过程与步骤等做出动态调整,使活动不断深化。关注学生活动的生成性目标与生成性主题并引导其发展,为学生创造性的发展开辟广阔空间(表5.1)。

表 5.1 三种课程实施取向的比较

课程实施的取向	课程方案	实施者的角色	方 法	评 价
忠实取向	完全确定、不可变	完全按照计划执行	固定	与方案一致性程度越高，实施效果越好
互动调适取向	确定、课根据情况适当改变	根据实际教育情境对计划进行调整	动态、变化	在实际中发生的变化，对方案的调适程度
创生取向	不确定、在实施过程中生成	实施过程中创造和形成计划	创造性	方案的形成和实际效果

如上所述,城市寄宿制中小学生活涵养课程的实施在一定程度上体现了三种课程实施取向,三种实施取向不同程度都体现在了课程实施的过程中,并指导这一课程的实施。

(二)城市寄宿制中小学生活涵养课程实施的基本原则

生活涵养课程实施的基本原则是必须遵循课程实施的基本要求和原理,它指导课程课程实施者的教学与课程调适与生成,应贯穿课程实施过程的各个方面和始终。它扎根于重庆市教科院巴蜀实验学校的实践土壤,通过行动研究构建了城市寄宿制学校小学生"一核心四模块"的生活涵养课程体系。从一定意义上来讲,巴蜀实验学校城市寄宿制中小学生活涵养课程这种基于以学校为本位、由学校自主决定的课程、依据本校实际情况构建符合本校学生发展的课程属于校本课程。校本课程由学校全体、部分或个别教师根据国家制定的教育目的,在分析本校内外环境的基础上,针对学校或班级的具体情境做出评估,进行编制、实施和评价。因此,本书一定意义上讨论的是城市寄宿制中小学生活涵养校本课程实施的基本原则。

1.实际性原则

实际性原则指的是校本课程从开发到实施再到评价都要从学校的实际出发,从已有的师资队伍、教师专业素质来考量;从学校的教育教学设备、教学活动的场地来考虑;更重要的是要考虑学生的实际、学生身体发展和心理发展的实际,课程开发与实施要确立以学生为中心的教育理念和思想,要根据学生的实际需要、学生的实际兴趣和爱好来决定课程开发和实施的方向。同时,还要明确不同的学生个性是有差异的,不同年龄的学生兴趣爱好都不相同,这些都要考虑到课程实施的过程中去。只有坚持从各方面的实际出发,才能开发出有意义、有实用价值、有活力的校本课程,才能在课程实施的过程中通过相互适应以及创生取向生成更多的适宜本校、本校教师、本校学生的课程。

城市寄宿制中小学生活涵养课程的实施遵循了实际性原则,根据系列化的课程付诸实施,在课程实施的过程中同时不失开放生成性,及时变通创新课程。

2.选择性原则

课程实施的选择性原则指的是学校将一切有利资源进行整合,为学生创造环境、构建系列化的课程体系、组织丰富的活动、采用多方式、多形式的课程实施,目的是针对不同的学生为他们创造更多的选择学习的机会、更加个性化的选择方案、更加宽广的学习空间。生活涵养课程既是落实立德树人、实施素质教育与践行社会主义核心价值观的重要内容,也是提升学生自主能力和综合素养、推动学校持续发展、形成品牌效应的重要途径。课程的实施过程就应该为孩子创造更多的选择空间,这样能够最大化地培养孩子的能力与技能,将统一发展和因材施教相结合。

城市寄宿制中小学生活涵养课程的实施遵循了课程实施的选择性原则,根据学生活动主题的特点和需要,灵活安排、有效使用综合实践活动时间;给予学生广阔的探究时空环境,保证学生活动的连续性和长期性;处理好课内与课外的关系,合理安排时间并拓展学生的活动空间与学习场域。

3.发展性原则

课程实施的发展性原则是课程在各个环节的渗透,而课程的根本目标就是促进人的发展,课程实施的发展性原则坚持以人为本,一方面强调通过课程的实施,发现并有效发展学生的潜能,促进学生的全面个性化的发展;另一方面,又注重教师的个人价值和专业价值,要求最大限度地发掘教师的潜能,促进教师长远可持续的发展。[1] 课程实施必须树立以人为本的思想,在课程实施的过程中将学生的发展始终放在重要位置,突出学生各方面能力的培养,理论和实践并重,重视实践活动和动手操作。同时也要促进教师的专业发展,鼓励教师进修学习,由教师的专业发展带动学生的发展。

城市寄宿制中小学生活涵养课程的实施将学生的发展贯穿于课程实施的环节中,通过生活涵养课程的设计与实施,确保学生在身心涵养、生活礼仪、习惯情感、生活技能等方面能力素养上的综合提升,从而为个体的长远可持续的发展做好准备,促使他们健康快乐地学习与成长。课程目标着眼于学生多项生活能力的发展,课程内容强调反映学生的实际发展需求、回归学生的生活世界,课程实施注重体现学生的个体差异和多样化需求。总的来说,要将课程实施的发展性原则落实到每一个环节,才能真正促进学生的全面发展。

4.活动性原则

课程实施的活动性原则指的是在课程实施的过程中多以活动的形式展开,在活动中学,在活动中教,在活动中互动,在活动中创生,在活动中发展,在教与学的基础上不断提高学生实际做事的能力。校本课程的一个重要取向就是消除教育与生活、学校与社会、学生与家长、知识与实践的对立与隔阂,建立他们之间的联系,帮助学生理解知识的丰富多样性,提高学生的实际生活能力,培养他们的自信自主能力和树立他们独立批判的精神。校本课程的教学实施环境应该是开发、宽松、平等和多样化的教学环境,要求学生摒弃"唯书""唯师"的"盲从"与"偏见"。

城市寄宿制中小学生活涵养课程的实施为达到生活育人的效果,围绕生活涵养开展了丰富精彩的活动,学生在活动中得到锻炼、训练、陶冶。学生在活动中学习、在活动中

---

[1] 王继新,左明章,郑旭东.信息化教育理念、环境、资源与应用[M].武汉:华中师范大学出版社,2014:236.

成长、在活动中求发展。

5.管理性原则

课程实施的管理性原则指的是在课程实施的过程中一定要运用相关的管理知识,对课程实施的每一个环节都要管理、调控与监督,使整个课程实施有组织、有条理,这样才能出效益。首先,学校在保证校本课程的课时,不能过于随意,否则就不是真正意义上的校本课程。课程实施的过程中,学校领导要经常带领校本课程开发的老师一起学习关于校本课程的基本理念,经常召开座谈会积极探索有关校本课程实践操作的方式方法,充分开发利用一切课程资源,及时进行教育反思,真正把校本课程当作激发学生潜能、发展学生个性、促进教师成长、形成办学特色的一门重要课程来抓。教研组是教学研究的基层组织,要对校本课程的老师的备课定期检查,及时督促和帮助他们;应要求开始校本课程的教师经常写后记和教学反思,学期写校本课程的实施总结;定期召开校本课程的研讨会,解决在校本课程实施中存在的问题。总之,只有抓好管理,校本课程的实施才会焕发真正的生机与活力。

城市寄宿制中小学生活涵养课程根据寄宿制学校的特点,在课程实施的过程中使生活管理规范化。

第一,作息统一化。寄宿制学校统一作息时间,学生必须在互相监督中完成规范的生活动作。如统一起床时间,学生必须在规定时间内,做好洗漱,完成内务,搞好卫生;集合倒计时,出操,以班为单位集合,步伐整齐,口号响亮;吃饭,排队进场,统一洗手,统一进餐;傍晚洗澡,晚上就寝,安排统一。制度的作用,是可使懒散作风得以纠正;集体的作用,是可使不良行为得以约束。

第二,检查规范化。生活部制订了《中小学生宿舍管理制度》《中小学生宿舍考核细则》,明确学生该做哪些事,老师该帮哪些事,并逐步完善岗位职责、工作制度、评估标准、奖惩条例,使学生在校生活的各个环节有章可循、有规可守,并有相应的操作流程和评估标准。如"学生文明礼仪规范""内务细则""就餐规范""就寝纪律规范"等。生活部每天组织学生对所有寝室、所有学生的内务进行检查,哪怕某生一条毛巾没挂好,一个水杯没放正,都会被扣分,坚持做得好的会加分。每天的检查结果、奖惩名单都在每栋楼一楼的黑板上公布,周汇总报班级,直接与班级考核挂钩。

第三,组织功能化。学校实施的是"人人德育,德育人人"的全方位德育工作模式。在生活自理能力培养中,充分发挥了学生自管会组织功能。实践证明:学生集体组织是学生自我教育的重要力量,学校团委设有值周教师、值周学生岗位,生活部设立学生生活部部长、生活部干事及义工,让每个同学参与管理,接受管理,得到锻炼。由于学生自己组织活动,更符合学生的思路和要求,并且在自己的组织里通过民主管理,也能养成热爱集体、关心集体的思想感情,同时提高自我教育、自我管理、自我监督的能力。

6.指导性原则

课程实施的指导性原则所指的对象是教师对学生有针对性的指导。城市寄宿制中小学生活涵养课程非常重视教师在教育实施过程中的指导作用,要求教师在活动实施阶段,要创设真实的情境,为学生提供现场体验的机会,让学生经历多样化的活动方式,促进学生积极参与活动过程,在现场考察、设计制作、实验探究、社会服务等活动中发现和解决问题,体验和感受学习与生活之间的联系。要加强对学生活动方式与方法的指导,帮助学生找到适合自己的学习方式和实践方式。教师指导重在激励、启迪、点拨、引导,不能对学生的活动过程包办代替,还要指导学生做好活动过程的记录和活动资料的整理。总之要将教师的指导体现在课程实施的全过程,这样学生才有了"主心骨",学生的发展方向也更加明确,才有利于促进学生的全面深刻的发展。

7. 物化性原则

物化性原则是城市寄宿制中小学生活涵养课程十分重视的原则,它是指在课程实施的过程中,尤其是教师和学生的教学环节与教学过程,除了使学生在素质上、心理上发生变化之外,还要留有痕迹,要物化教学的结果和产品。

城市寄宿制中小学生活涵养课程提出"低段—中段—高段"的物化目标。"低段":通过动手操作实践,初步掌握手工设计与制作的基本技能;学会运用信息技术,设计并制作有一定创意的数字作品。运用常见、简单的信息技术解决实际问题,服务于学习和生活。"中段":运用一定的操作技能解决生活中的问题,将一定的想法或创意付诸实践,通过设计、制作或装配等,制作和不断改进较为复杂的制品或用品,发展实践创新意识和审美意识,提高创意实现能力。通过信息技术的学习实践,提高利用信息技术进行分析和解决问题的能力以及数字化产品的设计与制作能力。"高段":积极参与动手操作实践,熟练掌握多种操作技能,综合运用技能解决生活中的复杂问题。增强创意设计、动手操作、技术应用和物化能力,形成在实践操作中学习的意识,提高综合解决问题的能力。

总之,课程实施要遵循实际性原则、发展性原则、活动性原则、选择性原则、管理性原则、指导性原则及物化性原则,将这些原则贯穿到课程实施的全过程。

二、课程实施的影响因素

有了明确的课程目标、系列化的课程体系之后,将课程付诸实践是检验课程是否达到课程目标的"试金石"。课程实施的好坏对课程是否成功起着重要的作用。然而,课程实施是一个复杂的过程,课程在实施的过程中充满着变数,各种各样的潜在因素都有可能阻碍课程实施的顺利进行。因此,必须在课程实施前就充分认识和把握影响课程实施的因素,这样才会防患于未然,更好地推进课程实施。

本节讨论城市寄宿制中小学生活涵养课程实施的影响因素,旨在认识和把握课程实施影响因素,避免不利因素,促进有利因素,更好地推进课程实施。

(一)课程计划与方案本身的特征与性质

课程计划与方案本身的特性与性质,即课程方案本身的特点,是影响课程实施的第一类因素,它包括改革的必要性及其相关性、改革方案的清晰程度、改革内容的复杂性、改革方案的质量与实用性。[1] 成功的课程实施来自切实的课程方案。设计课程方案时要考虑到各方面的实际情况和实施课程时候所需的资源,一般而言,课程方案设计自身的合理性,对课程实施有重要影响。

1. 课程改革的必要性

一项改革是需要耗费许多精力实施的,但如果人们认为它是必要的,他们就会觉得做这件事是值得的,从而增加改革实施的有效性。当然,一项改革不可能对所有的人都是必要的,这里的必要性是从整体的角度来看,对教育的发展,特别是对学生的发展是有利的和必要的。

城市寄宿制中小学生活涵养课程的建构是教育现实的需要。目前,学生生活涵养劳动教育存在诸多薄弱环节和问题,由于现在的学生大多是独生子女,生活条件优越,从小得到长辈无微不至的照顾,劳动机会减少、劳动意识缺乏,使得他们的独立生活能力较差,自理劳动较少,劳动教育更是在学校中被弱化,在家庭中被软化,在社会中被淡化,以至于出现了轻视劳动、不会劳动、不珍惜劳动成果的现象。城市寄宿制中小学更具代表性,由于是全封闭、全住读为主的民办收费学校,学生的家庭条件普遍较好,生活劳动时间更少,劳动场地和机会更加有限,劳动意识更弱,生活劳动的技能更缺,不珍重劳动成果的现象更加突出。因此,基于现实需要形成了以学生的生活涵养劳动课程为核心,从生活礼仪、生活技能、生活习惯、生活防护方面的课程建构与实施。此外,还有国家层面的政策依据。坚持教育为社会主义现代化建设服务、为人民服务,把立德树人作为教育的根本任务,全面实施素质教育,培养德智体美劳全面发展的社会主义建设者和接班人。我们培养的是社会主义的服务者、建设者和接班人,既然是“建设者”,就应该是一个能够自理、热爱劳动,具有一定劳动技能并有劳动习惯的人。当前,我国正处在全面建成小康社会的关键阶段,切实加强劳动教育、培养学生劳动兴趣、磨炼学生意志品质、激发学生的创造力、促进学生身心健康和全面发展,对于推进教育现代化、实现“两个一百年”奋斗目标和中华民族伟大复兴的中国梦具有重要的现实意义。因此,对其生活涵养能力的培养更具有现实意义和政策依据。

2. 改革方案的清晰程度

改革方案的清晰程度指方案本身的结构和表述是否清晰和明白。一项新的改革方案往往包括许多新的概念和新的结构方式,如果人们不理解这些新的内容,就会给改革方案实施带来困难。在选用概念和使用语言上,在不影响改革性质的前提下,应尽可能使用人们熟悉的语言和结构,避免因表述上的问题而影响改革的实施。

城市寄宿制中小学生活涵养课程经过长时间的打磨,多年的实践,根据小学生的年龄、心理、生理、认知等特点,在学生生活自理、生活技能方面形成了分段培养、分段要求的做法,对不同年级的学生提出不同的要求,并按照要求进行技能传授和考核,形成了一套具有重庆市教科院巴蜀实验学校特色的技能培养体系。城市寄宿制中小学生活涵养

---

[1] 钟启泉.课程论[M].北京:教育科学出版社,2007:207.

课程制定了明确的课程目标,在生活技能养成方面,要求实现学生在生活技能素养和劳动素养上的提升;在身心健康涵养方面,要求保证学生的身心健康水平和心理调节能力显著提高;在生活礼仪涵养方面,应当确保学生了解文明礼仪的基本内容、掌握基本的礼仪规范;在习惯情感涵养方面,应当帮助学生养成十大好习惯。根据课程目标,对应"低—中—高"段的课程内容,然后再对应课程评价。在概念和语言的使用上,经过反复地修改与实施过程中的相互调适也愈发专业。

3.改革内容的复杂性对课程实施会产生很大影响

改革的内容越复杂,实施起来就越困难。有研究发现,"雄心勃勃的计划,其成功的比率较小,但这样的计划会比内容较少的计划促使教师改变更多的东西"。这里存在一个两难的问题:一方面改变的内容越多越广,成功的机会就越大;而另一方面,所要改变的东西越多,就会导致越多的失败。

城市寄宿制中小学生活涵养课程根据现实的需要、学生的年龄阶段特点和需要形成了系列化的课程体系,分段要求、分段培养,这在一定程度上保障了课程的准确实施,降低了课程失败的风险,而且稳步推进课程实施,注重课程实施后的后续影响力。课程目标的细化决定了课程内容的细化,从而也决定了课程评价的可操作与量化。每一步的细化都降低了课程实施的复杂程度,从而也使课程实施更加顺利。

4.改革方案的质量和实用性也是影响课程实施的重要因素

改革方案中的措施、方案规划内容实用性会对实施产生直接的影响。实用性越强的改革方案,越被实施者的理解和接受。符合实际需要的、符合学校和教师实际情况的、有针对性的可操作内容和方法在实施的过程中最容易产生实效。

城市寄宿制中小学生活涵养课程基于现实、源于现实,因此扎根大地形成的课程必然会使课程具有最大化的针对性和实用性,利于课程的推行、教师的教授、学生的学习。

总之,越简单的、改革幅度越小的方案可能复杂程度越小,就越容易清楚地表达,也就更容易被理解;而改革幅度较大的方案其复杂性就会较大,在表述上也就会出现一些新的和生僻的概念。因此,改革的设计者应尽可能避免因表述和具体的措施而影响改革的实施。

(二) 课程实施的交流与合作

课程实施的交流与合作指的是课程的成功实施离不开合作性文化的建设,离不开各类各级教育行政部门、社会人士和其他专业人士、学校校长、教师等多方的合作与交流,在实施过程中以取得共识。课程实施是一个动态过程,需要集合多种资源,人、物、时间、空间。课程的成功实施不只是需要教师和学生的教育过程。中小学生活涵养课程包括生活技能、身心健康、生活礼仪、习惯情感四个方面的课程实施,单独依靠学校自身的力量是难以进行的。如今是一个合作共赢的时代,协调多方面的有力资源才能使课程实施到位,学生发展到位。

(三)课程实施的组织与领导

课程实施的领导者要做好课程实施的计划、宣传、督促等工作,取得课程参与者以及社会的认可。尤其是校长,是课程实施的一大关节点,新开发的课程其理念是否能走进课堂,走进学生的心里,是否有助于学生的发展,很大程度上取决于校长对新开发的课程的态度。新开发的课程如果得到校长的认可,那么就要加强课程管理,使课程从理想、理念层面到现实的转化,每一步都要加强管理与组织。

城市寄宿制中小学生活涵养课程本着立德树人的理念,得到了校长的大力宣传和肯定,建立起了以校长亲自担任项目组组长,相关行政主抓,骨干教师参与的领导及工作小组,将课程实施的具体环节和步骤的责任对应到不同的个人,增加课程实施的针对性和有效性,建立问责机制,保障了课程实施的领导机制。

(四)教师课程实施的能力与素质

教师是直接的课程实施者,教师参与课程实施的积极性与主动性对课程实施的成败起着重要的作用。任何课程理论与方案,都需要教师的充分理解和转化,才能被合理有效地运用于教育实践,体现其理论与实践价值。所以,课程实施一定要做好教师的培训工作。教师的专业化程度、效能感都会影响课程内容在学生身上的转化。

城市寄宿制中小学生活涵养课程的实施过程中,必须重视教师的指导作用。在教师充分展现自身专业能力和素质时,也必须提供老师进修学习的渠道,让教师的教学更加精进,更专业,这样教出来的孩子才会学得快、学得好。因此,邀请专家座谈、开讲座、解答教师在课程实施甚至是课程的整个环节中出现的问题,有利于给教师助力,让老师在课程实施的过程中更加顺利,更加富有成效。学校主要采取了如下措施对教师进行培训与指导。

①建立指导教师培训制度。地方教育行政部门、教研机构和学校要开展对生活涵养课程专兼职教师的全员培训,明确培训目标,努力提升教师的跨学科知识整合能力,提升观察、研究学生的能力,提升指导学生规划、设计与实施活动的能力,提升课程资源的开发和利用能力等。地方教育行政部门、教研机构和学校要根据教师的实际需求,开发相应的培训课程,组织教师按照课程要求进行系统学习,要不断探索和改进培训方式方法,倡导参与式培训、案例培训和项目研究等,不断激发教师内在的学习动力。

②建立健全日常教研制度。学校要通过专业引领、同伴互助、合作研究,积极开展以校为本的教研活动,及时分析、解决生活涵养课程实施中遇到的问题,提高课程实施的有效性。地方教研机构适当配备生活涵养课程专职教研员,加强对校本教研的指导,并组织开展专题教研、区域教研、网络教研等,通过协同创新、校际联动、区域推进,提高生活涵养课程整体实施水平。

(五)评价体系改革的滞后

评价体系改革的滞后成为制约课程顺利实施的"瓶颈",这是影响课程实施的很重要的制约因素,如果新课程按照新的理念建构,但是评价新课程的评价体系没有同步改变,或者没有与新课程一一对应,那么就难以检测学生在课程实施前后发生的变化,新课程也就难以维持和进行。因此评价体系要与课程目标紧密挂钩,课程内容要与课程目标紧密挂钩,使评价体系量化、可操作。

城市寄宿制中小学生活涵养课程的实施一定要避免评价体系的滞后而引起课程实施的失败,但就目前来看,几乎不存在上述问题,因为城市寄宿制中小学生活涵养课程有清晰细化的课程目标,依据课程目标确立了系列化的课程内容,并且形成了配套的课程评价体系,即认知领域、情感领域、动作技能领域的系列评价体系,因而从课程评价体系的构建来看反而促进了课程的顺利实施。

(六) 各种外部因素的支持

成功的课程实施需要对社会环境有敏锐的洞察力,应充分了解社会的结构、传统和权力关系,为课程改革争取有利的政治和经济支持,特别是文化背景因素。这部分因素包括政府部门的重视、国家和地方政策的变化、财政拨款、技术支持和舆论支持、社区与家长的协助与支持、社会团体的影响等。各方外部因素都要考虑在内,为课程实施营造宽松的氛围与环境,会使学校和教师感到安全和自信。

城市寄宿制中小学生活涵养课程正是依据现实背景和国家政策的要求建立起来的,它适应了当地的需要和发展,融合了中国文化与当地文化背景,得到了当地政府的肯定与支持,获得家长的一致好评与支持,因此它是综合各种外部因素、各种环境因素、各种资源因素而建立起来的最好见证(表5.2)。

表 5.2　课程实施的影响因素

课程计划与方案本身的性质与特性		教师课程实施的能力与素质
课程实施的交流与合作	课程实施	评价体系
课程实施的组织与领导		各种外部因素的支持

三、课程实施的基础、条件及保障

课程实施需要依赖一定的基础、条件及保障措施支持,无基础、无条件、无保障何谈课程实施,课程实施的过程也无法进行,课程实施的效果也不会很好。本节旨在讨论课程得以实施的重要保障、课程实施的基础、课程实施的条件。

（一）课程实施的基础与条件

课程能否顺利实施需要土壤,这是课程实施的前提条件,即历史的积淀与影响。从学校自身层面来讲,要有明确的课程目标、要有规范化的课程管理、要有细化的课程体系、要有配套的课程评价体系。明确的课程目标是最后课程效果的方向所在,无方向就无结果,课程目标建设十分重要。课程目标确立以后,课程内容的建设才有参考标准,对教师才具有重要的指导和操作意义。课程评价体系也是重要的一环。其实,第二节探讨的影响课程实施的因素,只要将所有因素都考虑在内,协调有序,避免不利因素,发展有利因素,就能够很好地推进课程实施;既要清楚和明白课程计划与方案本身的性质与特性,也要寻求各种外部因素、资源的支持;既要懂得课程实施的交流与合作,也要对课程实施有规范化的组织和领导,还要加强教师课程实施的能力与素质。这些都是课程实施的重要基础和条件,只有将课程实施基于如上的条件和基础上,课程实施才有坚强的内外部条件保障,才不至于陷于空谈。

城市寄宿制中小学生活涵养课程具有一定的历史基础,自创办以来,经过十几年的办学以及在生活涵养中的探索,取得了不少的工作成果。

第一,生活管理规范化。①作息统一化:寄宿制学校统一作息时间,学生必须在相互监督中完成规范的生活动作。如统一起床时间,学生必须在规定时间内,完成洗漱,完成内务,搞好清洁;集合倒计时,出操,以班为单位集合,步伐整齐,口号响亮;吃饭,排队进场,统一洗手,统一进餐;傍晚洗澡,晚上就寝,安排统一。②检查规范化:生活部制定了《中小学生宿舍管理制度》《中小学生宿舍考核细则》,明确学生该做哪些事,老师该帮哪些事,并基本完善了岗位职责、工作制度、评估标准、奖惩条例,使学生在校生活的各个环节有章可循、有规可守,并有相应的操作流程和评估标准。如"学生文明礼仪规范""内务细则""就餐规范""就寝纪律规范"等,可谓处处有规范,时时有检查、反馈、评价,用规范的检查和评价督促学生的工作、行为、习惯。③组织功能化:学校实施的是"人人育德,德育人人"的全方位德育工作模式。在生活自理能力培养中,充分发挥了学生自管会组织功能。实践证明:学生集体组织是学生自我教育的重要力量,学校设有值周行政、值周教师、值周学生、学生义工岗位,生活部设立学生生活部部长、生活部干事,让学生多层次、多点面参与管理,接受管理,得到锻炼。学生自己组织活动,更符合学生的思路和要求,并能在自己的组织里,通过民主管理,也能养成热爱集体、关心集体的思想感情,同时提高自我教育、自我管理、自我监督的能力。

第二,生活要求年级化。通过多年的实践,我们根据重庆市教科院巴蜀实验学校小学生年龄、心理、生理、认知等特点,在学生生活自理、生活技能方面形成了分段培养、分段要求的做法,对不同年级的学生提出不同的要求,并按照要求进行技能传授和考核,形成了一套具有重庆市教科院巴蜀实验学校特色的技能培养体系。

第三,生活评价德育化。在不断实践和探索过程中,我们把生活管理服务、自理培养纳入学校德育工作大体系之中,开展"平民化教育"。通过优化学生一日生活管理,凸显生活管理的育人功能;学校实施"小绅士、小淑女"工程,以生活表现为主要依据,每周评选班级小绅士、小淑女,学校每期评选小绅士、小淑女;用"三个生活好习惯"引领学生行为,利用班会课、升旗仪式广为宣传,建立班级学生互评、教师评价、家长评价三级评价机制;教授文明礼仪,从个人礼仪、社交礼仪、家庭礼仪、公共场所礼仪等方面进行引领;从学生每期素质评价单中体现生活评价元素。

第四,生活课程系列化。我们针对生活涵养的内容,专门开设了心理课、礼仪课、安全课、劳动课等,并将各种课程排入课程表,保障学习或实践,配备专业教师授课。为了让学生了解并会运用相关知识,增强自我防护意识,消除安全隐患,我们组织编写了三本安全教材《中小学安全应急手册》(小学1—3年级段)、《中小学安全应急手册》(小学4—6年级段)、《中小学安全应急手册》(7—9年级段),由重庆大学出版社出版并公开发行。为了让孩子学习一些基本礼仪,规范行为习惯,聘请了专业教师授课;为了让孩子掌握一些生活技能,我们专设劳动课,每班开辟菜园地,每班根据课表参与烹饪学习等。

第五,涵养活动丰富化。为达到生活育人的效果,重庆市教科院巴蜀实验学校开展了丰富多彩的活动,包括生活技能大赛、春季秋季游学活动、周末留校生参观学习、接待外来参观人员的生活技能展示活动等。这些活动让孩子学以致用,将平时所学与实践相结合。

(二)课程实施的保障

在课程实施的基础与条件具备的情况下,课程实施的保障也是重要的一环,主要包括人力保障、物力保障、经费保障、课程建设、师资保障等。①人力保障。这主要是领导者和管理者,建立管理集团,保障课程实施的有效推行。②物力保障,主要是设备、场地、硬件设备。学校要为生活涵养课程的实施提供配套硬件资源与耗材,并积极争取校外活动场所支持,建立课程资源的协调与共享机制,充分发挥实验室、专用教室及各类教学设施在生活涵养课程实施过程中的作用,提高使用效益,避免资源闲置与浪费。有条件的学校可以建设专用活动室或活动场所等。地方教育行政部门要强化资源统筹管理,建立健全校内外生活涵养课程资源的利用与相互转换机制,强化公共资源间的相互联系和硬件资源的共享,为学校利用校外图书馆、博物馆、展览馆等各种社会资源提供政策支持。③经费保障,主要是指获得的财力支持,地方教育行政部门和学校要确保开展生活涵养课程所需经费,有条件的地方与学校,可以拨付专门的经费支持生活涵养课程主题活动资源开发和活动场所建设等。④课程建设,主要是课程实施的载体,没有课程内容也就无法谈课程实施。⑤师资保障,主要是对教师队伍的建设,优秀的师资是课程实施坚强的后盾。⑥资源开发,地方教育行政部门、教研机构和学校要开发优质生活涵养课程资源,为课程实施提供资源保障。要充分发挥师生在课程资源开发中的主体性与创造性,及时总结、梳理来自学生日常生活的典型案例和鲜活经验,动态生成分年级、分专题的生活涵养课程资源包。地方教育行政部门和教研机构要探索和建立优质资源的共享与利用机制,打造区县内学校联动的共建共享平台,为课程实施提供高质量、常态化的资源支撑。⑦安全保障,地方教育部门与其他有关部门要统筹协调,建立安全管控机制,分级落实安全责任。学校要设立安全风险预警机制,建立规范化的安全管理制度及管理措施。

教师要增强安全意识,加强对学生的安全教育,提升学生安全防范能力,制订安全守则,落实安全措施。

城市寄宿制中小学生活涵养课程都具备了如上保障,为城市寄宿制中小学生活涵养课程实施提供了坚实的保障。

1.领导及人员保障

建立以校长为项目组长,相关行政领导和骨干教师参与的领导小组和工作小组,每个组责任到人,分工明确。共有领导小组、工作小组、保障小组三组。其中,领导小组分为组长 1 人和副组长 1 人,以及多个领导小组成员;工作小组分为组长 1 人、副组长 1 人,工作组成员若干以及工作人员(班主任、生活教师)若干。保障小组分为组长 1 人,组员若干。

2.物资保障

城市寄宿制中小学校,设施设备较完备,宿舍、伙食团、操场等都是生活育人的有力物资保障;城市寄宿制中小学校许多生活物资是统一配备,为统一规范学生行为奠定了基础。

3.经费保障

学校划拨项目研究经费 10 万元,加上市教科院划拨的 2.6 万元,共计 12.6 万元,用于资料数据费、差旅费、会议费、专家咨询费、劳务费、印刷费、出版费、管理费和结题评审费等,保障项目的顺利实施。

4.课程保障

城市寄宿制中小学校将生活涵养课排入了各班课表,自编多套校本教材,确定专任和兼职教师,为生活涵养课程的开发和建设、实施提供了有力保障。

5.师资保障

教师培训与教研指导。地方教育行政部门、教研机构和学校要加强调研,了解生活涵养课程教师专业发展的需求,搭建多样化的交流平台,强化培训和教研,推动教师的持续发展。首先,建立指导教师培训制度。地方教育行政部门、教研机构和学校要开展对生活涵养课程专兼职教师的全员培训,明确培训目标,努力提升教师的跨学科知识整合能力,观察和研究学生的能力,提升指导学生规划和设计与实施活动的能力,提升课程资源的开发和利用能力等。地方教育行政部门、教研机构和学校要根据教师的实际需求,开发相应的培训课程,组织教师按照课程要求进行系统学习。要不断探索和改进培训方式方法,倡导参与式培训、案例培训和项目研究等,不断激发教师内在的学习动力。其次,建立健全日常教研制度。学校要通过专业引领、同伴互助、合作研究,积极开展以校为本的教研活动,及时分析、解决生活涵养课程实施中遇到的问题,提高课程实施的有效性。地方教研机构适当配备生活涵养课程专职教研员,加强对校本教研的指导,并组织开展专题教研、区域教研、网络教研等,通过协同创新、校际联动、区域推进,提高生活涵养课程整体实施水平。

四、课程实施的维度与层次

课程实施的过程是把课程方案转化为具体的教育教学行为的过程,表现为学校、教师和学生观念的改变,即课程方案追求的目标在实际教育过程中得到体现。课程实施的过程是一个递进的过程,实施的状况表现在不同层面上的改变。根据国外课程学者的研究[1],课程实施工作至少应包含五个层面的改变,即教材的改变、组织方式的改变、角色或行为的改变、知识与理解的改变、价值的内化。这五个方面都发生了与课程方案一起的变化,才能算是有效的课程实施,才算是真正走入了实践的变革。

(一)课程内容教材的改变

教材的改变是课程实施的第一个维度,也是最直接、最明显的要素。将新的课程方案付诸实施,首先就需要编制一套与之匹配、配套的课程教材。教材的改变包括与课程方案相适应的内容、顺序编排、组织结构、呈现方式与方法、教学方法等。教材是学校组织教学和教师设计和组织教学的重要依据和参考,也是学生赖以学习的主要资源。从我国中小学教师设计和组织教学的传统和习惯来看,教师在组织教学过程中对教材的依赖程度极高,并且在较短时间内很难有大的变化。虽然随着课程改革的不断深入,对课程的理解与认识有所改变,普遍认为教材不再是唯一的因素,课程的改革更需要其他各要素的改变,但目前教师及课程实施者们对教材的依赖程度还是很高的。可见,教材的创新与改变仍然是重要的课程实施要素,是课程实施的最初环节。如果教材能够很好地体现课程方案的目标和教育理念,对课程改革的实施可助一臂之力;反之,会在很大程度上影响课程实施的效果。

城市寄宿制中小学生活涵养课程自构建伊始就把教材建立在本地、本校实际的需求和国家政策的支持与需求之上,以《小学生生活涵养课程纲要》统领的城市寄宿制中小学生活涵养课程建构了生活涵养的评价指标体系,升发了生活涵养的目标体系和课程体系。

①开发了生活涵养的目标体系和课程体系。经过实践研究,围绕"三养三育"目标,养情趣、养身心、养习惯,育情绪、育能力、育品格,从身心涵养、生活礼仪涵养、习惯情感涵养、生活技能涵养四个方面进行了课程体系构建,开设了生活涵养课程,检验实践成果。城市寄宿制中小学生活涵养课程制定了明确的课程目标,在生活技能养成方面,要求实现学生在生活技能素养和劳动素养上的提升;在身心健康涵养方面,要求保证学生

---

[1] Fullan, M.&Pomfret, A.Researchoncurriculumand instruction implementation[J].Review of educational research,1977, 47(1):335-397.

的身心健康水平和心理调节能力显著提高；在生活礼仪涵养方面，应当确保学生了解文明礼仪的基本内容、掌握基本的礼仪规范；在习惯情感涵养方面，应当帮助学生养成十大好习惯。因而，生活涵养课程目标的确立对生活涵养课程的实施提出了具体要求，也进而规范了课程评价的取向和标准。

②完成了生活涵养系列教材的编写工作。编写了低段（1—2年级）、中段（3—4年级）、高段（5—6年级）生活涵养系列校本教材，共分为《小学生安全教材》《安全应急手册》《小学生礼仪教材》《小学生生活技能教材》各三册。其中安全教材的实施理念、步骤和要求是案例引入、激发兴趣、讨论交流、明辨是非、阅读领会、自我建构、实践活动、安全规范、总结提升、形成能力。礼仪教材实施的理念、步骤和要求是情境展现、引出问题、礼仪规范、明确要求，情境再现、模拟练习、语言提炼、总结提升、礼仪文化、链接拓展。生活技能教材的实施理念、步骤和要求是作品引领、激发兴趣、工具材料、准备充分、操作步骤、科学严谨、动手操作、程序规范、成果展现、树立榜样。此外，除了有型、物化的课程教材之外，还建构了无形的课程体系—习惯涵养成系统。一是按时作息的重点与措施。二是积极锻炼的重点与措施。三是爱惜粮食的重点与措施。四是节约水电的重点与措施。五是着装整洁的重点与措施。六是勤理内务的重点与措施。七是讲究卫生的重点与措施。八是合理膳食的重点与措施。九是遵守秩序。十是慎用手机的重点与措施。最后，构建了生活涵养课程的文化环境。将课程内容与习惯制作成横幅放置于教室外的长廊里，将学生的成果展示出来。

③建构了生活涵养课程的评价指标体系。描绘了"遵守规则、讲究卫生、做事专注、坚持锻炼、主动学习、喜爱阅读、善于合作、厉行节约、热爱劳动、真诚待人"十大习惯的行为特征，初步探究了十大习惯的培养方法，形成了比较完善的评价体系和外化制度。城市寄宿制中小学生活涵养课程包含了丰富的课程内容和细致的课程实施方案，在课程内容上，不仅有基本知识的学习，如心理健康知识、生活礼仪知识等，更有相关技能的训练，如烹饪技术、手工技艺等；课程内容的丰富使得在课程实施上包含多样化的组织形式，既有课堂内的讲授式学习、合作式学习等，也有课堂外的实践动手操作和实训演练等。多样化的课程内容和组织形式，尤其是那些更具生发价值、强调学生参与的课程实施能够为考查学生的动态行为表现提供基础前提，有利于实现课程评价的全面性和连贯性。

（二）组织方式的改变

组织方式的改变是课程实施的第二个维度，组织方式包括学生的分班与分组的教育组织形式的安排、时间与空间的整体安排、人员的任务与职责的分配等方面。一个新的课程计划通常要求课程的组织者在组织上有所变化，虽然这种形式上的变化可能不是根本性的变化，但是是课程实施的关注点。因为一些改变通常从表面形式上开始，继而才会深入到实质性的课程变化。

城市寄宿制中小学生活涵养课程对生活涵养课程进行课时安排、规定实施机构与人员、确定组织方式，这些改变都是课程实施逐步推进过程中所必需的。第一，课时安排。

小学 1—2 年级,平均每周不少于 1 课时;小学 3—6 年级,平均每周不少于 2 课时。学校要保证生活涵养课程的活动开展时间,根据具体活动需要,把课时的集中使用与分散使用有机结合起来。要根据学生生活涵养课程活动主题的特点和需要,灵活安排,有效使用时间。学校要给予学生广阔的探究时空环境,保证学生活动的连续性和长期性。要处理好课内与课外的关系,合理安排时间并拓展学生的活动空间与活动场域。第二,实施机构与人员。学校成立生活涵养课程领导小组,结合实际情况设置专门的生活涵养课程中心或教研组,或由教科室、教务处、学生处等职能部门,承担起学生涵养课程实施规划、组织、协调与管理等方面的责任,负责制订并落实生活涵养课程的实施方案,整合校内外教育资源、统筹协调校内外相关部门的关系、联合各方面的力量,特别是加强与校外活动场所的沟通协调,保证生活涵养课程的有效实施。要充分发挥少先队、共青团以及学生社团组织在生活涵养课程开展中的积极作用。学校建立专兼职相结合、相对稳定的指导教师队伍。学校教职工要全员参与、分工合作。原则上每所学校至少配备 1 名专任教师,主要负责指导学生开展生活涵养课程主题活动,组织其他学科教师开展校本教研活动。各学科教师要发挥专业优势,主动承担指导任务。积极争取家长、校外活动场所指导教师、社区人才资源等有关社会力量成为生活涵养课程的兼职指导教师,协同指导生活涵养主题活动的有效开展。第三,组织方式。生活涵养课程实施与主题活动开展以小组合作方式为主。小组合作范围可以从班级内部,逐步走向跨班级、跨年级、跨学校和跨区域等。要根据实际情况灵活运用各种组织方式。引导学生根据兴趣、能力、特长、活动需要,明确分工,做到人尽其责,合理高效。既要让学生有独立思考的时间和空间,又要充分发挥合作学习的优势,重视培养学生的自主参与意识与合作沟通能力。

(三)角色或行为的改变

角色或行为的改变是课程实施的第三个维度。角色或行为的改变是课程实施取得实质性效果的重要标志之一。只有上述的教材和组织方式的变化是不够的,与课程实施相关的人员的角色或行为的转变才能使课程的深层次理念与目标真正落实到位。例如,一项新的课程理念的实现,在学校层面,首先就要求校长和教师改变角色。教师要从威严的知识的拥有者转变成教学的组织者、参与者与合作者,要在真实的教学活动中体现具体教学行为的转变,然后落实到学校的活动中、落实到课堂教学中。教师的角色或行为的转变不都是相同的,不同的教师应根据本学校和本班级学生的情况而确定自己在每一项活动中,或对待某一个具体学生的行为和角色,具体情况具体分析。

城市寄宿制中小学生活涵养课程实施中校长是生活涵养课程的支持者、推行者、管理者,给教师教学提供了自由发挥的空间。教师在生活涵养课程中的角色是学生的指导者、帮助者、协助者。生活涵养课程实施与主题活动开展过程中,要处理好学生自主实践与教师有效指导的关系。教师既不能"教"生活涵养活动,也不能推卸指导的责任,而应当成为学生活动的组织者、参与者和促进者。教师的指导应贯穿于生活涵养课程实施的全过程。在活动准备阶段,教师要充分结合学生经验,为学生提供活动主题选择以及提出问题的机会,鼓励学生提出感兴趣的问题,并及时捕捉活动中学生动态生成的问题,组织学生就问题展开讨论。要让学生积极参与活动方案的制订过程,进行合理的时间安排、责任分工、实施方法和路径选择。同时,引导学生对活动方案进行组内及组间讨论,吸纳合理化建议,不断优化完善方案。在活动实施阶段,教师要创设真实的情境,为学生提供现场体验的机会,让学生经历多样化的活动,促进学生积极参与活动过程,在现场体验、设计制作、社会服务等活动中发现和解决问题,体验和感受学习与生活之间的联系。要加强对学生活动方式与方法的指导,重在激励、启迪、点拨、引导,不能对学生的活动过程包办代替。在活动总结阶段,教师要指导学生选择合适的结果呈现方式,鼓励多种形式的结果呈现与交流,对活动过程和活动结果进行系统梳理和总结,促进学生自我反思与表达、同伴交流与对话。

(四)知识与理解的改变

知识与理解的改变是课程实施的第四个层面。课程实施者对课程及其相关知识的理解和把握是所谓的"知识与理解"。这指的是教师从理论上认识课程各要素的意义及其相互关系,了解课程计划提出的基本理念,以及理念的依据和意义;认识课程的目标、内容与方法的本质及其所反映的理念与基础。理念与认识上的提高会使课程的实施者自觉地实施新课程,将新课程的理念与方法转化为自觉的行动而不是外在的、强加给自己的东西。真正意义上的课程实施需要实施者自觉地、创造性地、有效地将课程方案在教学实践中体现出来。

城市寄宿制中小学生活涵养课程将生活涵养课程作为一种实践性、综合性的校本课程,而学校是生活涵养课程规划的主体,应在国家课程标准的整体框架下,对生活涵养课程进行整体设计,将办学理念、办学特色、培养目标、教育内容等融入其中。学校要依据学生发展状况、学校特色、可利用的社区资源对生活涵养课程进行统筹考虑,形成生活涵养课程总体实施方案;还要基于学生的年段特征、阶段性发展要求,制订具体的"学校学年(或学期)活动计划与实施方案",对学年、学期活动做出规划;要使总体实施方案和学年(或学期)活动计划相互配套、衔接,形成促进学生持续发展的课程实施方案。

学校在课程规划时要注意处理好以下关系:

①生活涵养课程的预设与生成。[1] 学校要统筹安排各年级、各班级学生的生活涵养课程课时、主题、指导教师、场地设施等,加强与校外活动场所的沟通协调,为每一个学生参与活动创造必要条件,提供发展机遇,但不得以单一、僵化、固定的模式去约束所有班级、社团的具体活动过程,剥夺学生自主选择的空间。要关注学生活动的生成性目标与生成性主题并引导其发展,为学生创造性的发展开辟广阔空间。

②生活涵养课程与其他学科课程的关系。在设计与实施生活涵养课程中,要引导学生主动运用各门学科知识分析解决问题,使学科知识在生活涵养课程活动中得到延伸、综合、重组与提升。

---

[1] 钟启泉.课程论[M].北京:教育科学出版社,2007.

③生活涵养课程与专题教育的关系。可将有关专题教育,如优秀传统文化教育、革命传统教育、国家安全教育、心理健康教育、环境教育、法治教育、知识产权教育等,转化为学生感兴趣的生活涵养活动主题,让学生通过亲历感悟、实践体验、行动反思等方式实现专题教育的目标,防止将专题教育简单等同于生活涵养课程。

(五)价值的内化

价值的内化是课程实施的第五个层面,是指课程实施者将新课程提倡的价值观内化为自己的价值观,完全变成自觉的行为去执行课程的各组成要素。价值的内化需要一个过程,不能指望在课程实施的初期实施者都能达到价值的内化,需要实施者一段时间的理解与认识,在实践中不断体验与深化,才有可能逐步达到价值的内化。

城市寄宿制中小学生活涵养课程是落实立德树人、实施素质教育与促进学生全面发展的重要内容与重要途径,它以"三养三育"("养身心、养感情、养习惯"与"育品格、育能力、育情趣")为核心目标;以生活技能涵养、身心健康涵养、生活礼仪涵养、习惯情感涵养为主要内容。生活涵养课程在本质上是一种具有实践性、活动性的校本课程,课程目标以培养学生综合素质为导向,课程内容面向学生的生活世界,课程实施注重学生主动实践与开放生成,在课程评价主张多元评价及综合考查。"精致教育"的理念融入课程的所有环节之中,理念的内化需要时间的积淀、实践的检验与总结,外在的课程转化为教师的内在价值观同样也需要时间,通过对教师的培训,教师在教学活动中的实践,先将这种价值观印刻到教师自身的素质之中,那么才能通过教师对学生的影响,从而内化为学生的价值观。

课程实施的五个层面与维度都不可或缺,它们组合在一起才能最终实现一个或一组特定的教育目标。理念和行为的变革才是真正的变革。此外,还必须考虑课程实施的质量水平和适合程度。为了实现课程变革的目标,要明白三个方面。第一,变革课程的实施是多个维度、多个层次的,并且它会随着一个人或一组人的变化而变化。第二,要有风险意识,一旦改革涉及人们深层的、基本的教育观念和技能时,教育变革就存在风险,课程实施和教育变革就会受到阻碍。第三,变革课程的实施常常是多层面、复杂的、不太清晰的、内在的相互联系和作用。

五、课程实施的策略

课程实施的不同策略往往会导致不同的实施效果。美国课程专家麦克尼尔根据课程改革发生的不同水平提出了三种课程实施的策略:从上至下的策略、从下至上的策略、从中间向上的策略。钦与本恩依据人性论和政治学的假设,提出实证—理解策略、权力—强制策略、规范—再教育策略。从不同的角度分析课程实施的策略,可以帮助我们理解和认识课程实施策略的性质和它们在课程实施过程中的作用。本节旨在讨论课程实施的几种策略及课程实施策略的运用,解决课程如何实施以及怎样运用的问题。

(一)课程实施的策略

1.从上至下的策略

从上至下的策略是以国家和地区为中心的,通常情况下是由教育行政机构受到改革动因的影响而决定进行课程改革。这种策略的实施首先要成立各种指导委员会、规划委员会等。指导委员会的目的在于确定教育哲学、选择教育目标作为课程改革各项决策的根本。规划委员会旨在确定总纲、教育科目、教材大纲、教学指引、教学资源。实施委员会旨在促使校长和教师了解课程改革的内涵和实施要点,促使课程改革在教学上的实施。为了促使学校教师按照课程改革结果进行教学,教育主管机关通常会采取一些策略和课程实施控制措施,如制定课程纲要、教学指引等。早期的督导在课程改革的命令发布之后,由学校的督察人员前往学校,监督实施的过程和结果。另外,要求教师进修,参加校内外的短期研讨会或者培训班,增加教师有关新课程的知识,了解新课程的实施程序,接受新课程。

城市寄宿制中小学生活涵养课程实施在一定程度上运用了从上至下的策略,课程的起草到最终的构建,由上级领导逐步推荐与下放,体现了规范化的管理。这种从上至下的课程实施策略在一定意义上保障了课程的按时推行与得以推行。

2.从下至上的策略

从下至上的策略着眼于地区和教师的需要,以教师作为课程改革的主体,由地区或教师的课程发展开始,发展为整体的课程改革,其历程是归纳的。从下至上的课程实施策略的典型模式是"综合发展策略"和"教师作为变革的行动者"。从下至上的策略是以教师为中心的,假定唯有教师的改变,课程才能有所改变。第一,唯有教师的专业能力提高时,课程才能有所改革。第二,唯有教师个人参与解决课程问题的活动时,教师的能力才有可能提升。第三,如果教师能够制定目标,选择及界定所要解决的问题,判断及评价问题解决的结果,其参与的深度最有保证。第四,在面对面的团体中,教师能够彼此了解,对于课程改革的基本原则、目标和计划等方面,则更容易达成一致。采取从下至上的策略,首先是教师(课程的使用者)感到有课程改革的需要,着手诊断问题,确定问题所在,并在咨询人员或改革机构的协助下,去寻找校外的资源,取得这些资源。然后,进行归纳分析,提出解决问题的办法加以运用。"教师作为改革的行动者"就是从下至上的实施策略的具体体现。希望课程编制从教师设计的特定的教学单元开始,用教学单元所进行的实验结果为后来的总体设计提供基础。这是一个教师沟通互动的实验,通过教师间的互动进行非正式的交流,教师结识了其他的教师,从而有机会接受培训与训练他人,有机会参观其他学校和被参观,公开自己的观点,接受同事的赞许并获得认可。在此基础上,提出有效解决问题的办法。

城市寄宿制中小学生活涵养课程的实施在一定程度上运用了从下至上的课程实施策略,在学校宏观统筹安排各年级、各班级学生的综合实践活动课时、主题、指导教师、场地设施等的基础上,为每一个学生参与活动创造必要条件,提供发展机遇,并明确指出不得以单一、僵化、固定的模式去约束所有班级、社团的具体活动过程,剥夺学生自主选择的空间。允许和鼓励师生根据具体的教育情境调整既定的课程计划与课程内容,课程计划与班级或学校实践情境在课程目标、内容、方法、组织模式诸方面相互调整、改变与适应。教师在课程实施中的地位十分重要。

3.从中间向上的策略

从中间向上的策略是由前两种策略形成的,主要包括以下几种因素。第一,帮助教师注意来自校外的信息,利用这一点作为改革的诱因。第二,鼓励教师带着改革和变化的观念思考如何运用新信息。第三,通过教师互相交流提供机会来促进新观念的广泛传播。第四,通过校内和校外的人宣传来促进新思想的普及、推广。在从中间向上的课程实施策略下,要使学校成为课程实施的主题,一方面,要着眼于学校整体的发展,而另一方面,更重要的是要聚焦于学校的核心组成部分——教师,通过为教师创造条件,推动与协助教师参与变革。

城市寄宿制中小学生活涵养课程实施更多地体现了从中间向上的课程实施策略,注重课程实施过程中教师与学生的互动生成,给教师提供各种平台与培训、教研活动,互相探讨课程实施过程中的问题。课程的实施中学校最具自主权,以本校为单位,能够办出特色,对周围的学校具有辐射示范作用。

4.实证—理性策略

实证—理性策略相信人是理性的,只要使实施者相信改革是合乎理性的,他们就会服从并加以实施。它强调实施者的能力与主观上要求改革的迫切程度,因此,采用该模式的关键就在于澄清实施者对改革必要性的认识,同时对他们进行培训以增强其效能。该策略最具代表性的是"研究—开发—推广"模式,这种课程实施的模式认为,课程改革是由以下四个阶段按计划线性展开的过程。

(1)研究。建立某种教育理论。

(2)开发。根据理论设计新的课程方案。

(3)推广。将新方案系统地传递至学校与教师。

(4)采用。学校与教师无权对课程方案进行修改或调整,只负责使用。这种"研究—开发—推广"模式具有以下特征:

①需要实施的技能假定为可以学习的及可以特定化的。

②课程方案由专家设计并使其臻于完善。

③假定课程目标已经得到课程开发者、教师和学生的认同,并且这些目标成为评价

学生的基础。

④评价课程的方法主要是心理测量式的。

⑤课程实施以"忠实"程度作为评估的基础,课程方案的使用者是变革的被动者。

城市寄宿制中小学生活涵养课程实施由市教科院与学校联合开发而成,立足校情、总体建构、分项实施、逐步推进、总结完善,丰富了校本课程体系,建构了培育小学生生活能力的内容体系,探索了培育重庆市教科院巴蜀实验学校小学生生活能力的途径和方法,在一定意义上体现了实证—理性的课程实施策略。

(二) 课程实施策略的运用

以上课程实施策略为理解课程实施策略提供了一个基本的思路,下面探讨课程实施策略的几个一般原则。

无论采用哪一种课程实施的策略,首先应该明确的问题是"为什么要进行课程改革"。这涉及价值问题,可以帮助我们确立改革的原则,评价改革的真正内涵,明确改革后可能带来的结果。

其次,系统化的工作程序都是必要的。什么时候搜集资料?什么时候设计课程内容?什么时候确立改革的目标?什么时候建立改革的原则?什么时候进行评价?什么时候进行修订?什么时候提出最终的报告?如何确保改革工作的质量?这些问题不仅仅是"时间"的问题,更重要的是对改革所包含的人、地、时、空、物、财的一个完整的规划。

采用任何策略都不能忽略改革人员的组成问题。课程改革是一个系统工程,要想成功实施,需要具备的能力十分多元,不是单独的某一个人、团体或者地区可以实现的,因此,课程改革应该以团队的工作形态出现。在课程改革的团队中,最好能够包含不同背景的人员,如学科专家、教师、心理学者、课程学者、评价专家,甚至是家长、学生、社区人士等。

任何课程实施策略的使用,都应该考虑教师和行政人员的改变。课程改革存在着不同的层次:新教材及资料的使用、组织方式的改变、角色及行为的转变、知识和理解的改变、价值观和信念的转变。

课程实施策略的选择,应该提供充足的时间和经费。任何一项大的改革,"不但要经历发起、动员、采用到实施的阶段,还必须机构化或制度化、持续化、整合化"。[1] 在整个过程中,教师对于课程改革理念的理解、教师态度的转变和技能的提高,学生对新的课程和教学方法的适应、人们对改革中出现的问题的认识等都是以充足的时间来作保证的。另外,经费作为改革最基本的保障,也是必不可少的。

任何课程改革策略和模式的选择,应该重视改革的领导。例如,学校教师及行政人

---

[1] Fullan, M.The new meaning of educational change[M].New York:Teachers College Press,1982:39.

x

员素质的提升,需要校长凝聚大家的力量来引导努力的方向,来提供必要的支持。如果校长不重视课程改革,学校教育人员会成一盘散沙,无法凝聚起来共同合作。另外,学校的文化如何向有利于课程改革的方向发展,也需要校长设法创设与激励。除了校长以外,其他机构及人员的课程领导也十分重要。

(三)课程策略的启示与借鉴

1.课程实施策略的选择要因地制宜、因时制宜,综合发展

每一种课程实施策略都有其存在的价值,但同时又有其局限性。在具体的课程实施的过程中,究竟选择哪一种实施策略无固定的模式。大多数的课程改革中,往往综合采取多种策略,利用各种实施策略之间互相取长补短来实施变革,这样才能取得更好的效果。在课程实施的过程中必须要意识到原有体制的弊端,因地制宜、因时制宜、综合发展,选择恰当的实施策略。

2.重视对教师的培训

在课程实施的过程中,教师扮演着很重要的角色。某种意义上说,课程计划最终都是通过教师实施的。教师在一定程度上参与课程规划和设计工作,不仅会影响课程设计的结果,而且也会影响课程实施的进程。在课程实施的过程中要注意听取广大教师的意见,要尽可能地为教师参与课程设计提供机会。尤其在强调校本开发的过程中,对教师的科学培训就显得更加重要。

3.学校作为课程实施的基本单位,应发挥更大的作用

尽管每一种课程实施策略强调的主体是不同的,但有一点是可以肯定的,学校在教育中所处的特殊位置,决定了任何一项课程改革都必须经由学校这一环节,才能践其言、成其行。《基础教育课程改革纲要(试行)》中提出国家课程、地方课程和学校课程管理的模式,其中学校课程在中学阶段可以占到课程总量的16%。这实际上为学校实施课程提供了一个契机,要求学校在可能的条件下注意搜集校外的信息,汇总学校、教师、学生等方面的资源进行操作和实施。

4.确立"教师是课程研究者"的地位

课程能够实施成功,教师具有重要的作用。一方面,因为教师最了解课程实施,另一方面也是因为教师是各层课程转换的中心人物和课程实施的核心人物,因为他们在教室与学生的互动过程中扮演着重要的角色。他们与学生的接触广泛,熟知学生个性差异和日常交往行动,也最能掌握学生的想法和感受;他们在教室获得课程实践的第一手资料,这些资料不是课程专家或研究员能得到的。总之,教师不但掌握着课程教学的基本理论,还深入了解教室内的实际情况。教师最有资格对课程改革发表意见,他们能对所有的课程决策产生实际影响。"教师是课程研究者"意味着教师不再是课程的忠实使用者、课程的实施者,而是通过"研究"或者"集体审议"更多地介入课程发展过程,成为课程发

展全过程中不可缺少的一个重要组成部分。

5.构建课程改革的网络系统

课程实施的过程涉及若干机构和个人,如何将这些机构和个人组织起来,形成一个有机系统,为课程实施提供一个高效运行的组织系统,是十分重要的。其中一个重要的解决方法即构建一个合作式的网络状系统,作为连接实践者—教师、学生,研究者—学科专家和课程决策者—管理人员的纽带,使他们能共享信息和相互支持。沃德提出这种网络状工作系统有以下四个特征:[1]第一,多样性。对于课程改进来说,所有的参与机构都是有潜力的,都能带来解决问题的专业知识。第二,问题焦点。要集中精力解决那些所有参与者认为长期的、重要的问题,而不只是研究者感兴趣的问题。第三,责任。所有的参与者都应该执行要求的调查、开发和评价活动。第四,背景的相关性。这四个特征既指出网络状组织的价值,同时也指出使这种组织高校运行的条件。在课程实施的过程中不能疏忽管理者、学校、教师、家长之间的交流与合作,要构建这样的网络组织,必须要保证每一个参与者的地位平等,避免行政权威至上或者专家至上。

六、课程实施水平的测量与评价

课程实施不仅是把课程付诸实践的过程,还包括对课程实施水平的测量与评价。

(一)课程实施水平与测量

因受多种因素的影响,课程实施表现为不同的水平。对于课程实施的程度和水平,不同的课程实施观有不同的认识,相应的也会有不同的方法。霍尔和他的同事创立的"学校和教师对课程改革的关注阶段"和"新课程使用达到的水平",为我们了解课程实施的不同水平提供了一个很好的研究框架。

1.课程关注程度的七个阶段

在课程实施的过程中,教师对课程的关注程度分为七个阶段。教师开始只是低度关注新课程,接着关心自己在新课程中的作用,然后注意工作方面的问题,最后关注新课程对学生的影响(表5.3)。

---

[1] BeatriceA. Ward. Collaboration: a vehicle for educational improvement and professional development [M]// Strengthening the role of the university in school improvement.Urbana,IL:University of Illinois,,1985.

表 5.3　教师关注课程程度一览表

阶　段	名　称	关注表达	特　征
	0.低度关注	我不关心改革	对新课程表示很少关注或参与。
自我	1.了解信息	我想了解得更多	表示对新课程具有一般认识并有兴趣了解更多有关的信息。个人似乎不担心新课程与自己的关系，只关注新课程本身的一般特征和使用的要求等。
	2.个人层面	运用变革对我产生什么影响	个人尚未肯定自己对新课程的要求能否应付，以及自己在实施新课程时所扮演的角色。个人会考虑新课程与现在学校结构的冲突，与自己现在需要承担的责任之间的矛盾，对自己及同事在收入与地位上的意义等。
任务	3.管理层面	我花所有的时间再组织材料	集中关注落实新课程的过程和工作，以及使用信息和资源的最佳方法。特别关注组织、管理、时间表和所需的时间。
影响	4.结果	我的使用如何影响我的学生	关注新课程对学生的影响。焦点放在新课程的适应性、学生成绩的评价，以及提高学生学习成果的变革上等。
	5.合作	关注我在做什么以及我的合作者在做什么	关心在实施新课程时如何与其他人协调和合作。
	6.再关注	我在改革中更好地发挥作用有一些想法	探讨新课程更多普遍性的优点，包括探讨大量改变或由另一新课程取代的可行性，个人对其他新方案具有明确的想法。

对变革关注阶段的评估可以采取随机访谈、开放式书面报告和调查问卷等方法。

2.课程使用的八个水平

霍尔和克劳斯针对教师在课程实施过程中的行为变化，设计了一种测量工具，称为"使用水平"测量。使用水平的框架为理解和预测人们在改革中可能发生的行为提供一种可能，并且为那些参与或者希望参与改革的人提供适当的帮助。"使用水平"是用来描述改革中人们的行为和行动的，因此，它可以形成不同水平的操作性定义。改革者或者评估者可以根据描述把个体行为放在相应的水平之内（表 5.4）。

表 5.4　课程使用水平

使用水平	使用的范围
6.创新	使用者反思革新方案的性质,寻找目前革新的变通方案或重大修正方案,以增进其对学生的影响,思考本领域内的新发展,探索自己及整个学校系统的新目标。
5.整合	使用者结合自己和同事在革新上的努力,共同给予学生集体的影响。
4.B.精致化	使用者依据短期或长期的结果修订革新的方案,以增进革新的及时效果。
4.A.常规化	在使用过程中,新课程已经成为习惯,但真正的改变并不多。很少考虑改革新方案或增进革新的效果。
3.机械地使用	使用者将更多的精力用于短期使用或日常活动,缺乏反省的时间。使用上的改变旨在符合使用者自身的需求而不是学生的需求。使用者试图熟练地工作,是为了完成改革的课程所要求的内容,结果常是肤浅的且不连贯的使用。
2.准备	使用者正为第一次使用新课程作准备。
1.定向	使用者已经获取或正在获取课程改革的资料,且已经探讨或正在探讨课程改革的价值取向,及其对使用者的要求。
未使用	使用者对于课程改革缺乏了解或了解甚少,未参与课程改革工作,也未准备参与。

对使用水平的评价,可以采用深入的行为观察法或者运用特殊设计的集中访谈的形式搜集资料。

(二)课程实施状况的评价

1.评估设计的基本思路

对课程实施状况的评估主要采取互动调适的研究取向,运用综合、互动的多元评估模式与方法,充分考虑连续性与发展性。

(1)评估目的。

了解课程实施的组织与管理情况;了解课程实施的效果;总结课程实施的经验;及时发展课程实施中存在的问题;了解教师、管理者、研究人员对课程改革指导纲要、课程标准和教材以及课程实验与评估工作的意见与建议。

(2)评估内容。

根据评估的目的,重点考查课程实施学校的组织与管理,课程实施的进展情况,教学班的情况,管理者、教师、学生的转变。

(3)评估方法。

根据目的和需要,将质化与量化的方法相结合,运用文件分析、课堂观察、访谈和问卷等多种评估方法进行。

2.评估的设计与组织

第一,包括评估的具体内容与结构,主要包括课程实施的进展情况,校长、教师对课程改革的认识,教育教学活动,教师、学生发生的变化,社会与家长对课程改革的认同等。第二,评估的方法及工具,质量结合的方法,访谈、观察、问卷、文件分析等方法。第三,评估的组织与实施。

　　总之,对城市寄宿制中小学生活涵养课程的实施需要在理论和实践层面加强,要确立课程实施的取向,把握课程实施的原则,要提供课程实施的基础、条件,给予课程实施充分的内外部保障,还需要运用课程实施的策略助力课程实施的过程,并且也需要对课程实施的水平进行测量与评估,这样才能清楚课程实施的进度和问题,更好地改进课程。课程实施不容小视,它是课程从"理想"到"现实"的转化。

第六章　城市寄宿制中小学 生活涵养课程评价

课程评价有广义和狭义之分,广义的课程评价是指按照一定的价值标准,系统地收集有关信息,既是对课程实施的可能性、有效性和教育价值等的评价,[1]也是对教育活动中受教育者变化的诸多因素满足社会和个体需要程度的判断,以期为被评价者筛选和改进课程和相关部门的科学决策提供依据;[2]狭义的课程评价是指依据一定的标准和课程系统的信息,运用科学的方法对课程产生的效果作出的价值判断,[3]意在衡量学生行为实际发生变化的程度。[4] 因而,课程评价既可以扮演改进课程的重要角色,确保课程设计与实施的持续性和科学化发展,又可以发挥检验目标达成的反馈作用,保证课程设计与实施的有效性。本书主要讨论狭义的课程评价,将城市寄宿制中小学生活涵养课程评价定义为遵循一定的价值取向、依据一定的实施标准,系统收集课程相关的信息,运用科学的方法对城市寄宿制中小学生活涵养课程实施效果进行的价值判断,主要体现为对寄宿制中小学生在接受生活涵养课程后的实际变化程度进行的判断。

一、生活涵养课程评价的取向和主体

本节讨论生活涵养课程评价的基本价值取向和评价主体,意在解决如何评价、谁来评价的问题。

(一)生活涵养课程评价的基本价值取向

课程评价涉及价值判断,决定了课程评价必定受到不同价值取向的影响。课程评价的取向是指课程评价活动所表征的某种价值观念,反映了课程评价的价值立场,[5]影响课程评价在方法论上的基本旨趣和倾向。[6] 这就是说,课程评价的基本价值取向决定了课程评价在主体、内容、方法、操作实施等多个层面的选择,因而,明晰课程评价的价值取向具有先导作用。城市寄宿制中小学生活涵养课程评价既重视考察寄宿学生行为结果符合预期目标的程度,也强调观察寄宿学生在参与课程实施过程中的具体行为变化,而最终又落脚于考核寄宿学生是否通过参与课程实现自身在身心涵养、生活礼仪、习惯情感、生活技能等方面能力素养上的发展,因而,生活涵养课程评价坚持目标取向、过程取向和发展取向的统一。

1.生活涵养课程评价的目标取向

目标取向指导下的课程评价重视对行为结果达到预定目标程度的评估。所谓"目

[1] 丁念金.课程论[M].福州:福建教育出版社,2007:440.
[2] 刘家访,余文森,洪明.现代课程论基础教程[M].长春:东北师范大学出版社,2007:154.
[3] 靳玉乐.课程论[M].北京:人民教育出版社,2012:358.
[4] 陈侠.课程论[M].北京:人民教育出版社,1989:329.
[5] 靳玉乐.课程论[M].北京:人民教育出版社,2012:361.
[6] 丁念金.课程论[M].福州:福建教育出版社,2007:448.

标",一方面是指整个课程计划要达到的成果或成效,具有预设性和先验性,是在课程制定以前就明确规定要达到的预期结果;另一方面它又指在评价课程方案时所采用的主要依据和标准,具有唯一性和指导性,是具体检验课程实施效果的最主要的依据来源。[1]可见,目标取向的课程评价主要通过比较学生的学习结果和预定的课程目标之间的差距来衡量课程的实际效果。这种取向下的课程评价通常更关注学生的最终学习结果,主要采用总结性或终结性评价;[2]又因为强调学习结果的精确化、客观化和数字化的表达,因而重视测量工具的编撰,主张将学生的学习结果进行可操作化的量化处理,以测验分数或考试成绩等加以表征,对所收集到的量化指标进行统计学上的量化分析处理,并以绝对标准作为分析参照。总的来说,目标取向下的课程评价以量化考核为主,通常在实施上具有简便性和操作性,在结果上具有较好的科学性、中立性和直观性。

城市寄宿制中小学生活涵养课程的实施要求学生在接受生活涵养课程的学习以后,真正落实多项生活能力的发展,实现个体综合素质的提升。这就决定了城市寄宿制中小学生活涵养课程的评价应当注重考查学生课程学习后的实际发展变化,体现了课程评价的目标取向或结果取向。城市寄宿制中小学生活涵养课程制定了明确的课程目标,在生活技能养成方面,要求实现学生在生活技能素养和劳动素养上的提升;在身心健康涵养方面,要求保证学生的身心健康水平和心理调节能力显著提高;在生活礼仪涵养方面,应当确保学生了解文明礼仪的基本内容,掌握基本的礼仪规范;在习惯情感涵养方面,应当帮助学生养成十大好习惯。因而,生活涵养课程目标的确立对生活涵养课程的实施提出了具体要求,也进而规范了课程评价的取向和标准,即应当密切关注学生在课程结束后取得的学习成果和个人发展情况,对学生学习课程的目标达成情况进行检验以确定课程目标的实现程度,并以预期课程目标的达成情况表征课程实施情况。

2.生活涵养课程评价的过程取向

过程取向指导下的课程评价关注被评价者在课程实施过程的具体行为表现是强调评价者与具体评价情境交互作用的一种评价方式,不同于目标取向预先设定特定目标,过程取向更加强调评价过程本身的生成性价值,重视对课程实施效果的动态考察。其独特特征主要体现在两个方面,一是有助于扩大评价范围,除了课程实施后的预期成果,课程实施过程中可能出现的大量随机、不确定事件也被纳入考察范围,使得这些非预期事件所带来的课程成果或课程效应也得到应有关注,而这些非预期效应却恰好可能成为更具参考价值的考核因素,这体现了课程评价的非限制性。二是尊重被评价者的主体性和创造性,相比于强调学生依附于特定标准的限定发展,更重视学生的个体潜能和个体差异性,使得学生顺应自身潜能自然发展成为可能,因而为学生自由、全面、多样化的个性发展创造条件。[3]这种取向下的课程评价通常体现为一种综合性的评价,不再局限于特定的课程标准和教学计划等的达成情况,而是将课程从开发、实施、运行全过程所涉及的方方面面都纳入考察范围。因而,无论是在评价内容的选择还是在评价方法的选择上

---

[1] 靳玉乐.课程论[M].北京:人民教育出版社,2012:361.
[2] 黄光雄,蔡清田.课程发展与设计[M].台北:五南图书出版社,2013:316.
[3] 靳玉乐.课程论[M].北京:人民教育出版社,2012:361.

都体现出多样化的特点,使得被评价者得以以更加丰满的形象受到考评。总的来说,过程取向下的课程评价以量化考核和质性考核相结合的方式,在操作上具有综合化和复杂化的特点,在结果上表现出全面性、动态性、真实性的特征。

城市寄宿制中小学生活涵养课程主张课程实施面向学生的生活世界,注重学生的主动实践和开放生成,强调学生主动参与并亲身经历实践过程、体验并践行价值理念。这就决定了城市寄宿制中小学生活涵养课程的评价不仅关注学生在课程实施结束后所呈现的静态发展结果,还十分重视考查学生在各种课程实施的过程中、在各种真实的实践场景中的具体行为表现,体现为学生在实践参与中与客观环境的交互作用和真实体验,彰显了课程评价的过程取向。城市寄宿制中小学生活涵养课程包含了丰富的课程内容和细致的课程实施方案,在课程内容上,不仅有基本知识的学习,如心理健康知识、生活礼仪知识等,更有相关技能的训练,如烹饪技术、手工技艺等;课程内容的丰富使得在课程实施上包含多样化的组织形式,既有课堂内的讲授式学习、合作式学习等,也有课堂外的实践动手操作和实训演练等。多样化的课程内容和组织形式,尤其是那些更具生发价值、强调学生参与的课程实施能够为考查学生的动态行为表现提供评价标准,有利于实现课程评价的全面性和连贯性。

3.生活涵养课程评价的发展取向

发展性评价是课程评价的新取向,发展取向指导下的课程评价坚持以人为本,一方面强调通过课程的实施,发现并有效发展学生的潜能,促进学生的全面个性化的发展;另一方面,又注重教师的个人价值和专业价值,要求最大限度地发掘教师潜能,促进教师长远可持续的发展。[1] 可以说,发展取向下的课程评价关注的重点在于个体通过课程所应当实现的发展变化。其主要特点有:

①关注过程。发展取向的课程评价要求细分培养目标,制定明确、具体的阶段性发展目标,并在课程实施的过程中注重及时收集个体发展变化素材,考查个体对阶段性发展目标的达成情况。

②尊重差异。发展取向的课程评价正视个体间的差异,要求实现多样化的课程实施内容、课程组织形式和课程评价方法等。

③重视自我。相比选拔筛选,更加重视今日之"我"相比"昨日之我"的进展程度,因而,肯定个体自评价的重要意义,并坚持以个体内差异评价为主。[2]

④着眼长远。相比学生掌握即时的学科知识,更强调从过去和现有的发展中总结经验,从而直指未来,为个体的后续发展做准备。[3] 因而,与过程性评价相似,发展取向下的课程评价也重视在评价内容和评价方法等方面突出多样性,从而得以适应多样化的个体发展需求。

总的来说,发展取向下的课程评价也要求综合使用量化考核和质性评价的方法,在操作上具有多样化、全面化的特点,在结果上体现出差异性、动态性、发展性和可持续性

[1] 王继新,左明章,郑旭东.信息化教育理念、环境、资源与应用[M].武汉:华中师范大学出版社,2014:236.
[2] 范谊.技能教学绩效改进的研究与实践[M].广州:广东高等教育出版社,2016:100.
[3] 宁业勤.教育评价实践研究[M].杭州:浙江工商大学出版社,2016:104.

的特点。

城市寄宿制中小学生活涵养课程的研究起于一种现实矛盾的反思,一方面,城市寄宿制学生大多为独生子女,生活条件优越,从小得到了无微不至的照顾,缺少集体生活的现实场景,导致在身心健康、生活礼仪、生活知识能力、生活习惯、情感等方面的训练相对缺乏,面临相应能力较为薄弱的发展困境;另一方面,家庭内亲情的缺失、家庭教育的缺位以及学校里相关教育配套措施的不足,使得他们这些能力的发展在家庭中被软化,在学校中被弱化,在社会中被淡化,从而在一定程度上进一步加剧他们的弱势处境。生活涵养课程建设则要求正视寄宿学生的发展问题,承担起学生生活涵养的责任与义务,并希望借助生活涵养课程的设计与实施,确保学生在身心涵养、生活礼仪、习惯情感、生活技能等能力素养上的综合提升,从而为个体的长远可持续的发展做好准备,帮助广大城市寄宿制学生走出成长困境,促使他们健康快乐地学习与成长。这就决定了城市寄宿制中小学生活涵养课程的评价必须落实到学生的个体发展变化上,使得课程设计与实施的效果反映为对寄宿学生的积极影响,这体现了对课程评价的发展性要求。生活涵养课程无论在理念的确定、目标的制定、内容的选择还是实施的举措上都体现出了发展特性,课程理念上要求以培养学生综合素质为导向,课程目标上着眼于学生多项生活能力的发展,课程内容上强调反映学生的实际发展需求、回归学生的生活世界,课程实施上注重体现学生的个体差异和多样化需求。总的来说,课程设计与课程实施的发展性特征有助于落实课程评价的发展取向。

(二)生活涵养课程评价的主体

课程评价主体是指为改善课程设计与课程实施效果而参与评价活动的人员和组织。[1] 课程评价主体的多元化有助于实现对课程实施的全过程全方位评价,[2]因而,课程评价主体应涵盖一切与课程存在利益相关的主体类型,既可以包括学校内部的本校领导、任课教师、生活老师、其他学生和学生本人,也可以包括学校外部的评价专家、教育行政人员、其他学校的教师、家长等。内外部评价主体各有优劣,内部主体由于其评价过程与日常学习工作存在同步进行的便利性,能够及时地把握课程实施效果的全貌,从而能更好地利用形成性评价,然而内部主体由于存在着利益相连、思维定势和能力有限的弊端,使得评价结果的客观性、机动性和科学性不足,难以发挥对课程改进提升的促进作用;而外部评价主体相对来说更加客观,也能以全局性的观点进行综合考评,从而更具公信力,在具有高利害关系的评价中更能发挥作用。[3] 可见,课程评价主体的选择并非非此即彼,而应该充分利用内外部主体资源,积极纳入不同类型、不同观念立场的评价主体,扬长避短,实现优势互补。城市寄宿制中小学生活涵养课程的评价也充分权衡内外部主体关系,在实践中探索并建立起由班级学生评价、教师评价、家长评价组成的三级评价机制,从而既能积极调动内部教师、学生主体的积极性,也注重发挥校外家长的重要主

[1] 靳玉乐.课程论[M].北京:人民教育出版社,2012:358.
[2] 周勇.科学课程论[M].北京:科学出版社,2018:201.
[3] 钟启泉.课程论[M].北京:教育科学出版社,2007:303-304.

体作用,有助于实现科学全面的课程评价。

1.以教师为主体的生活涵养课程评价

教师在课程评价中扮演着极其重要的角色,是课程评价中不可或缺的主体。这是因为,教师既是课程设计和决策的参与者,又是课程实施的主要执行者,他们在整个教学活动中,熟练把握课程的各个步骤和环节,从而能够在课程实施的过程中准确地判断课程设计中的不足,并能通过课程实施后的经验总结和自我反思对课程设计的改进和提升提出积极意见。因而,教师是课程评价主体中最能提出既切合教学实际需要又富有合理性、建设性提议与看法的主体类型。[1] 不仅如此,教师也是参与课程评价最普遍的主体类型,[2]教育领域内的任何评价都不能离开教师这一直接参与者。此外,充分肯定教师在参与课程评价中的主体地位,不仅有助于提高教师的自我效能感,调动教师的工作热情和积极性,也有助于教师在参与课程评价的过程中加深自我认识、促进自我分析和自我诊断、实现自我改进、自我完善和自我教育,即在不断反思中,总结经验教训,凝练教育经验,实现职业技能与职业素养的提升,提高职业发展水平。

在城市寄宿制中小学生活涵养课程评价中,教师也是被充分调动起来发挥积极能动作用的重要主体。同时,由于城市寄宿制中小学生活涵养课程的特殊性,参与课程评价的教师主体不仅包括教学组织人员,即一般意义上组织课堂教学的科任教师,还包括校园内其他与寄宿学生密切相关的工作人员,如心理咨询室内的心理辅导老师、医务室里的校医、学生宿舍内的生活老师等。首先,科任教师的主体地位源于其在课程实施中的重要作用。一方面,科任教师直接参与与生活涵养课程实施相关的各项教学活动,能够切身体验课程的实施过程与实施效果,具备在课程的组织实施中直接了解和评价寄宿学生实际表现的先天优势;另一方面,科任教师具备丰富的课程实施经验,能够敏锐地把握课程实施在适应学生实际发展水平和实际发展需求上存在的优势与不足,具备在课程组织实施后反馈课程改进意见的专业素养。先天优势与后天专业素养决定了科任教师应当是教师群体中最重要的主体,因而,科任教师在学生生活涵养课程的四方面目标的评价中都占据了重要地位,其评价范围在内容上涵盖了学生各项知识能力的评价、多项素质发展的评价以及其他评优评奖活动等,在时间跨度上涵盖了平时评价和期末评价等阶段。其次,心理老师和校医的主体地位源于生活涵养课程对寄宿学生身心健康的关注,一方面,心理老师和校医既能作为身心健康涵养课程的直接实施者,直接参与课程并感知课程实施效果;另一方面,心理辅导老师和校医作为专技人员,能够对学生在生理和心理健康知识的了解程度和生理和心理保健技能的掌握程度作出专业科学的评价,从而发挥生活涵养课程评价的主体作用。因而,应当充分发挥心理辅导老师和校医在身心健康涵养课程评价中的重要作用。最后,生活老师的主体地位源于寄宿制本身的特殊性,在城市寄宿制中小学中,生活老师在一定程度上扮演了校内"生活家长"的作用,他们在生活上与寄宿学生密切联系。一方面,生活老师通过与学生的长期相处,直观感受学生在

---

[1] 靳玉乐.课程论[M].北京:人民教育出版社,2012:359.
[2] 钟启泉.课程论[M].北京:教育科学出版社,2007:303.

接受生活涵养课程以后,在生活技能、生活习惯和个人礼仪等方面的实际变化;另一方面,作为非正式教职人员,他们更能通过观察寄宿生在行为表现的一贯性特征捕捉学生在情感态度等方面的变化,了解促使学生的行为发生变化的真实诱因,即学生的行为变化是出于外部舆论的压迫还是出于内部主观的认同,寄宿生在非正式场合内所体现出的受认可行为更能反映课程实施的积极作用。因而,生活老师能够对课程实施的真实效果和持续作用作出有说服力的判断,生活涵养课程的评价不能忽视生活老师的反馈意见。当前城市寄宿制中小学生活涵养课程的评价既重视学生在教室内、学习上的表现,也重视学生在寝室里、生活上的表现。可以看出,生活涵养课程评价充分体现校园内各类教师主体的联动作用,充分调动起各类教师主体的积极性、充分释放教师的个体潜能、充分利用教师的专业素养和职业经验、充分发挥各类教师的优势,从而有助于提高课程评价的专业性、合理性和切实性。

2.以学生为主体的生活涵养课程评价

随着教育理念的发展演变,学生逐渐从课程评价的边缘地位走向中心地带,成为课程评价的重要主体。这是因为,学生作为课程设计和课程实施的直接承受者和体验者,对课程难易、优劣、适切与否的体验和反应更加直观和明显。因而,把学生从课程的被动接受者转变为课程设计与实践的主动参与者,听取学生态度看法,能够对课程设计的改进提供更有价值的信息与参考。[1] 同时,充分发挥学生在课程评价中的主体地位,使学生在学会自我评价和他人评价的同时,不仅帮助学生个体不断培养反思能力和交流能力,认识自身的优势和不足,明确未来努力的方向,激发学习动机;也使得学生得以在评价中强化自我比较和自我反思,淡化与他人相互比较和竞争的氛围,营造良好的互助发展格局。[2] 因而,学生不仅能够评价教师的教也能评价自身的学,从而既有助于实现课程评价本身的全面性,也有助于发挥评价的内在激励作用,促进学生的个人成长。

在城市寄宿制中小学生活涵养课程评价中,也十分注重对学生个体主观能动性的调动,强调学生也应在课程评价中发挥积极作用。学生的主体地位一方面源于生活涵养课程对学生个人发展需求的重视,另一方面也源于学生在课程实施中所扮演的特殊角色。在城市寄宿制中小学生活涵养课程评价的具体实施中,将学生主体的参与的评价划分为学生自评和学生互评两种类型,因而,学生这一主体类型又可以从个体角度区分为学生本人和其他学生两类。学生本人是课程实施的直接承受者和参与者,对课程实施的效果有较为直观的个体体验。同时,学生本人既是对自身发展需求最为了解的人也是对自身发展变化最敏锐的人,对于课程实施的过程与结果抱有独特的期待、对个人的实际变化具有绝对的发言权。因而,学生本人可以通过对比课程的实际实施与自身真实诉求、自身实际发展变化参与课程评价,并为课程设计和课程的实施提供有效的反馈意见,从而为深化课程的发展功能提供决策参考。但同时,学生本人也可能受主观意识的影响,难以保证客观中立、全面综合地反映自身发展状况,使得与学生本人相独立的其他学生得

[1] 靳玉乐.课程论[M].北京:人民教育出版社,2012:359.
[2] 周勇.科学课程论[M].北京:科学出版社,2018:202.

以参与客观评价,成为课程评价的一大主体。其他学生的主体地位正是源于学生本人自我评价的局限,可以在学生本人自评的基础上起到及时纠偏的作用。同时,其他学生参与评价能够有效促进学生之间的相互交流学习、相互对照借鉴、取长补短、共同进步,并在这个过程中帮助学生学会自我反思,激发其学习动力。所以,两类学生都应该被充分纳入生活涵养课程评价的主体中。同时,作为一种参与课程实施始终的主体类型,与科任教师一样,学生主体在课程评价中的作用也涵盖多方面的目标内容,并贯穿实施的全过程,成为生活涵养课程评价中不可或缺的主体类型。在城市寄宿制中小学生活涵养课程评价的实践中,学校十分重视学生主体的积极反馈和意见看法,肯定了学生主体的重要作用。

3.以家长为主体的生活涵养课程评价

家长是学校教育活动中的重要参与者,也应该成为课程评价中的一大主体。这是因为,作为教育中家校合作重要的一环,家长是教育活动的重要合作者,理应参与并配合学校的教育工作;作为学校教育的委托方也是教育结果的重要责任者,理应关注课程活动的实际收效;[1]作为学生最亲近的人,理应了解子女在接受学校教学活动后的真实发展变化,为课程实施提供有益反馈。因此,家长的主体地位应当受到重视。学校应力求实现与家长的平等、民主的对话和沟通,在课程的设计和实施过程中充分尊重家长反映的意见和提出的建议,大至评价体系的建立、小至评价指标的确立,在保证家长的参与权的同时,确保家长的知情权;学校应当充分聆听家长对课程成效的实际诉求,作为教育的需求方,他们对课程实施有独特的期待,作为学校外部主体,他们对课程实施的见解也更加客观全面;学校应当充分重视家长的意见和反馈信息,家长在与学生进行非正式的交往过程中能够直观感知学生在接受课程以后的发展变化,从而得以成为课程实施效果的直观感知者,能够为课程实施效果提出最切实的反馈和评价。此外,家长能在课程评价的参与中增大对子女各方面发展状况的关心程度,有助于优化亲子关系、强化家庭教育。因而,家长作为课程评价的主体意义重大。

在城市寄宿制中小学生活涵养课程评价中,鉴于寄宿制本身的特殊性,以家长作为生活涵养课程评价主体的需求必将更加强烈,调动家长在生活涵养课程的积极性更具价值。与生活老师相比,家长才是与学生在生活上联系最密切的人。但随着时代的发展,部分家长难以直接对子女践行监护职能,进而选择通过行政职能的转移,使得寄宿制学校代替家长承担起了对这类留守儿童的监护职能。[2]但监护职能的暂时转移并不代表职能的彻底让渡,家长必须承担起对子女涵养发展的职责。因而,家长的主体地位一方面源于其在与子女接触的直接性特征,另一方面也源于家长不可让渡的涵养职责。作为与子女存在大量、长期非正式交往的主体,家长能够通过对话交流、日常观察等接触到子女较为真实的面貌,并且能够更加敏锐地感知子女的成长变化,能够直观感受课程实施的实际效果,甚至可能成为课程实施成效的受益者。所以,家长的反馈意见具有十分重

[1] 严权.应用型本科课程论[M].武汉:中国地质大学出版社,2012:118.
[2] 吴重涵,王梅雾,张俊.家校合作理论、经验与行动[M].南昌:江西教育出版社,2013:352.

要的参考价值。同时,作为合格的监护人,家长是充分了解子女发展优势和劣势的主体类型,对课程实施的侧重点有所诉求,因而,家长也能够对课程的适切性和有效性提出意见和建议。在城市寄宿制小学生活涵养课程评价的实践中,家长的主体作用有所体现,但相对不足,主要反映为重视家长在信息反馈中的重要价值,体现在充分调动家长参与相关调查活动,反馈学生在家里行为表现上所发生的积极变化情况。而实际上,家长主体作用的发挥不仅有助于促进学校课程的改进和完善,还有助于强化亲子关系,减轻寄宿学生的心灵孤独感和失落感,促进学生的健康成长。因而,一方面,学校还要进一步加大家长在课程评价中的参与范围,强化家长的主体作用;另一方面,学校还应注意帮助家长转变"教育是学校的事"等消极观念,真正建立起家校间彼此配合、友好合作的关系,共同促进寄宿学生的良性发展。

二、生活涵养课程评价的对象和基本操作

本节有关生活涵养课程评价的对象和基本操作步骤,旨在探讨对谁评价、如何评价的问题。

(一)生活涵养课程评价的对象

课程评价的对象通常包括课程的过程和产物,就课程的过程来说,主要包括课程设计、课程管理和课程实施等;就课程的产物来说,包括课程目标与内容的选择和组织、课堂教学、学业评价等。[1] 总的来说,课程评价的对象不仅包括预先设计的课程也包括切实实践的课程,[2]前者可以理解为观念的课程,后者则体现为实际发挥功能的课程。因而,一项全面系统的课程评价应当包括多方面的内容。但实质上,课程评价对象的确定取决于对课程的理解,如果将课程理解为课程标准等课程文件,则课程评价的对象则是课程文件;如果将课程理解为学生的学习经验,则课程评价的对象则为学生所获得的教育经验;如果课程被视为具体学习目标,则课程评价的对象就应该是教育活动的实际结果等。[3] 在本书中,生活涵养课程评价采用狭义的解释,注重考查课程实施的实际效果,因而,生活涵养课程评价的对象主要集中于学生学业表现和自身发展情况。

学生学业表现和发展情况的评价即对课程实施效果的评价,是指对学生在接受一段时间课程学习后所取得的学习成效的评估。课程设计与实施的成效最终都体现在学生的课程学习结果上,主要反映为学业表现和发展情况。因而,对学生学业表现和发展情况的评价应当是课程评价中最基本也是最核心的内容,具体体现为对学生在认知领域、

[1] 钟启泉.课程论[M].北京:教育科学出版社,2007:299.
[2] 钟启泉.现代课程论[M].上海:上海教育出版社,2003:398.
[3] 黄光雄,蔡清田.课程发展与设计[M].台北:五南图书出版社,2013:275.

情感领域和动作技能领域目标达成情况的评价。[1] 但值得注意的是,个体在认知、情感和动作技能的发展上并不决然分裂,在评价学生的知识掌握和行为变化的同时,也应该同时结合对其动机和效果的评价。由于学生的课程学习成效相对隐蔽,且各方面的发展情况并不均衡,要求学校必须正确制定针对各个内容层面的评价标准和评价方式,尤其要将那些具有必然性、连续性和重复性的行为作为评价的主要对象,[2] 以期直观、全面而准确地反映学生的学业达成情况。

1.针对学生认知领域的课程评价

认知领域的评价可以具体划分为对学生所掌握的事实性知识、概念性知识、程序性知识和元认知知识水平的评估。其中事实性知识包括术语知识以及具体细节和要素的知识;概念性知识包括关于分类和类别的知识、原理和通则的知识、模型和结构的知识;程序性知识包括技能和算法的知识、技术与方法的知识、特定领域内的准则知识等;元认知知识主要包括策略性知识,关于认知任务的知识(情境性知识和条件性知识)以及关于自我的知识。[3] 认知过程包括六个等级,即知识、领会、运用、分析、综合、评价,能为认知领域的评价提供标准和依据。知识包括对具体知识、方法等的回忆,强调记忆这一心理过程;领会对应一种低层次的理解,能够通过转换、解释和推断体现对知识的独特理解;应用是指在特定的或具体的情境中使用抽象概念;分析是指能够拆分各组成要素,从而明确各部分的层次和关系;综合是指能够将要素组织成内在一致的功能性整体;评价是指能够基于特定标准对特定材料作出价值判断。[4]

对城市寄宿制中小学学生认知领域的评价体现为学生对不同知识类型在认知发展层次上的评估。城市寄宿制中小学生活涵养课程涵盖四大主题板块,包含四大主要内容,分别是生活技能涵养基本内容、身心健康涵养基本内容、生活礼仪涵养基本内容和习惯情感涵养基本内容,各部分都包含丰富的知识点。其中,生活技能部分包括自理劳动、家庭劳动和社会劳动三方面的内容,体现为个体在不同发展阶段、不同场合扮演不同角色时所应掌握的特定生活技能,对应的事实性知识包括对生活技能、劳动等知识的认识,概念性知识体现为对各个发展阶段所应当掌握具体生活技能类型的认识,程序性知识体现为对具体生活技能操作步骤的认识,元认知知识主要体现为学生能结合自身能力辨别自己是否掌握依据不同情境和条件选择特定生活技能的知识。身心健康部分以学生的生命安全教育和身心健康教育为主,划分为交通安全、校园安全、家庭安全、饮食安全、自然灾害、个人保护和心理健康等部分,这部分的内容以事实性知识、概念性知识和元认知知识为主,分别体现为对安全教育和身心健康的认识、对各类型的安全知识和身心健康知识的认识以及对自身是否具备依据不同情境需要调动不同安全知识和身心健康知识的认识。生活礼仪部分包括个人礼仪、家庭礼仪和社交礼仪三部分,对应于各类知识类型分别体现为对礼仪的认识、对不同类型礼仪的特点差异的认识、对合乎不同类型礼仪

[1] 刘家访,余文森,洪明.现代课程论基础教程[M].长春:东北师范大学出版社,2007:158.
[2] 顾海良.高校思想政治理论课程建设研究[M].北京:经济科学出版社,2009:173.
[3] 陶涛.如何有效组织课堂教学[M].武汉:武汉大学出版社,2015:18-19.
[4] 苏渭昌,张笛梅.教育评价技术[M].长沙:湖南教育出版社,1988:231-240.

规范的具体行为表现的认识、对自身是否掌握在不同情境中表现出适当的礼仪行为表现的认识。习惯情感部分学校结合实际主要从学习、做人和生活三方面总结了十大好习惯,在认知上包含对好习惯的认识、对十类好习惯的认识、对十类好习惯所规制的具体行为表现的认识和自身是否具备好习惯的认识。对寄宿生认知层面的评价着重反映在学生是否记住与四大涵养课程相关的知识、是否形成涵养课程相关知识的个人理解、是否能在实际学习生活中运用涵养课程中涉及的知识、是否能明确不同涵养课程组成要素和不同知识类别之间的关系、是否能自主整合这些知识,以及是否能够评价知识并对自身知识掌握情况进行判断和评价等方面。值得注意的是,在教育领域内,对学生认知的考评已经相对成熟,但在实际操作过程中要注意区分学生知识掌握的层次,以作为评价学生知识掌握程度的标准。

2.针对学生情感领域的课程评价

情感领域的评价主要涉及个体的情感、态度和价值观等,情感作为个体认知的统领,虽然难以观察和评估但意义重大。情感领域包括由低到高的五个层次等级,分别是接受或注意、反应、价值的评定、价值的组织和价值或价值体系的个性化。接受或注意是指学生愿意接受或注意某些现象和刺激,体现出个体不受他人支配的情感表达;反应是指学生主动接受或注意现象和刺激并作出如期待、满足等积极反应;价值的评定是指学生表现出能够反映自己信念和态度的行为,且保持较好的一致性和稳定性;价值的组织是指学生能够形成一整套用于指导个体行为的价值体系;价值体系的个性化是指学生已形成充分内化的价值体系,并指导个体表现出与之适应的行为。[1]

城市寄宿制中小学学生情感领域的评价体现为对学生在情感、态度、价值观等方面的内化水平的评估。城市寄宿制中小学生活涵养课程涵盖四大主题板块,对课程效果的反馈应不仅体现在学生是否能够掌握相关知识、课程的持续效用,还应反映为学生对课程的实质性认同。观念指导行为,只有真正形成对生活涵养课程的认同,并内化于心,学生才能自发、持久、一贯地表现出与课程要求相符的行为,真正达到生活涵养的目的。因而,评价的对象还应该注意考查学生对课程的实际情感态度。具体来说,首先,学生是否愿意接受各类生活涵养课程,强调接受课程是不受他人支配服从学生主体意愿的行为,体现为学生在课程实施过程中所表现出的积极情感;其次,学生是否愿意主动接受各类生活涵养课程,并且对掌握相关知识技能抱有期待和满足感,例如,学生是否期待或乐意参与生活涵养课程的实施,并且能在积极参与课堂以后获得成就感和满足感;再次,学生是否能够自发而持久地表现出由所学课程指导或规范的相应行为,即学生能否在任何场合都自发地表现出符合生活涵养课程期待的行为;接着,个体是否充分认可各类生活涵养课程,并从中构建出指导自己行为的价值体系;最后,个体是否形成内化的价值体系,并持久有效地指导个人行为而不受外部环境干扰,即学生所表现出的与生活涵养课程实施要求相符的行为不会受到外界环境和个人的影响,体现出一贯性和稳定性。值得注意的是,学生的情感、态度、价值观的表现相对隐蔽,由此增大了评价难度,但其重要作用决

---

[1] 陶涛.如何有效组织课堂教学[M].武汉:武汉大学出版社,2015:21-22.

定了其必要性。同时,对学生的情感、态度、价值观的要求具有层次性,其形塑是一个长期且动态的发展过程,因而,在具体实施中应切忌急功近利,对不同发展阶段的学生应提出差异性的发展要求并注重长期可持续的考查。

3.针对学生动作技能领域的课程评价

动作技能领域的评价主要关注个体在操作技能、动作技能以及要求神经肌肉协调动作等方面的发展程度。辛普森将动作技能划分为七个层次,分别是知觉、定势、指导下的反应、机制、复杂的外显反应、适应以及创作。知觉是主体通过感官觉察客体的过程,其本质是动作前的心理准备环节,包括接受感官刺激、选择完成特定任务的线索、知觉联系行动三个步骤;定势是指为某种特定行动或经验而始终保持的准备状态,包括心理定势、生理定势和情绪定势;指导下的反应是指学生在教师指导下表现出来的动作行为,包括模仿和试误两种类型;机制是指学生已经习惯于所习得的行为,并对从事这种行为具有信心和一定的熟练程度;复杂的外显反应指学生能够从事较为复杂的动作行为,并达到相当熟练和自动化的程度;适应是指学生能够改变动作行为以适应新的问题和情境;创作是指学生能够依据对动作行为的理解,创造新的动作或操作方式。[1]

城市寄宿制中小学学生动作技能领域的评价体现为对学生操作技能和动作技能等方面熟练程度和自发程度等的评估。知识的掌握和情感、态度、价值观的形成最终都将落脚到个体的实际行为表现,知识为个体掌握特定操作技能和动作技能提供知识储备等基础性前提条件,情感态度价值观为个体表现特定操作技能和动作技能提供心理预期和心理动因。可见,认知目标与情感目标的实现是为了更好地形成个体的动作技能。因而,在城市寄宿制中小学生活涵养课程的评价中,对课程效果的反馈还应注重考查个体是否掌握与生活涵养课程相关的技能、是否表现出符合预期的行为。具体来说,包括学生是否能在生活涵养课程的实施过程中敏锐感知相应刺激,表现出对行为的预期,即学生能否在真实情境中感知到课程中所涉及的刺激,并作出应当采取特定行动的判断。例如当学生在偶遇长辈时,能否迅速作出理应向长辈问候的判断;学生是否做好表现出生活涵养课程所要求行为的心理、生理和情绪准备,也即对所要求的行为表现是否形成定势的心理、生理和情绪上的判断。学生能否在老师的指导下表现出生活涵养课程所要求的行为,即能否在他人指导下实质性地发出动作,如在老师的提示下向长辈问候;学生能否熟练地表现出生活涵养课程所要求的行为,即学生能否独立迅速地表现出相应行为,如在见到长辈时立即自发主动地问候。学生能否自动性地发出与生活涵养课程所要求的更高层次、更高难度的行为,即学生行为的深化,如能否在问候的基础上表达关心、提供帮助等深层次行为;学生能否根据具体情境或不同条件适当调整行为以更好地符合实际需要,即学生对行为模式的灵活化掌握,如能够根据遇到长辈的不同场合选择不同的行为表现。学生能否根据自身对行为的独特理解,创生出更加新的、更加便捷的动作或操作方式。值得注意的是,学生对动作技能的掌握能够表现为可观察的行为,从而使对动作技能的评价相对容易。但是,学生动作技能的发展也具有层次性,从生疏到熟练、从

---

[1] 张映雄.当代目标教学[M].成都:四川教育出版社,1992:88-92.

新手到"专家"的转变需要经历一个长期的过程,因而,在具体实施中也应该划分阶段性目标,对不同发展阶段的学生应提出差异性的发展要求,尊重个体发展的阶段性特点。

(二)生活涵养课程评价的具体操作

课程评价实施通常包括三个基本过程,即评价活动的准备、评价活动的进行、评价结果的处理,每个过程又包含多个具体步骤。课程评价的具体实施步骤受到课程评价价值取向和课程评价模式的规制。

1.生活涵养课程评价可借鉴的实施步骤

生活涵养课程评价的目标取向要求适当遵循目标评价模式,依据目标评价模式所确立的实施步骤。目标评价模式又称为目标达成模式,其代表人物泰勒认为课程评价就是评价课程方案在何种程度上达成了教育目标。具体来说,通过测量学生学习的结果和成效,并与预先设定的课程目标进行比较,从而确定课程实施效果。这种评价模式指导下的具体实施步骤包括拟定一般目标、对目标分类、用行为术语界定目标、确定目标应用情境、选择或发展测量目标的技术和方法、收集学生行为表现资料、进行学生行为表现资料与行为目标的比较。可见,目标评价模式重视前期目标的设定、中期目标的呈现和行为资料的收集和后期具体行为与目标的比对。但值得注意的是,所收集的行为资料类型和范围是受预期目标限制的,而与具体恒定的目标进行比对还体现出常模参照的特点。

生活涵养课程评价的过程取向和发展取向要求借鉴目标游离评价模式和鉴赏评价模式。两种模式都重视课程实施中的不确定性因素和非预期因素,突出质性评价方法的作用,力图全面认识并展现教育活动的完整性、复杂性和丰富性。梅特费塞尔和迈克尔据此将课程评价的实施划分为八个具体步骤,分别将教育活动的利益相关者纳入评价中来,发展一个按照一般到具体顺序排列的目标范例,将目标转换为可传授课程内容,设计判断目标达成有效性的评价标准,运用多种方式实现对课程实施过程的周期性观察,运用恰当的统计分析方法处理收集资料,运用特定标准解释收集资料,提出课程实施或修订相关的建议。[1] 可见,这种评价步骤强调弱化目标预设、重视实施过程、强调对资料的价值判断,有助于实现动态、真实、全面的考核。

2.确定生活涵养课程的评价步骤

生活涵养课程评价在具体操作上应综合三种评价模式的做法,为此,本书将生活涵养课程的评价划分为四个主要步骤:第一个步骤是评价的总体设计与规划,第二个步骤是系统收集评价信息,第三个步骤是整理并分析评价信息,第四个步骤是总结并反馈评价结果。

评价的总体设计与规划是在正式实施生活涵养课程评价以前,对如何开展评价所设想的蓝图,一般包括确立评价目标、确定目标呈现的形式和情境、选择收集信息的方法、确定信息分析的标准等。首先,确立评价目标,即确定评价什么,生活涵养课程的评价主

---

[1] 靳玉乐.多元文化课程的理论与实践[M].重庆:重庆出版社,2006:98.

要在于评价学生学习课程的情况,即学生是否通过课程学习达到生活涵养课程所规定的目标,即寄宿生是否在生活技能、身心健康、生活礼仪和习惯情感四方面达到相应的目标要求,一方面体现为不同年级的寄宿生是否在四类课程中达到与自身发展阶段相符的分段目标,另一方面又体现为寄宿生在每一类型涵养课程的不同模块上是否达到规定水平。例如,在生活礼仪涵养课程中,应注意既要考查学生是否达到生活礼仪课程中个人礼仪、家庭礼仪和社会礼仪三个模块的目标要求,又要考查小学低段(1—3年级)和小学高段(4—6年级)的学生是否达到与他们发展阶段相符的各模块目标要求。同时,在课程预设目标的基础上,还要注重通过多种形式考查学生在具体活动参与过程中的实际表现,使那些不属于预设目标范围内的成果信息也得到应有关注。其次,确定目标呈现的形式和情境,即实现目标的操作化转换并确定目标应用的情境,使得目标的评价更具可观测性。学生对生活涵养课程的学习情况可以反映为在认知的深度上,可以通过学生对知识的识记、复述、转换、运用等情况进行考查,在情感态度上的内化程度,可以通过对学生在课程参与过程中投入的积极情绪情感要素加以考查,在动作技能上的熟练程度,可以通过学生表现出来的实际行为进行考查。而评价目标的具体呈现则贯穿于课堂内外的一切教学活动之中,例如,考查学生在课堂教学中的学习反馈、课后的总结反思或作业测试、课内外的动手实践操作等。再次,选择收集信息的方法,即确定如何收集有利于充分反映评价目标的资料信息,包括确定评价信息收集的工具、确定信息的来源、确定其他信息收集辅助设备等。生活涵养课程的评价以学生对生活涵养课程的学习情况为主,涵盖课程学习的方方面面,决定了所需收集信息的多样性,应当综合运用调查表、调查问卷、访谈提纲、观察表、测试题等多种工具,以发挥不同类型工具在收集不同类型评价信息上的优势,工具在具体使用上必须切实反映评价的目标,保证一定的信效度,确保工具反馈的信息具有实质意义;生活涵养课程评价的信息来源主要包括课程评价主体即教师群体、学生群体和家长群体的信息反馈,既包括师生对课程实施效果的直接反馈,也包括教师、学生和家长在课程结束后对课程实施情况的意见、建议、评价等;其他辅助设备包括摄像机、照相机、录音笔等其他有助于全面、准确反映学生课程学习情况的仪器。最后,确定信息分析的标准即明确如何对收集信息进行分析,生活涵养课程评价的信息既包括活动观察、实践操作等定性的信息类型又包括考试、作业等定量的信息类型,因而应对收集到的信息进行分类处理,分析定性的信息需遵循质性研究方法对数据处理的要求,主要采取解释的分析方法,分析定量的信息需遵循量化研究方法对数据处理的要求,主要采取统计的分析方法。

系统收集评价信息是生活涵养课程评价得以开展的前提,课程评价要求必须以充足、有效的评价信息为依据。课程评价信息的选择受课程评价目标的影响,由于生活涵养课程评价目标是考查学生的课程学习情况,课程评价信息就应当是那些能够反映学生生活涵养课程学习情况的一切可用资料,既可能是课程目标所规定的行为表现,也可能是课程目标以外的非预期行为表现。因而,生活涵养课程评价与其他人文主义取向的评价一样,注重信息收集的情境性、自然性和开放性。[1] 信息的多种可能性并不意味着信息收集的随意性,信息收集必须遵循一定的要求,保证信息的及时、准确、明晰、客观、均衡、可信、可用、有用、可实践、易分析等。因而,收集必须尽最大可能做到客观中立并结合现有分析能力及时准确地把握那些合事实、可理解、可利用、综合性的信息,使得信息的收集成为一种持续运行、时刻监控的科学、系统的工作。符合要求的信息可能包括以文字、音像、实物、实践等为载体的多种信息类型,包括与课程实施效果直接相关的信息、评价主体的反馈信息、其他文档信息和情境信息等。常见的收集信息方式包括调查、现场记录、测试等。调查旨在通过调查表、问卷和访谈提纲等形式间接了解课程实施情况,有助于提供学生对课程及课程实施的情感态度等信息;现场记录则是一种直接参与现场搜集观察资料和数据信息的方法,有助于提供学生的情感态度和动作技能等信息;测验则以传统的考试和测验为主,有助于提供认知类信息。

整理并评价分析信息是对所收集到的信息的整理、分析和解释的过程,有助于实现对评价信息的有效利用,是生活涵养课程评价的主体环节。资料的整理环节要求对所收集到的资料进行核查,剔除其中不符合要求的无效信息,并对所收集的信息是否足以满足课程评价要求作出判断,最后对所收集到的有效信息进行分类。在生活涵养课程评价中,符合要求的信息是指能切实反映课程实施效果的一切信息,而这些信息往往可以划分为以反映情感态度动作技能为主定性资料和以反映认知、情感态度和动作技能为主的定量资料。资料的分析和解释是对所收集的信息赋以价值和意义的过程,一是对于定量资料,可以通过将统计分析所反映出的数据结果与课程预设目标相对比,以确定课程实施对课程目标的达成度;二是对于定性资料,需要对信息进行解释性分析,通过对资料的阅读、编码和分析等加工,挖掘这些非数据资料背后的深层意义,从而为课程实施的效果提供多样化的参考;三是对定量分析和定性分析结果的整合,实现两类资料信息的相互印证和补充。

总结并反馈评价结果是对生活涵养课程评价的落脚点、是对课程实施效果进行综合判断的过程。一方面有助于得出生活涵养课程实施效果的最终评价结果,明确课程设计与实施的实际效用;另一方面,也为生活涵养课程设计者提供了发现问题、证实课程有效性的机会,从而为后续调整、改进、优化课程提供反馈意见。

三、生活涵养课程评价的方法

本节介绍有关生活涵养课程评价的具体方法。课程评价方法包括量化评价和质性评价两种基本评价方式,两种方式有着不同的理论基础、价值取向,具备不同的优势特

---

[1] 丁念金.课程论[M].福州:福建教育出版社,2007:467.

点,适用于不同的评价目标和评价对象,从而一并构成了完整的课程评价方法体系。[1] 生活涵养课程既包含可预设的目标,也包括不可预设的目标;既包括易于量化的认知领域的知识性,内容也包括不易于量化的情感态度领域、动作技能领域等内容,使得课程评价所收集的信息既可能是定量资料也可能是定性资料,因而,生活涵养课程评价应综合运用量化评价方法和质性评价方法。

(一)量化评价方法

课程量化评价方法是指"力图把复杂的教育现象和课程现象简化为数量,进而从数量的分析与比较中推断某一评价对象的成效"。[2] 量化评价方法是实证主义方法论的直接产物,主张把复杂的事实通过还原、简化为可量化的、可操作的数字形式,并运用现代化的测量工具和设备进行数据的比较、分析和总结,从而把握课程量的规定性,以揭示评价对象的课程学习成效。由于量化评价方法认为事实不以人的主观意志为转移,因而评价是不带任何个人感情色彩和价值倾向的。[3] 正因如此,通过将课程评价建立在客观的数量关系基础上,量化评价方法得以为课程评价提供更为客观中立的依据和标准,具有较强的说服力。[4] 量化评价方法主要针对课程实施结果来进行,注重评价预设目标的达成程度,能够有效评估学生在知识技能方面的掌握程度。在操作上,量化评价表现为一种自上而下的演绎式运作程序,预先提出假设,再用一定的数学方法对课程特征进行量化,最后将事实与假设进行对比分析,从而修正假设,得出结论。总的来说,量化评价方法以其简便性、具体性、精确性、普适性、可操作性、可验证性和可推广性等特点,得以在课程评价的实践中始终占据主导地位。[5] 常见的量化评价方法包括观察法、实验法、调查法、模糊综合法、分等加权法、考查法等。在城市寄宿制中小学生活涵养课程评价的过程中也应积极采纳并综合运用多种量化评价方法。

1. 分等加权法

分等加权法是指在城市中小学生活涵养课程评价中,首先,将课程评价划分多维指标;其次,根据各个指标在整个评估指标体系中的重要程度赋予权重;再次,就每一项指标给被评价者划分评定等级(一般区分为优、良、中、合格、不合格五等)并对不同等级赋予分值,一般对优的等级赋分 5 分,对良的等级赋分 4 分,对中的等级赋分 3 分,对合格的等级赋分 2 分,对不合格的等级赋分 1 分;最后,生活涵养课程各类课程的实施效果的测算就可以由等级分数与权重系数的乘积表征,并以每类课程得分之和表征学生在生活涵养课程学习的最终成绩。[6] 具体来说,城市中小学生活涵养课程包含四大课程分支,即生活涵养课程由生活技能涵养课程、身心涵养课程、生活礼仪涵养课程和习惯情感涵养

[1] 靳玉乐.课程论[M].北京:人民教育出版社,2012:374.
[2] 李雁冰.质性课程评价:从理论到实践(一)[J].上海教育,2001(11):39-41.
[3] 靳玉乐.课程论[M].北京:人民教育出版社,2012:375-376.
[4] 王艳秋.高校隐性思想政治教育课程研究[M].大连:大连海事大学出版社,2008:173.
[5] 刘家访,余文森,洪明.现代课程论基础教程[M].长春:东北师范大学出版社,2007:159.
[6] 宋春宏,李光辉.高校思想品德课教学论[M].重庆:西南师范大学出版社,1997:207.

课程四大分支模块构成,而每类模块又根据实际实施需要划分为不同子模块,如习惯情感涵养课程在实际实施中划分成了德育好习惯、学习好习惯和生活好习惯三类,三个子模块共同构成了习惯情感涵养课程评价的三个指标,三个指标相互独立且并列,具有同等的重要程度,因而在习惯情感涵养课程评价中的权重相等,均为1/3,在具体的三大指标上,又根据学生的实际表现情况划分为优秀、良好、合格和待努力四个等级,分别赋分为4分、3分、2分、1分。可见,通过对习惯情感涵养课程进行指标的细分、权重的设计和等级的划分,就初步形成了对这类课程的评价考核量表,再由评价主体依据一定评价标准参与打分,并以学生在各指标上的分数乘以指标权重得出各类指标上的最终分数,并对各类指标上的分数加和,最终就能获得表征每位学生在习惯情感涵养课程学习上的得分,并以此作为评价习惯情感涵养课程设计与实施情况的依据,具体评价表见表6.1。同样,生活技能涵养课程也在实际实施中划分为个人生活技能、家庭生活技能和社会生活技能三部分,生活礼仪涵养课程也划分了个人礼仪、家庭礼仪和社会利益三板块,身心涵养课程划分了身心健康和生命安全两个子模块,每个课程分支都可以依据实际划分的模块确立评价指标,根据实际重要程度确立权重,并对各项具体指标的表现赋予等级分数,进而实现对各类课程的量化考评。最后,注意对不同分支课程的量化考评进行汇总,以作为生活涵养课程评价的一大重要参考。

表 6.1 习惯情感涵养课程评价表

周	习惯要求		优 秀	良 好	合 格	待努力	寄 语
第一周	德育好习惯 举止文明	懂礼让	4	3	2	1	
		文明语	4	3	2	1	
		姿态雅	4	3	2	1	
	学习好习惯 提前预习	读一读	4	3	2	1	
		记一记	4	3	2	1	
		做一做	4	3	2	1	
	生活好习惯 着装整洁	发讲规	4	3	2	1	
		身干净	4	3	2	1	
		正仪表	4	3	2	1	

2.调查法

量化评价的调查法主要指问卷调查法,问卷调查法是调查者依据调查需要设计相关问题,以问卷或量表为调查工具,通过含有维度指标的统一表格收集资料的方法。[1] 问卷调查法既可用于收集与评价对象基本事实情况相关的客观资料,又可用于收集评价对

---

[1] 王高飞,李梅.社会调查理论与方法(实践)[M].哈尔滨:哈尔滨工程大学出版社,2016:167.

象的态度、动机、观点等主观资料;[1]既包括以特定现状水平调查为主的调查表,也包括以反映特定情感态度的心理学量表等。问卷调查法在使用上具有较为广泛的适用性,一方面能够弥补一般量化评价仅关注结果和目标的弊端,考察学生相对内隐的情感态度等因素,另一方面也能通过实现对情感态度的科学量化,为更加直观地考察、解释这些内隐因素提供客观依据,丰富评价信息来源。问卷调查法在使用的过程中一般包括四个步骤:一是确定调查课题,选取调查对象,拟订调查提纲和计划,即明确调查内容和对象,并编制调查工具。问卷在设计上应当确保问题切合主题、明确具体、难度适中,保证具备一定的信效度;二是调查计划的实施,系统收集调查资料;三是整理并分析调查数据,得出调查结果;四是调查结果的讨论和反馈。在生活涵养课程评价中,问卷调查法能够较好地提供评价反馈信息,例如,通过向家长、生活老师、其他学生等"他人"发放行为能力调查表,客观了解特定学生在不同场合扮演不同角色时在生活能力、个人礼仪和行为习惯等方面所反映出的行为变化情况;通过向学生本人发放学习态度等心理学量表,了解学生对生活涵养课程的真实看法,全面反映他们在具体参与课程学习与相关教学活动中的心理倾向等。为此,首先,应编制相关调查工具,在行为变化情况的调查方面,根据生活涵养课程的四大课程分支,分别设计旨在调查学生生活能力变化、生活礼仪发展、行为习惯塑造、安全意识水平等情况的学生生活能力调查表、学生生活礼仪调查表、学生行为习惯调查表、安全意识水平调查表;在对课程设计与课程实施的心理倾向方面,分别设计旨在调查学生对不同课程类型情感态度的生活技能涵养课程学习态度量表、生活礼仪涵养课程学习态度量表、习惯情感涵养课程学习态度量表和身心涵养课程学习态度量表。其次,确保调查工具的实施能够覆盖调查对象,保证调查数据收集全面、准确、完整。再次,整理并系统分析数据,总结数据反映的现状水平、突出特征和主要问题。最后,对调查的结果进行汇总,并作为生活涵养课程评价的一大依据。

示例:一年级学生生活能力调查表(家长篇)

亲爱的家长朋友:

您好!

为培养学生生活自理能力,学校开设了生活涵养课程,为了更好地了解学情,有效地达到教育目的,特邀请您参与如下调查,请您根据孩子的平常表现,如实填写问卷,谢谢您的支持和配合!

根据您及家人的观察,您的孩子进入小学后学会了下列选项中的哪些技能?(可多选)

A.独立刷牙□

B.独立洗脸□

C.独立洗头□

D.独立洗澡□

E.独立洗小件物品□

---

[1] 张洪秀.教育测量与评价方法[M].长春:吉林大学出版社,2014:169.

F.独立叠衣服☐

G.独立整理书包☐

H.独立削铅笔☐

I.独立叠被子☐

J.独立扫地☐

K.独立制作简单的手工作品☐

L.主动与人打招呼☐

M.独立做水果拼盘☐

3.考查法

考查法是通过口试、笔试、调查和日常观察等方式,对被评价者参与生活涵养课程的实施情况进行评价的方法。考查法一般可以划分为日常考查和总结性考查,日常考查是指教师在平时的各种教学活动以及和学生的直接接触中,及时了解学生对课程学习的掌握情况,并对学生平时的表现作出评价,常见的方式包括课堂提问、课堂观察和作业检查等;总结性考查一般发生在特定单元模块学习、半期学习、学期学习、学年学习以后,旨在考查学生实现课程目标的程度,通常包括口试和笔试两种方式。[1] 可以说,考查法具有考试的性质但又具有不同于考试的特点,在具体实施上对成绩的评定上以轻度定量为主,在实施上既可以同考试一样贯穿与课程实施的各个阶段,同时又不似考试那般必须依赖于编制好的特定试题,具有更好的灵活性。生活涵养课程评价非常重视对学生课程学习情况的日常考查,综合运用课堂提问、课后测试和书面作业等多种形式。课堂提问能够帮助教师获得教学反馈信息,通过及时且直接性地感知学生反应,教师得以了解学生的课程学习情况,在生活涵养课程的量化评价中,应注意充分利用课堂提问中的学生反馈,并以学生的问题回答情况作为学生平时表现成绩的重要依据;课后测试是教师在较短时间内通过学生的书面回答,了解学生生活涵养课程学习情况的一种有效方法,是在正式教学结束后对课堂所学内容的及时测验,既可以是 10~20 分钟的课后书面测验,也能以随堂练习的形式呈现,教师应对课后测试及时评阅评讲,并重视对每位学生的完成情况和完成质量做好记录,以作为反映课程实施效果的重要依据。书面作业也是常见的一种考查评价方式,是在生活涵养课程实施结束后,以书面形式呈现的练习题,教师应重视对学生作业完成情况的总结记录,以作为生活涵养课程量化评价的有效信息来源。

(二)质性评价方法

随着评价观念的转变,人们逐渐认识到绝对价值中难以实现,课程评价本身也并非纯粹的技术问题,使得质性评价作为第四代教育评价的重要主体开始兴起。质性评价是"力图通过自然的调查,全面充分地提示和描述评价对象的各种特质,以彰显其中的意

[1] 莫莉.新课程小学语文教学的理论与实践[M].昆明:云南大学出版社,2015:262.

义,促进理解"[1]。总的来说,质性评价的兴起反映了人们对评价对象的价值判断的逐渐重视。质性评价在方法论上源于解释主义哲学,这种哲学认为事实与价值之间并非决然分裂,不存在带有普遍意义、脱离具体情境的抽象知识。质性评价并不追求具有普适意义的规律,强调评价的最终目的在于增强课程的有效性,从而使所有参与者从中受益。在操作上,质性评价体现为一种自下而上的归纳过程,并不设立任何预先假设,而是在自然的环境中,在评价者与被评价者的互动过程中生成并不断反馈、修正、充实假设,进而在多元主体的有效互动中达成共识,建构意义,从而把握课程质的规定性。质性评价是一种交互的、持续的、动态的、过程的、全面的、建构的评价方式,而人既是评价中的主体也是评价的对象,还是评价的主要工具。[2] 城市寄宿制中小学生活涵养课程评价在综合运用多种量化评价的方法的同时,也应该认识到生活涵养课程的极端复杂性,这决定了在生活涵养课程的实施过程中还存在大量隐性教育现象,而这些隐性现象是难以量化或者是难以完全量化的,而这些隐性教育现象也是反映课程实施效果的重要因素。因而,注重过程取向和发展取向应当更加强调通过多种质性评价方法,以期全面而准确地评价课程实施情况。常见的质性评价方法包括成长记录档案袋评价、表现性评定、苏格拉底式研讨评定等。

1.成长记录档案袋评价

成长记录档案袋评价是"根据教育教学目标,有意识地将各种有关学生表现的作品及其他证据收集起来,通过合理的分析和解释,反映学生在学习与发展过程中的优势和不足,反映学生在达到目标过程中所付出的努力与进步,并通过学生的反思与改进激励学生取得更高的成就"。[3] 成长记录档案袋评价具有以下五大特点:

①目的明确,成长记录档案袋不是随意的文件资料的堆积,而是依据具体课程评价目标,有目的有计划地收集那些能够反映学生成长与发展的、有针对性的、有代表性学习过程或学习成果相关的材料,从而得以展示学生课程学习的全过程,进而有效评估学生学习与发展的实际水平。

②类型丰富。成长记录档案袋的内容是全面而丰富的,包括用于展示学生成就和特长的、学生最满意最重要的展示类资料,依照时间顺序系统、持续地反映学生在学业进程中各项学习成果的文件类资料,显示学生在大型作业中的学习过程的过程类资料,由教师、专家等评鉴人员依据既定标准评价学习成果的评价类资料等。资料类型的选择取决于成长记录档案袋评价的具体用途。

③重视多元。成长记录档案袋评价是一种目标多元、主体多元、功能多元、数据呈现方式多元的评价方法,在目标上,既可以展示学生突出成果,也可以评价学生发展状况;在功能上,既可以评价认知领域目标,也可以评价情感态度目标和动作技能领域目标,既

[1] 李雁冰.课程评价论[M].上海:上海教育出版社,2002:17.
[2] 刘家访,余文森,洪明.现代课程论基础教程[M].长春:东北师范大学出版社,2007:159-160.
[3] 徐芬,赵德成.成长记录袋的基本原理与应用[M].西安:陕西师范大学出版社,2002:6.

可以评价结果性目标也可以评价过程性目标；[1]在主体上，既包括教师和相关专家的评价，也包括学生家长的评价；在数据呈现的方式上，包括绘画、板报、照片、作文、实验报告、实物模型、手工作品、劳动成果等多种类型。

④突出学生的自我评价和反思。学生是成长档案记录袋评价的重要主体，档案袋中涉及的资料从产出到收集、选择和整理的过程均由学生担任主要的责任者，学生得以在这一过程中反思自己的学习过程，并对自己的学习情况作出正确的评价，发现自身的优势与不足，进而激发学生学习的动力、提高学习兴趣，使学生学会学习、学会主动学习、学会终身学习、学会对自己的学习负责。

⑤强调教学相长。在成长记录档案袋这一评价方法中，师生是最主要的参与主体，在共同参与中成为互动交流的合作者，教师得以在学生档案袋的制作过程中不断反思课程的设计与实施的有效性，实现课程与教学的不断完善。学生得以在档案制作的过程中发现自我、确立自我动机、实现自我创造，从而完成自我意义的建构。[2]

成长记录档案袋评价应在设计上包括明确评价目的，确定评价内容、确保评价多元性、设置评价标准、设计评价说明和使用指南。首先，评价目标的确定受生活涵养课程评价目标的影响。由于生活涵养课程评价的目的是明确课程设计和课程实施的成效，反映学生的学业表现和发展情况，因此，成长记录档案袋的目的应是充分反映学生在生活涵养课程学习的全过程，能够全面有效地评估学生生活涵养课程的学习成效。其次，评价内容的确定和选择受评价目标的影响，受到生活涵养课程评价目标的制约。全面有效反映学生生活涵养课程学习成效的评价目标决定了成长记录档案袋所收集的资料应是全面多元的，必须涵盖一切能够有效反映学生在参与生活涵养课程学习过程中的成果资料，是生活涵养课程实施过程中所生成的系列产品，包括各种体现学习成果的文件类资料和展示类资料、体现学习过程的过程类资料和体现标准化评价结果的评价类资料，即既包括学生在课程学习中所涉及的作业、手工作品、劳动产品等的收集，也包括对学生在实际的课堂中的参与情况（活跃程度、参与频率等）的描述、在具体分组动手操作和实践活动以及课程实验中所扮演的角色和发挥的作用等的描述，还包括相关评价主体通过其他课程评价方法所得到的评价数据和结论等。除了确定收集资料的类型以外，对资料收集的样本数量的确定也应该得到科学设计，确保档案袋内所收集的资料能够有效说明问题。再次，在评价多元性上，目标的设计以学生参与课程的实际发展情况为主；在功能上，生活涵养课程评价要求评价主体既需要了解学生对各类分支课程所涉知识的掌握程度，也需要了解学生对各类课程在设计和实施上的实际心理倾向和对课程所涉内容的实际内化程度，还应该了解学生对各类课程，尤其是情感习惯、生活礼仪和生活技能课程所规定的动作技能的熟练程度等。同时，生活涵养课程评价既重视对既定目标达成情况的考查，也重视考查学生在具体的课程教学与活动参与过程中的行为表现，因此在成长记

---

[1] 龙文祥,查晓虎.中小学教学评价[M].合肥:安徽教育出版社,2015:189.
[2] 钟启泉.现代课程论[M].上海:上海教育出版社,2003:396.

录档案袋评价的设计中应注意突出评价的多重功能。在主体上,生活涵养课程评价强调多元评价主体的共同参与,要注意发挥多元主体在成长记录档案袋评价中的重要作用,尤其注意充分调动学生的主体作用,使得那些在自我评价、他人评价和小组评价中占据重要主体地位的学生也积极参与到成长档案记录袋评价中来,以期在充分使用各类评价方法的过程中,不断强化自我反思和自我评价的能力,为更好更持久的学习做准备,进而促进师生的共同成长,使得成长档案记录袋评价得以充分发挥评价的反馈作用和激励发展作用。在数据呈现的形式上,生活涵养课程的实施成果是多样化的,既包括学生在生活技能涵养课程中通过参与亲手种植蔬果后得到的劳动成果或通过参与种植过程后得到的观察记录等、参与手工缝补编制的手工作品,也包括学生在身心涵养课程中情境模拟展示,还包括学生在生活礼仪涵养课程中的礼仪展示等,因而,生活涵养课程实施过程中所生成的多形式成果素材都应该被纳入成长档案记录袋的内容体系。接着,在评价标准的设置上,由于针对不同的评价内容,评价标准也不同,使评价标准的确立成了一项十分复杂的工作。例如,对于学生课后测验和课后作业等,可能依据学生的准确率为评价标准,并以具体的分数呈现评价结果;对于学生的手工作品、劳动成果以及过程表现等,则可能依据具体情况划分评定等级(如优、良、中、差等)。因而,对评价标准的设计应当具体情况具体分析,但必须坚持多主体共同参与制定评价标准,评价指标间保持独立性和评价标准保持明确性和可操作性等设计原则。[1] 最后,在评价说明和使用指南的设计上,应力图清晰地展示成长档案记录袋的制作过程、评价目标、评价内容、评价标准和其他注意事项等,为不同评价主体更科学有效地使用成长记录档案袋提供指导,从而提高这一成长记录档案袋评价的效度。

2.表现性评定

表现性评定是"为测量学习者运用先前所获得的知识解决新异问题或完成特定任务能力的一系列尝试,具体来说就是运用真实的生活或模拟的评价练习来引发最初的反应,由高水平评定者按照一定标准进行直接的观察、评判,其形式主要包括建构式反应题、书面报告、作文、演说、操作、实验、资料收集、作品展示"。[2] 表现性评定强调从过去教师中心、内容驱动的课程转向学生中心、探究驱动的课程,这种方法强调回归教育中真实的人、回归生活世界,即重视学生在课程教学与活动中完整而真实的生活,强调在完成实际任务的过程中来评价学生的发展,从而不仅评价学生的知识技能掌握情况,更要通过对学生表现的观察分析,评价学生在综合能力、健康情感、积极态度和科学价值观等方面的综合发展情况。[3] 可见,作为一种以学生运用知识的表现为基础的评定形式,表现性评定要求教师将对课程、教学与评定一体化的设想注入课堂的日常生活中去,[4]以揭示学生的真实面貌和现实状况。表现性评定强调评价内容的个性化和多元化、突出评价

[1] 龙文祥,查晓虎.中小学教学评价[M].合肥:安徽教育出版社,2015:202.
[2] 刘辉,金露.表现性评价方法在小学语文课程评价中的应用[J].中小学教师培训,2004(4):58-59.
[3] 马云鹏,刘学智.发展性学生评价的理论与方法[M].长春:东北师范大学出版社,2007:153.
[4] 约翰逊.学生表现评定手册:场地设计和前景指南[M].李雁冰,译.上海:华东师范大学出版社,2001:6.

实施的过程化、强化评价场景的真实性和情境性,强调学生在真实的问题情境中,综合运用多方面的知识和技能完成指定任务,相比于知识和技能本身,更关注知识技能的应用和其他非智力因素的发展情况。[1] 生活涵养课程的表现性评定在设计上应包括学生表现性任务及适用场景的设计、评价内容和标准的设计和学生表现性评价工具的设计。

首先,表现性评定应确定能够反映学生生活涵养课程学习情况的任务类型,并明确完成任务的适当情境。所谓表现性任务就是指在表现性评价过程中学生需要完成的具体任务,主要包括限制性表现性任务和扩展性表现任务两种类型。限制性表现性任务又称结果性表现性,是指评价者事先精心设计并指定的、相对简单的任务类型,其结果是有所预期的,从而能够有针对性地反映和判断学生在某一知识技能学习上的掌握情况,[2]在实施形式上既包括纸笔表现也包括非纸笔表现,但表现性评价中的纸笔表现不同于一般的纸笔测验,更强调学生在模拟情境中对知识的应用,强调对既有知识的富有个性的再加工。例如,在生活技能涵养课程中请同学们设计种植方案,在身心涵养课程中请同学们描述自己应对陌生人敲门的反应和做法等,在生活礼仪涵养课程中学生模仿教师做法展示符合礼仪规范的行为等。在习惯情感涵养课程中学生扩展性表现性任务又称开放性的表现性任务,一般以界定含糊、无结构的问题展示,仅仅提供问题情境和部分必要信息,而对问题的初始状态、行动方式以及目标状态未加说明,使这类任务的结果呈现出多样性,具有较好的发散性和开放性,在实施形式上包括实验研究、模拟表现任务、创作作品、调查活动、研究项目等多种类型。[3] 例如,在生活技能涵养课程中学生参与种植实验等,在生活礼仪涵养课程、身心涵养课程和习惯情感涵养课程中学生的情境模拟和角色扮演等;在生活技能涵养课程中进行手工缝补和手工制作等,在身心涵养课程中调查家庭一周内的食物搭配情况并提出改进意见等;以及在各类课程中需要学生分小组完成的大型活动等。表现性任务的选择开发可以基于两条路径:一是根据生活涵养课程的目标及内容确定需要评定的内容结构和能力结构、描述表现性任务、征求同事及家长的意见、试测;二是基于已有案例结合评价实际需求的适当调整,表现性任务的开发要确保难度的适中。[4] 完成表现性任务的情境既包括自然情境也包括经过特殊控制的情境,情境的设计和选择需要根据具体的任务和结果用途来决定,例如,对一般情境模拟和角色扮演活动可以设计在教室内完成,而种植实验等活动则需要到专门的实验田地进行。同时,也需要确定对每种表现性任务的观察次数,以考查学生在具体任务中所体现出的行为是否具有一贯性,从而保证结果的可靠性。[5]

其次,要确定生活涵养课程表现性评价中的具体评价内容和评价标准。表现性评价是对学生完成学习任务时的具体行为表现的评价,因而,必须事先确定要评价的内容,并将他们分解成可观察的具体行为,并制定评价这些具体行为优劣的标准,并在学生完成表现性任务以前将这些标准告诉学生,使他们明确课程所期望的行为,并依据标准不断

[1] 周勇.科学课程论[M].北京:科学出版社,2018:93.
[2] 丁锦辉,李伟.初中教学评价——化学[M].北京:光明日报出版社.2006:127.
[3] 丁锦辉,李伟.初中教学评价——化学[M].北京:光明日报出版社.2006:127-128.
[4] 马云鹏,刘学智.发展性学生评价的理论与方法[M].长春:东北师范大学出版社,2007:162.
[5] 马云鹏,刘学智.发展性学生评价的理论与方法[M].长春:东北师范大学出版社,2007:159.

调整自身行为。评价内容的选择取决于评价的目标,由于表现性评价存在诸多的可能性,使得所能涉及的评价内容难以做到面面俱到,但在评价标准的制定上,应当力求具体、清晰,确保标准的可观察、可测量和可量化,以方便对学生行为表现的观察和判断。标准的有效设定能够减少表现性评价的主观性影响,从而尽可能提高评价的有效性。对学生任务表现的评价通常涉及学生的注意状态、参与状态、交往状态、思维状态、情绪状态和生成状态,对注意状态的考察涉及学生的目光追随程度、倾听专注程度和反馈的精准程度等;对参与状态的考察涉及学生是否积极参与课堂学习、课堂讨论、课堂教学和课堂练习等;对交往状态的考察涉及学生间是否达成友好合作、师生间的交往是否对等、课程教学氛围是否融洽等;对思维状态的考察涉及学生思维的敏捷性、独特性和创造性以及学生语言的流畅性和条理性等;对情绪状态的考察涉及学生个人的情绪状态以及学生对他人的情绪反应等;对生成状态的考察涉及学生的投入度、学生的体验感、学生的突出表现和学生的个性发展情况等。[1]

示例:身心涵养课程表现性评定任务报告单

评价人:_____　　　　　　　　评价时间:_____

班级:	姓名:	任务:演一演之如何应对酒后开车的父亲		
评价内容	评价标准		是	否
注意状态	是否认真欣赏他人的表演			
	是否认真倾听他人的应对办法			
参与状态	是否积极参与角色扮演活动			
	是否参与讨论应对办法			
	是否参与评价他人的应对办法			
交往状态	是否与小组成员分工明确、配合默契			
	是否与其他小组成员展开友好讨论			
	是否尊重其他小组的表演			
	是否配合老师的要求			
情绪状态	是否有意愿主动参与表演			
	是否在表演的准备和实施中保持积极态度			
	是否对他人的表演表现出积极态度			
生成状态	是否做到全程有效地投入课堂表演			
	是否从自己的表演和他人的表演中有所收获			
	是否在表演中提出独特性的应对办法			

---

[1] 丁锦辉,李伟.初中教学评价化学[M].北京:光明日报出版社,2006:128-129.

最后,要确定实现生活涵养课程表现性评价的工具。任何评价都需要借助一定的施评手段和记录工具来进行,通过系统观察和详细记录,实现对学生表现行为的全面、客观和有效的评价。在表现性评价中,常用的评价工具包括核查表和等级量表。[1] 核查表适用于简单的表现和成果,这种评价多依赖对学生行为的观察,包括对学生行为表现的描述和对行为表现是否出现的判断两部分,如示例中的"身心涵养课程表现性评定任务报告单"就是一种核查表的形式;等级量表不仅要记录学生的行为表现的发生情况,还关注行为发生的程度和频率情况,因而涉及相应的程度等级(如优、良、中、差)和频率等级(如:总是、经常、有时、从不)的划分,不同等级水平表现了学生的不同表现程度,有利于实现对学生具体行为表现更为精确地量度。

示例:观点陈述类表现性评价标准

评价标准	等 级
能说出两个以上观点且论据充分	优
能说出一个观点且论据充分	良
能说出一个观点但阐释尚不清楚明确	中
答非所问或不知所云	差

3.苏格拉底式研讨评定

苏格拉底式研讨评定源于苏格拉底的"精神助产术",要求学生学会更有成效的思考,并为自己的见解、主张和结论提供论证。因而,这种评定方式重视考查学生在"班级参与"和"课堂讨论"中的实际表现,并以此作为学生学业成绩评价的重要组成部分。[2] 传统的课堂讨论以教师为中心,既没有为学生提供真正的表现机会,也缺乏对学生参与讨论过程的客观记录。[3] 同时,这种讨论指向特定的知识技能或过程方法目标,是基于已知结论而展开的研讨,因而课堂讨论本身只是成为一种操作程式。苏格拉底式研讨重视促进师生间、学生间在课堂参与中的积极互动,并强调准确记录学生课堂参与情况的必要性,真正了解学生课程学习投入的情况。同时,相比于特定的教学目标,更强调对学生"思想和价值理解的扩展",使得其最终讨论的结果呈现出开放性、探索性和多样化的特点,对结果的阐述不分对错。[4] 苏格拉底式问题研讨应成为一种在课堂或学校中重复发生的实践行为,教师应有效调动每一位学生积极参与到这一研讨中,从而使学生在参与中不仅能形成文本分析能力、观点综合能力、概念批判能力和推理性思考,也能提高其阅读理解能力、听说技能和写作技能。在具体的操作上,苏格拉底式研讨评定要求教

[1] 丁锦辉,李伟.初中教学评价——化学[M].北京:光明日报出版社,2006:133.
[2] 约翰逊.学生表现评定手册:场地设计和前景指南[M].李雁冰,译.上海:华东师范大学出版社,2001:74.
[3] 刘兴富.现代教育理论选讲[M].长春:东北大学出版社,2009:174.
[4] 束鹏芳.中学历史教学评价[M].长春:东北师范大学出版社,2005:180.

师要事先确立教育目标和教育结果,选择适宜多样化的组织材料,提出具有启发诱导性的起始问题,选择记录研讨过程的方式或设计记录表,并以多种方式完成评估。[1] 这种评价方式虽然是起于教师的提问,但实现了整个教学环境的彻底变化,使师生得以成为课堂中的平等参与者。

①确定在生活涵养课程中运用苏格拉底研讨法的预期结果。不同于传统课堂讨论将特定的目标作为评价的标准,苏格拉底研讨法注重评估的是如何能够真正实现这些结果,关注的是学生是否能够通过参与研讨获得分析能力、综合化思维、阅读写作能力等。例如,在身心涵养课程中,善待生命是一大重要的话题,针对高年级学生的身心涵养课程中存在这样一道材料型思考题,材料描述高考失利的刘某害怕受到父母的打骂而离家出走,并在万念俱灰的状态下选择跳海自杀。要求学生根据材料阅读,讨论自己对生命的看法。这是一个具有苏格拉底式研讨评价价值的好问题,在内容上具有启发意义,在结果上具有开放性。其评价目标关注的教育结果应当是学生能够提出自己对生命的理解并提出充足的论据,能够依据自身对生命的理解判断材料中刘某做法的恰当性,能够分析这种做法不恰当的原因,提出自己在遇到同样情况时的应对办法等。同时,在这一过程中,教师不仅要关注学生作为发言者的叙述水平,也要关注学生作为倾听者的倾听水平,并鼓励学生在不同观点之间相互参商,最终实现学生整体对生命敬畏水平的提高,帮助他们学会珍爱生命,为家庭、为自己负责。在这一讨论中,不仅要求学生能够阅读、理解并分析文本材料,也能在组织回答、倾听他人回答和观点的碰撞过程中发展观点综合能力和批判性思考能力,并在推己及人的假设过程中实现推理性思考,进而使得学生在阅读理解、听说写作能力上获得综合性的提升。

②根据生活涵养课程的目标和内容选择适宜多样化的组织材料。苏格拉底式研讨能够有效改善传统教学中,课堂教学容量难以满足广泛课程知识需要的现实弊端,使得教师在实现"有效听说"的目标基础上,还能达成其他更高级的思维技能和价值理解等教育结果。[2] 为了能实现研讨的深入细致,研讨所选组织材料通常可以是较长作品或故事案例中摘录或节选的一小部分,可以是音频影像的部分片段,是实验操作过程中的某一步骤、是具体小组展示活动中的某一环节,还可以是既有结论和事实等,只要能够促进由点及面、由此及彼的参与思考和研讨,实现学生的最佳学习,教师就可以依据课程目标和内容自由选择学科内甚至是跨学科的一切文本材料。例如,在生活技能涵养课程板块中,生活技能课教材中出现了大量的典籍资料片段,如用"西周鸡蛋"的发现、出土和馆藏过程,引导学生思考其中的意义,用香蕉、桃子等水果的最早记载引出对这些水果作用的讨论等。在身心涵养课程板块中,安全教材里出现了大量的道路交通事故相关的图片,还原了交通事故现场,并以之作为问题的引子,引导学生思考其中的经验教训等。在生活礼仪涵养课程板块中,礼仪教材通过一些故事片段,如小老鼠

[1] 靳玉乐.课程论[M].北京:人民教育出版社,2012:383
[2] 龚孝华,徐勇.新课程评价[M].北京:首都师范大学出版社,2004:123.

后悔因为不注意读书写字的姿势变成近视眼的故事,引导学生谈自己的想法,总结其中的经验教训等。

③教师应提出一个具有启发性、开放性的起始问题。教师所提出的问题直接关系着研讨的质量,对整个研讨的开展施加至关重要的影响。问题的提出起于教师,但并不止于学生的回答。苏格拉底式研讨中问题的提出并不是简单的一问一答式单向过程,而是力求通过问题的提出引发互动和对话,从而使学生在对话中加深对组织材料中所蕴含的思想观念以更加深刻的理解。例如,在生活技能涵养课程板块中,生活技能课教材中涉及大量学生活动,包括学生参与蔬果种植、蔬果种植管理等,每一课时结束后,既可以提问要求学生复述管理的基本步骤、种植的基本要求以了解学生对种植、管理过程的熟悉情况,还可以提问学生在实际参与种植和管理中对农作物的看法、对劳动的看法等,引发学生思考粮食的来之不易,形成节约粮食、尊重劳动、热爱劳动等积极情感态度,从而既保障知识技能的学习,也能够激发学生情感价值观的碰撞,提升问题提出的意义和价值。又如,在生活礼仪课程板块中,生活礼仪课教材中涉及民俗礼仪和涉外礼仪等,可以要求学生掌握正确的礼仪行为,还可以让学生思考中国作为礼仪之邦如何传承和保护中华优秀传统礼仪文化、如何向世界宣扬中华优秀传统礼仪文化,以及作为中华儿女应当如何以身作则等。由此,深化课程的学习,使学生能够在生活涵养课程的学习中升化爱国情感,并明确自身肩负的责任和使命,坚定远大抱负。

④详细记录研讨过程。首先,应选择记录研讨的方式或设计记录表。苏格拉底式研讨评定的一大特点就是强调详细完整地记录学生在课程参与的实际表现情况,因此,选择合理的记录方式或设计合理的记录工具至关重要;其次,制定评价标准(采取打分制或等级制),并使学生了解评价标准,并调整自身行为表现;再次,通过全面客观的记录真实地反映研讨过程;最后,通过对一系列研讨记录的分析和对比,对学生在活动过程中表现出的各种教育结果做出评判,以作为课程评价的依据。[1] 苏格拉底式研讨强调学生在研讨后既能形成文本分析能力、观点综合能力、概念批判能力和推理性思考,也能提高阅读理解能力、听说技能和写作技能,更加侧重于学生对知识的运用能力以及其他非智力因素的发展情况。在记录方式的选择和记录工具的设计上,应当着重以学生这几方面能力的体现为主要考查对象,设计以各方面能力为评价指标的记录表;在评价标准的制定上,则以学生在这几方面能力体现的程度和水平为限,以学生的具体表现程度区分为不同的等级或分数;在具体的实施上,强调教师在记录过程中应保持客观中立的态度,如实全面地记录学生在研讨中的各种表现情况和表现程度,避免主观因素的影响。最后应综合多次研讨记录得出结论,以确保学生表现的一贯性水平,保证评价结果的稳定性和有效性。

示例:探讨"对生命的看法"评价标准

评价人:_____   评价时间:_____

---

[1] 束鹏芳.中学历史教学评价[M].长春:东北师范大学出版社,2005:188.

班级：	姓名：	任务：谈论自己对生命的看法	
评价内容	评价标准		积分（分）
发言人的观点（文本分析能力和概念批判能力）	切合主题且观点鲜明		5
	切合主题但表达含糊		3
	脱离主题且摇摆不定		1
发言人的论据（观点综合能力）	论据充实且具有说服力		5
	论据充实但说服力不足		3
	论据不足且说服力不足		1
推理性思考能力	能提出多种独特有创造性的应对办法		5
	能提出多种具有共通性的应对办法		3
	能提出一种具有共通性的应对办法		1
表达能力	语言流畅，用词精准		5
	语言较为流畅但用词累赘		3
	语言组织混乱，用词单一化		1
倾听能力	能认真倾听他人观点，并表达看法		5
	能认真倾听他人观点		3
	在他人发言时注意力不集中		1
写作能力	能综合讨论观点和论据形成逻辑清晰的文本		5
	能根据自己的观点和论据形成完整文本		3
	形成观点不明确、论据不充分的完整文本		1

最后，综合运用多种方式完成评估。正如苏格拉底式研讨可以用来实现多种教育结果一样，其评价也能最终以不同的方式来完成。和成长档案记录袋评价一样，苏格拉底式研讨评定也可以划分为不同类型，既可以作为学生学业展示的一部分，反映学生在参与课程学习过程中所得独特学习成果；也可以作为反映学生课程学习效果工具；还可以作为学生进入下一级水平阶段的学习时的考核凭借等。在生活涵养课程评价中，苏格拉底式研讨评价将用于反映学生在参与生活涵养课程学习过程中的行为表现，一方面表现为学生对特定知识能力的掌握，另一方面更体现为对学生其他非智力等综合素养的考核，从而与其他评价方法所得的资料一道构成对生活涵养课程评价的有用素材。苏格拉底式研讨评定不仅能为课程制定者和其他相关者作出有关课程设计与课程实施有效性和适切性等判断提供依据，同时也能为学生的自我评价提供媒介，使得学生能够在多样化、综合性的课堂教学与活动的参与中自我反思，并对自身的实际表现作出评价。因而，

苏格拉底式研讨评定法能够实现课程、教学与评价的统整,使得对课程的评价得以贯穿课程实施始终,有助于揭示课程实施的全貌,从而确保评价的真实性和完整性。

　　总之,生活涵养课程评价应贯穿课程实施的全过程,既重视考查既定课程目标的达成情况,又要关注寄宿学生在课程实施过程中的行为表现,并以切实实现寄宿学生综合素养的全面提升为落脚点。为此,应充分调动多元评价主体共同参与课程评价过程,要求他们综合运用量化评价方法和质性评价方法,做好课程评价前的设计规划工作、课程评价过程中的资料收集工作以及课程评价最终的结果生成与反馈工作,对课程实施过程中可能涉及的多样化教育成果进行全面、系统、真实的评定,并以学生对生活涵养课程学习后的学习表现和发展情况表征课程的设计和实施情况。

主要参考文献

REFERENCES

中文部分

著作类

[1] 董纯才.中国大百科全书.教育[M].北京:中国大百科出版社,1985.

[2] 刘世峰.中小学的劳动技术教育[M].北京:人民教育出版社,1987.

[3] 联合国教科文组织国际教育发展委员会.学会生存——教育世界的今天和明天[M].北京:教育科学出版社,2005.

[4] 阿·尼·列昂捷夫.活动意识个性[M].李沂,译.上海:上海译文出版社,1980.

[5] 陶行知.陶行知文集[M].南京:江苏教育出版社,2008.

[6] 靳玉乐,唐智松,王牧华.课程与教学论[M].成都:四川教育出版社,2015.

[7] 钟启泉,汪霞,王文静.课程与教学论[M].上海:华东师范大学出版社,2008.

[8] 方明.陶行知全集(第三卷)[M].2版.成都:四川教育出版社,2009.

[9] 瞿葆奎.教育学文集·课外校外活动[M].北京:人民教育出版社,1991.

[10] 邓佐君.家庭教育[M].福州:福建教育出版社,1995.

[11] 拉尔夫·泰勒.课程与教学的基本原理[M].施良方,译.北京:人民教育出版社,1994.

[12] 大卫·阿姆斯特朗.当代课程论[M].陈晓端,译.北京:中国轻工业出版社,2007.

[13] 卢梭.爱弥儿[M].李兴业,熊剑秋,译.北京:人民教育出版社,2001.

[14] 夸美纽斯.大教学论[M].傅任敢,译.北京:教育科学出版社,2014.

[15] 费多益.寓身认知心理学[M].上海:上海教育出版社,2010.

[16] R.A.巴伦,D.伯恩.社会心理学[M].黄敏儿,王飞雪,等,译.上海:华东师范大学出版社,2004.

[17] 钟启泉.课程论[M].北京:教育科学出版社,2007.

[18] 王继新,左明章,郑旭东.信息化教育:理念、环境、资源与应用[M].武汉:华中师范大学出版社,2014.

[19] 丁念金.课程论[M].福州:福建教育出版社,2007.

[20] 刘家访,余文森,洪明.现代课程论基础教程[M].长春:东北师范大学出版社,2007.

[21] 靳玉乐.课程论[M].北京:人民教育出版社,2012.

［22］陈侠.课程论［M］.北京:人民教育出版社,1989.

［23］黄光雄,蔡清田.课程发展与设计［M］.台北:五南图书出版社,2013.

［24］范谊.技能教学绩效改进的研究与实践［M］.广州:广东高等教育出版社,2016.

［25］宁业勤.教育评价实践研究［M］.杭州:浙江工商大学出版社,2016.

［26］周勇.科学课程论［M］.北京:科学出版社,2018.

［27］严权.应用型本科课程论［M］.武汉:中国地质大学出版社,2012.

［28］吴重涵,王梅雾,张俊.家校合作理论、经验与行动［M］.南昌:江西教育出版社,2013.

［29］顾海良.高校思想政治理论课程建设研究［M］.北京:经济科学出版社,2009.

［30］陶涛.如何有效组织课堂教学［M］.武汉:武汉大学出版社,2015.

［31］苏渭昌,张笛梅.教育评价技术［M］.长沙:湖南教育出版社,1988.

［32］张映雄.当代目标教学［M］.成都:四川教育出版社,1992.

［33］靳玉乐.多元文化课程的理论与实践［M］.重庆:重庆出版社,2006.

［34］王艳秋.高校隐性思想政治教育课程研究［M］.大连:大连海事大学出版社,2008.

［35］宋春宏,李光辉.高校思想品德课教学论［M］.重庆:西南师范大学出版社,1997.

［36］王高飞,李梅.社会调查理论与方法(实践)［M］.哈尔滨:哈尔滨工程大学出版社,2016.

［37］张洪秀.教育测量与评价方法［M］.长春:吉林大学出版社,2014.

［38］莫莉.新课程小学语文教学的理论与实践［M］.昆明:云南大学出版社,2015.

［39］李雁冰.课程评价论［M］.上海:上海教育出版社,2002.

［40］徐芬,赵德成.成长记录袋的基本原理与应用［M］.西安:陕西师范大学出版社,2002.

［41］龙文祥,查晓虎.中小学教学评价［M］.合肥:安徽教育出版社,2015.

［42］钟启泉.现代课程论［M］.上海:上海教育出版社,2003.

［43］马云鹏,刘学智.发展性学生评价的理论与方法［M］.长春:东北师范大学出版社,2007.

［44］约翰逊.学生表现评定手册:场地设计和前景指南［M］.李雁冰,译.上海:华东师范大学出版社,2001.

［45］丁锦辉,李伟.初中教学评价——化学［M］.北京:光明日报出版社,2006.

［46］刘兴富.现代教育理论选讲［M］.长春:东北大学出版社,2009.

［47］束鹏芳.中学历史教学评价［M］.长春:东北师范大学出版社,2005.

［48］龚孝华,徐勇.新课程评价［M］.北京:首都师范大学出版社,2004.

［49］杜成宪,郑金洲.大辞海·教育卷.［M］.上海:上海辞书出版社,2014.

期刊类

［1］曾艳,胡文兰,贾效儒.城市寄宿生问题的社会工作介入研究——以安顺三联学校为例［J］.安顺学院学报,2018,20(3).

［2］郑金洲.走向"校本"［J］.教育理论与实践,2000(6):11-14.

［3］李臣之.活动课程的再认识:问题、实质与目标［J］.课程·教材·教法,1999(11):1-5.

［4］连健生.记民族教育的一次盛会［J］.人民教育,1982(12):22-24.

［5］董树梅.城市寄宿制小学"热"的原因探析［J］.西北成人教育学报,2005(2):63-65.

［6］唐振柱,钟格梅,刘展华,等.广西农村寄宿制学校饮用水卫生安全状况分析［J］.中国学校卫生,2008(7):628-630.

［7］赵宏,刘燕,李斌,等.青海藏区寄宿制学校中小学生卫生习惯状况［J］.中国学校卫生,2015,36(3):340-342.

［8］阎金童,闻待.贫困地区村级寄宿制小学的建设与管理［J］.教学与管理,2002(35):8-10.

［9］孙百才,常宝宁.西部农村义务教育实施"两免一补"的政策效应分析［J］.教育与经济,2008(3):14-18.

［10］张克海,黄凤金,李郑.当前农村义务教育经费保障机制改革中存在的问题及对策建议［J］.财政与发展,2007(11):27-29.

［11］刘欣.农村中小学布局调整与寄宿制学校建设［J］.教育与经济,2006(1):30-32.

［12］杨兆山,杨清溪.农村义务教育阶段标准化寄宿制学校建设的思考［J］.教育科学,2007,23(6):61-64.

［13］朱乃涛,王景秋.家庭、社会、学校三元因素对劳动技术教育的影响［J］.盐城师专学报:社会科学版,1989(3):95-97+88.

［14］张忠,陈家麟.论道德健康与心理健康——兼议心理健康教育功能、价值、目标的拓展［J］.教育理论与实践,2007(11):53-56.

［15］姚本先.论学校心理健康教育的功能［J］.中小学心理健康教育,2003(5):4-5.

［16］麻超,潘丽君,吴雪,等.中小学心理健康教育的德育功能研究［J］.兵团教育学院学报,2016,26(1):19-23+27.

［17］马雅菊.中小学班主任心理健康教育能力的提升研究［J］.中小学心理健康教育,2018(32):64-66.

［18］王学风.国外中小学的生命教育及启示［J］.外国中小学教育,2007(1):43-44+5.

［19］柏铁山,邱程.生存教育:国外理论与实践思考［J］.连云港师范高等专科学校学报,2017,34(1):59-62.

［20］张世英.关于A.H.列昂节夫活动理论的历史形成、基本思想和对它的评价［J］.心理学报,1985(1):23-30.

［21］王芳.陶行知"教学做合一"的教学思想及现代意义［J］.学周刊,2011(6):63-63.

［22］裴娣娜.主体教育理论研究的范畴及基本问题［J］.教育研究,2004(6):13-15.

［23］高向斌.主体教育:我国走向新世纪的一种教育理论［J］.中国教育学刊,2005(4):22-25.

［24］史宁中,柳海民.素质教育的根本目的与实施路径［J］.教育研究,2007(8):10-14+57.

［25］李岚清.基础教育的根本任务是提高全民族的素质［J］.人民教育,1996(z1):3-4.

［26］张华.综合实践活动课程:理念与框架［J］.教育发展研究,2001(1):44-47.

［27］孙亚文,冯震.日本中小学的健康教育发展及其启示[J].外国中小学教育,2019(7):
29-34.

［28］苏立增.美国青少年《生活技能训练》课程特点与策略[J].学科教育,2003(9):13-17
+44.

［29］郑利霞.新课程背景下的现代学生观[J].天津师范大学学报:基础教育版,2007(4):
56-59.

［30］邓宝润.STEM教育视野下中学综合活动课的教学实践创新[J].科学咨询(科技·
管理),2019(10):147-148.

［31］王维维.对"考察探究"实践活动是什么,如何做,怎么评的思考[J].教师教育论坛,
2018,31(4):17-20.

［32］赵翔.考察探究:性质、价值与实施[J].当代教育评论(第7辑),2018:5.

［33］刘玲.中小学如何开展社会服务活动——《中小学综合实践活动课程指导纲要》"社
会服务"主题解读[J].人民教育,2018(Z1):64-68.

［34］李雁冰.质性课程评价:从理论到实践(一)[J].上海教育,2001(11):39-41.

［35］刘辉,金露.表现性评价方法在小学语文课程评价中的应用[J].中小学教师培训,
2004(4):58-59.

学位论文

[1] 董世华.我国农村寄宿制学校问题研究[D].上海:华中师范大学,2012.

[2] 雷学荣.农村寄宿制小学内部管理问题研究[D].桂林:广西师范大学,2010.

[3] 李林徽.农村寄宿学校食堂管理存在的问题与对策分析[D].石河子:石河子大
学,2013.

[4] 罗省荣.城市寄宿制小学生心理健康研究[D].上海:上海师范大学,2013.

[5] 陈彦芳.农村小学寄宿生心理健康状况调查及干预研究[D].太原:山西大学,2010.

[6] 李惠红.新中国劳动教育思想探析[D].福州:福建师范大学,2012.

[7] 陈彤彤.建国以来劳动教育的历史演变与反思[D].海口:海南师范大学,2015.

[8] 冉晋.《弟子规》礼仪教育思想的现代诠释:反思与建构[D].长沙:湖南大学,2013.

[9] 范晓艳.《弟子规》中的礼仪教育思想及当代价值研究[D].郑州:河南工业大
学,2014.

[10] 王贺兰.当代中国青少年礼仪教育的反思与建构[D].石家庄:河北师范大学,2010.

[11] 蒋春梅.当代小学生礼仪教育的困境及对策研究[D].重庆:西南大学,2013.

[12] 马贺.学校礼仪教育的失落及其可能出路[D].南京:南京师范大学,2015.

[13] 陈玲玲.心理健康教育在中学德育过程中的功能初探[D].苏州:苏州大学,2010.

[14] 胡淑娟.中小学心理健康教育教师职业能力需求与胜任的分析[D].西安:西北师范
大学,2015.

[15] 陈虹.学校心理健康教育教师胜任力研究[D].福州:福建师范大学,2007.

[16] 石亚萍.民族地区中小学心理健康教育教师专业化发展研究[D].武汉:中南民族大
学,2013.

［17］岳丽莹.中学学科教师心理健康教育能力现状研究［D］.南昌:南昌大学,2015.

［18］李云珍.晋江市中小学心理健康教育发展的调查与思考［D］.福州:福建师范大学,2013.

［19］王峥.我国中小学情感教育探析［D］.郑州:河南大学,2002.

［20］吴冬晓.我国青少年情感教育存在的问题及对策研究［D］.石家庄:河北师范大学,2013.

［21］陈新阳.中小学情感教育缺位现状与对策分析［D］.武汉:华中师范大学,2008.

［22］项春雷.当代中学生习惯养成的现状与教育策略研究［D］.苏州:苏州大学,2010.

［23］曾素林.论实践教育［D］.武汉:华中师范大学,2013.

［24］张玉洁.由"三维目标"到"核心素养"的沿革探究语文教学目标的发展［D］.武汉:华中师范大学,2017.

［25］姜俊和.美国中小学课程知识的合法性研究［D］.长春:东北师范大学,2012.

［26］蒋美琴.初中生物学"实践性校本课程"的开发与教学实践［D］.扬州:扬州大学,2018.

报纸

［1］素质教育的提出与推行.［N］光明日报.(2009-12-07)［2019-10-11］.

［2］全面深化课程改革落实立德树人根本任务［N］.中国教育报,2014-06-23(008).

外文部分

著作类

［1］Lucas,S.,Insley,K. and Buckland,G.(2006)*Nurture Group Principles and Curriculum Guidelines Helping Children to Achieve*,The Nurture Group Network.

［2］BeatriceA. *Ward. Collaboration:a vehicle for educational improvement and professional development*［M］//Strengthening the role of the university in school improvement. Urbana, IL:University of Illinois,1985.

［3］Fullan,M.*The new meaning of educational change*［M］.New York:Teachers College Press,1982:39.

［4］Hollis L. Casewell& Doak S. Camebell, Curriculum Development［M］.New York: American Book Company,1935.

［5］Marsh,C. J.(ed.)(1997). Perspectives:Key concepts for understanding curriculum 1. London & Washington,D.C.:The Falmer Press.

［6］Bobbitt,F. The curriculum［M］.Boston:Houghton Mifflin,1918.

［7］Kearney,N. C.,& Cook,W. W. Curriculum. In C. W. Harris(Ed.),Encyclopaedia of educational research［M］.New York:Mac millan and American Educational Research Association,1961.

［8］Barrow,R.,& Milburn,G. A critical dictionary of educational concepts［M］.New York:

Harvester Wheatsheaf,1990.

[9] Skilbeck,M. Teachers as Innovators:School-Based Curriculum Development and Teacher Education Policy[M].Report submitted to the Organisation for Economic Co-operation and Development,Paris,1974.

期刊类

[1] Watanabe K,Mori C,Haneda N,et al. *Japan*:*perspectives in school health.*[J]. Journal of School Health,2010,60(7):330-336.

[2] Fullan,M.&Pomfret,A.*Researchoncurriculumand instruction implementation*[J]. Review of educational research,1977,47(1):335-397.